人工智能教育应用理论与实践

李福华　李晓岩　著

科学出版社

北京

内 容 简 介

伴随着国家对人工智能产业的政策支持，人工智能在教育领域正发挥着越来越重要的作用，这既是教育发展的机遇，同时也是教育面临的挑战。本书在系统梳理国内外人工智能教育应用相关研究的基础上，提出人工智能教育应用本体论、认识论、实践论和方法论的研究框架。本体论方面，本书清晰界定人工智能教育应用的内涵，并进一步从理论基础、技术基础和教育技术基础三个方面分析人工智能教育应用的理论与技术支撑；认识论方面，从人工智能时代的教育模式创新入手，重点阐释人工智能如何支持教、如何支持学；实践论方面，以场景驱动为基础详细分析人工智能教育的培养目标和课程开发，同时详细剖析人机协同的双师模式、产学研合作协同育人新模式、自适应学习平台、创客课程等人工智能教育实践场景；方法论方面，则从伦理角度进行规约，对人工智能教育应用伦理进行深入探析。最后，本书结合人工智能教育应用的最新技术，对人工智能教育应用过程中遇到的问题进行反思，并展望人工智能教育应用未来的发展趋势。

本书可供高校教育技术学专业的教师、研究生、本科生，以及相关研究人员和对人工智能教育应用感兴趣的读者参考使用。

图书在版编目(CIP)数据

人工智能教育应用理论与实践 / 李福华，李晓岩著. -- 北京：科学出版社，2024. 11（2025.9 重印）.-- ISBN 978-7-03-079915-9

Ⅰ. G40-03

中国国家版本馆 CIP 数据核字第 2024UX5843 号

责任编辑：郑述方 / 责任校对：彭　映
责任印制：罗　科 / 封面设计：墨创文化

科学出版社 出版

北京东黄城根北街16号
邮政编码：100717
http://www.sciencep.com

四川青于蓝文化传播有限责任公司 印刷
科学出版社发行　各地新华书店经销

*

2024 年 11 月第 一 版　　开本：787×1092 1/16
2025 年 9 月第三次印刷　　印张：14
字数：332 000

定价：148.00 元
（如有印装质量问题，我社负责调换）

前　言

当前，以人工智能技术为代表的新一代信息技术不断迭代发展与创新，不仅影响着未来的教育，也影响着教育的未来。当然，也成为我国加快教育数字化转型，推进教育高质量发展与教育现代化，加快建设教育强国的强大内生动力。党和国家高度重视人工智能在教育中的应用普及。习近平总书记强调，中国高度重视人工智能对教育的深刻影响，积极推动人工智能和教育深度融合，促进教育变革创新，充分发挥人工智能优势，加快发展伴随每个人一生的教育、平等面向每个人的教育、适合每个人的教育、更加开放灵活的教育。人工智能发展正呈现出深度学习、跨界融合、人机协同、群智开放、自主操控等新特征，为数字化赋能教育改革和创新提供新模式、新样态、新范式。一方面，在知识获取方式和学习方式、能力提升和素质培养途径、教和学关系等方面正发生着深刻变革；另一方面，对教育体系产生由小到大、由点及面、由浅入深的全要素、全方位、全过程的渗透与融合。在国际上，联合国教科文组织发布《人工智能与教育：政策制定者指南》，提出在教育中公平、合理和有效应用人工智能的系列举措，像美国、韩国和新加坡等发达国家或地区先后发布各类人工智能教育应用的规划和战略等，其中强调要加快人工智能赋能教育发展。近日，世界经济论坛官网发布的《塑造学习的未来：人工智能在教育 4.0 中的作用》，报告以教育 4.0 时代的构想为目标框架，分析并具象化了人工智能对传统教育模式的颠覆和重塑作用。我们应积极主动利用人工智能教育应用，张扬并发展新质生产力，引领未来教育和学习的创新发展，构建数字化、个性化、终身化的教育体系，推动教育教学变革，深化教育、科技、人才一体化协同融合，大幅提升教育治理能力和治理水平，走好中国式教育现代化强国之路。

在数字化转型背景下，人工智能教育应用既面临着前所未有的发展机遇，同时也带来了新问题和新挑战，亟需从理论层面和实践视角给予系统性回应。本书从智能时代与教育变革的宏观背景出发，以人工智能教育应用研究现状与研究框架为基础，从本体论、认识论、实践论和方法论层面系统探讨了人工智能教育应用"是什么""哪些是""做什么"和"怎样做"等问题，建构了较为完善的人工智能教育理论框架体系。其中第 1 章讨论智能时代与教育变革的相互作用及其效应；第 2 章归纳人工智能教育应用研究现状与研究框架；第 3 章讨论与人工智能教育应用相关的理论与技术基础；第 4 章着重讨论人工智能支持下的教与学模式和典型应用；第 5 章讨论人工智能教育应用的场景和路径；第 6 章着重讨论"人工智能+教育"创新实践体系与实践模式；第 7 章讨论人工智能教育应用中的重要伦理问题和伦理生态的构建；第 8 章讨论人工智能教育应用未来可能存在的主要问题与发展趋势。

本书是全国教育科学规划课题"多维视角下人工智能教育应用的理论框架和实践路

径研究"（BCA190082）的研究成果，是淮北师范大学教育学院团队共同努力耕耘的成果。特别感谢李怀龙教授、张家年教授、张坤颖教授、徐影教授、张琪教授、王丹副教授、王星博士，我们共同讨论问题、分析资料、校对书稿，为本书的出版贡献智慧。同时感谢淮北师范大学学科建设与发展规划处对本书出版的大力支持！

还要特别感谢科学出版社郑述方老师，其以精湛的专业技能和极高的敬业精神，对书稿进行精细的审校和打磨，为本书的出版付出巨大的努力，让这本书的内容更加丰富、结构更加严谨，谨此深表谢意！

本书融合人工智能和教育，主要探讨人工智能如何应用于教育领域以提高教育的效率和质量，以及人工智能应用于教育的机遇、路径与范式及可能存在的问题、障碍和挑战等，旨在为教育学、教育信息技术、学习科学、信息科学等领域的研究者以及探索智能教育新范式、推进新时代教与学改革的行动者提供帮助和借鉴，也可以为一线教师与相关行业内的人士提供学习和思考的参考。

目　　录

第 1 章　智能时代与教育变革

进入 21 世纪 10 年代后，"人工智能"（artificial intelligence，AI）成为学界、业界的高频词。其实，人工智能并非新生事物，其缘起可追溯至 20 世纪 50 年代，距今已 60 多年。人工智能的发展经历过三次高潮和两次低谷。20 世纪，人工智能的发展与普及应用相对缓慢，主要原因在于人工智能基础理论和方法论研究难有突破，另外也囿于硬件、软件的运算能力和数据集的局限性。进入 21 世纪后，特别是 2010 年以来，新一代信息技术如互联网技术、大数据技术、云计算技术、移动互联网技术、物联网（internet of things，IoT）技术等取得突破性发展并得到普及应用，它们为人工智能的发展奠定了坚实的硬件、软件基础并提供了海量数据资源，而人工智能与这些技术间的互馈也推动了人工智能技术不断进步，如发展出深度学习、自然语言处理（natural language processing，NLP）、计算机视觉、智能机器人、智能检索等。同时，人工智能技术与相关应用领域的深度融合促进了智能医疗、智能交通、智能商务等的实现，并提升了相关行业或领域的实践效果、效率和效益。人工智能不仅在技术界、商业界以及医疗界等引起了人们的关注，而且在人文社科领域引起了学者和教育实践者的注意，在教育领域也不例外。如今计算机辅助教育（computer based education，CBE）领域进入新时代，教育研究者和一线教育工作者期待人工智能能够助益于教育教学及管理，促进学习者的学习优化，即人工智能教育应用（artificial intelligence in education，AIED）。

本章首先介绍四次工业革命对教育的影响，重点分析人工智能发展历程及其对社会的影响，继而探究在人工智能背景下人工智能教育应用所面临的机遇与挑战，在此基础上，提出人工智能教育应用研究的研究目的与意义。

1.1　四次工业革命与技术变革

18 世纪 60 年代英国发起的第一次工业革命以蒸汽机的发明为重要标志，开创了以机器生产代替人类手工劳动的时代，如果将其称为蒸汽时代，那么后来的工业 2.0 时代则属于电气时代，工业 3.0 时代属于信息时代，而德国率先提出的工业 4.0 时代则属于智能时代。这四次工业革命不仅是人类科学技术史上一场又一场的巨大革命，更是一场又一场深刻的社会变革。

1.1.1　第一次工业革命——蒸汽时代

"光荣革命"后，英国社会稳定、经济稳步发展。资产阶级统治者一方面积极进行殖民统治，不断扩张海外市场；另一方面，积极推行"圈地运动"，使得工场手工业获得大量的廉价劳动力。而生产技术知识的积累使得产量不断提升，为持续满足不断扩大的市场需求，许多行业开始掀起技术革新的热潮。18 世纪 60 年代，英国资本主义市场生产手段的变革"呼之欲出"，工场手工业生产开始被机器生产取代。随着生产力突飞猛进地发展，工业革命时代到来。

新兴的棉纺织业由于没有受到太多的束缚，率先出现了技术革新的连锁反应并揭开了工业革命的序幕。1733 年，织工约翰·凯伊（John Kay）发明"飞梭"，提高了织布的效率。18 世纪 60 年代，织工哈格里夫斯（Hargreaves）和理发匠阿克莱特（Arkwright）先后发明了手摇纺纱机（即"珍妮纺纱机"）和水力纺纱机。随后，棉纺织业的各个生产部门实现了机械化，冶金业和采矿业等也都陆续有了机器生产。随着机器生产越来越普及，水力、风力等原有动力已无法满足生产需求。1785 年，瓦特（Watt）改良的"万能蒸汽机"开始投入使用。改良型蒸汽机消耗煤和水而产生动力，大力推动了机器的进一步普及与发展，人类由此进入了"蒸汽时代"。以蒸汽为动力的汽船、蒸汽机车的使用带来交通运输业的革命，进一步加强了洲际联系。1840 年，新的工业部门——机器制造业正式诞生，同时也标志着第一次工业革命完成，英国成为世界上第一个工业国家。此后，工业革命向欧洲大陆和北美蔓延。19 世纪中期前后，工业革命在西欧和北美轰轰烈烈地进行，同时工业革命逐渐蔓延至世界其他地区，俄国、日本等国家陆续掀起工业革命。

由英国发起的这场生产领域的技术革命，改变了生产领域的动力支持，开创了以机器生产代替手工劳动的时代。蒸汽机的改良推动了机器的普及应用以及大工厂制度的建立，进而推动了交通运输领域的革新。这不仅是一场技术改革，更是一场社会变革，推动了经济、政治、思想、世界市场等诸多方面的变革。

在第一次工业革命中，教育也发生了极大的变化。一方面，教育为工业革命奠定了思想基础，教育成了社会改革的工具和主要手段；另一方面，工业革命为教育的发展提供了科技基础和新的内容。第一次工业革命后许多国家都提出了普及初等教育的要求，也主张建立国民教育制度，开始建立国家教育体制，主张进行彻底的教学内容与教学方法改革。例如，职业教育不再以学徒制为主，而以正规的学校式为主；教学内容不再以实践为主，而以科学理论知识为主。

1.1.2　第二次工业革命——电气时代

19 世纪 70 年代到 20 世纪初，随着资本主义经济的发展，自然科学研究取得重大进展。1870 年之后，各种新技术、新发明层出不穷并被应用于各种工业生产领域，英国、德国、美国、法国等工业发达国家出现新一轮技术革新热潮。产业结构的新变化和社会生产力的大发展促使第二次工业革命蓬勃兴起，人类进入电气时代。

电力的广泛应用是第二次工业革命的标志性成就。19 世纪 60～70 年代，德国的西门子公司制造了发电机，电力开始成为补充及替代蒸汽的新能源。随后，电灯、电车、电影放映机等相继问世。工业生产领域的另一项重大科学技术成就是内燃机的创造和使用。19 世纪 70～80 年代，以煤气和汽油为燃料的内燃机诞生。而科学技术的进步也带动了电信行业的发展。19 世纪 70 年代，美国的贝尔（Bell）发明了电话。19 世纪 90 年代意大利的马可尼（Marconi）对无线电报的试验取得了成功，为迅速传递信息提供了方便。由此，世界各国的经济、政治和文化联系进一步得到加强。

在第二次工业革命中，科学成为技术进步最重要的推动力。重大的发明大多出自科学家的实验室，而不是手工业者的实践经验。社会经济方面，随着资本主义生产社会化的趋势加强，生产和资本集中到一定程度便产生了垄断。控制垄断组织的大资本家为了攫取更多的利润，越来越多地干预国家的经济、政治发展。垄断组织甚至跨国形成国际垄断集团，企图从经济上瓜分世界，这促使各资本主义国家加快了对外侵略扩张的步伐。19 世纪末至 20 世纪初，美国、德国、英国、法国、日本、俄国等主要资本主义国家进入帝国主义阶段。同时，社会生产能力的增强使得社会的交通更加便利快捷，人们的生活方式不断改变，活动范围不断扩大，人与人之间的沟通交流不断加强。第二次工业革命极大地推动了社会的发展，对人类社会的经济、政治、文化、军事、科技和生产力产生了深远的影响。生产力的飞跃，使资本主义社会发生了翻天覆地的变化。西方不断进步、东方逐渐落后的局面促进了世界殖民体系的形成，世界逐渐成为一个整体，资本主义世界体系最终确立。

中等教育助力了第二次工业革命，它既是时代的产物，也是时代发展的必然结果。随着工业革命的进行，工业的发展需要大量的科技实用型人才，劳动阶层的子女也需要接受科技教育，对中等教育的需求由此产生，许多国家都开始在教育领域大力普及中等教育。随着《初等教育法》的颁布实施，英国的实用科学类学校和技术类学校迅猛发展。德国各地也纷纷设立中等技术教育学校，规定 18 岁以下的青少年必须进入学校学习。

1.1.3　第三次工业革命——信息时代

由于社会发展的需要，第二次世界大战期间和第二次世界大战后，世界各国迫切需要发展高科技。20 世纪 40～50 年代，人工合成材料、分子生物学和遗传工程等高新技术不断涌现，新一轮工业革命开启，这次革命也称为"第三次工业革命"。第三次工业革命是发生在第二次世界大战之后的科技领域的重大革命，其中空间技术、原子能技术、电子计算机技术的利用与发展最具代表性。

1957 年，苏联发射了世界上第一颗人造地球卫星，开创了空间技术发展的新纪元。随后苏联发射无人驾驶的"月球 2 号"火箭，火箭成功到达月球，成为击中月球表面的第一个地球物体。1961 年，苏联宇航员加加林乘坐载人飞船完成了世界上首次载人太空飞行。20 世纪 50～60 年代，美国开始执行规模庞大的登月计划，并在 1969 年实现了人类登月的梦想。随后，空间活动由近地空间活动为主转向飞出太阳系。在原子能技术方面，1945 年美国成功试制原子弹，原子能技术率先被应用于军事领域。之后，苏联、英国、法国和中国相继成功试制核武器。电子计算机技术的利用和发展是另一重大技术突破。20 世纪 40 年代后期，第一代电子管计算机诞生，此后晶体管计算机、集成电路、智能计算机、光子计算机、生物计算机相继出现。每隔 5～8 年，计算机的速度便提高十倍，体积减小十分之九，成本减少十分之九。1980 年，微型计算机开始迅速发展。电子计算机的广泛应用，不仅促进了生产自动化、管理现代化、科技手段现代化和国防技术现代化，还推动了情报信息的自动化。同时，合成材料的发展、遗传工程的诞生以及信息论、系统论和控制论的发展，也是这次技术革命的结晶。总体来说，第三次工业革命其实质是新能源、新材料、新技术的创新与运用，以及与互联网高度交互融合，以能源网络化、制造数字化、组织模块化、工厂家庭化、消费个性化、发展生态化、人际关系和谐化等为主要特征。

第三次工业革命的技术改革，使得生产技术不断进步、劳动者的素质和技能不断提高、劳动手段不断改进，最终推动了整个社会生产力的发展。同时，社会经济结构和社会生活方式发生了重大变化。第一产业、第二产业在国民经济中的比重下降，第三产业的比重上升。随着科学技术水平的大幅度提高，各学科之间相互渗透，新的学术与科技思潮不断涌现。第三次工业革命给世界各国经济的发展既带来了机遇，也带来了严峻的挑战。

在教育领域，第三次工业革命带来了个性化、数字化、远程化、定制化、差异化、分散合作、扁平式组织结构等新型教育理念，对原有的教育理念及模式产生了革命性的影响。①教育的人才培养理念转变。第三次工业革命进一步凸显"人的价值"，教育理念从"育分数"转变为"育人"，真正突出了人的发展。②人才培养要求进一步提高。社会需要培养全面发展的高素质劳动者和创新型人才。③教育内容更加丰富。教育教学从注重"学历"转变为注重"学力""能力"，更加注重以学习者、自主学习能力、资源整合为中心。④教育的人才培养方法不断创新。教育的实施不再仅限于学校的正规教育，而是不断扩展到家庭、企业和社区教育。教育的战略地位日益受到世界各国的重视，世界性教育改革浪潮开始涌现。同时，网上教学、在线学习等逐渐普及。

1.1.4 第四次工业革命——智能时代

18 世纪中叶以来，人类社会先后发生了三次工业革命。前三次工业革命使得人类社会进入了空前繁荣的时代，但同时也造成了规模庞大的能源、资源被消耗，人类社会付出了巨大的环境和生态代价，人与自然之间的矛盾急剧地扩大。进入 21 世纪后，人类开始面临能源与资源、生态与环境、气候变化等带来的多重挑战。第四次工业革命是以人工智能、机器人技术、虚拟现实、量子信息技术、可控核聚变、清洁能源以及生物技术为技术突破口的革命。

"工业 4.0"源自德国政府为推动制造业计算机化的高科技战略项目，是制造业数字化的后续发展阶段，以深度网络化、绿色化、智能化和生产组织方式分散化为四大特征。2014 年 4 月，来自全球 65 个国家和地区的 5000 多家厂商参加了德国汉诺威工业博览会。在此次展会中，"工业 4.0"受到广泛关注。作为工业领域的全球领先展会，汉诺威工业博览会推动了"第四次工业革命"。2016 年 1 月，第 46 届世界经济论坛在瑞士达沃斯举行，此次论坛以"掌控第四次工业革命"为主题。在信息技术加速发展的今天，世界的第四次工业革命即绿色工业革命已经来临。

在社会经济领域，第四次工业革命的首要目标是实现碳排放"脱钩"，加快转变经济发展方式，促使生态资本相关要素"全面脱钩"。其实质是大幅度地提高资源生产率，使经济增长与不可再生资源要素全面脱钩、与二氧化碳等温室气体的排放脱钩，最终实现生态资本要素的"盈余"。在"工业 4.0"时代，"集成""智能""创新""融合"等已成为社会发展中的关键词，人工智能、虚拟现实、大数据、区块链、3D 打印等技术成为推动社会前进的关键力量。

在教育领域，"工业 4.0"成为教育变革的新一轮推动力。当下，人类正站在第四次工业革命的"风口浪尖"，以人工智能、大数据、区块链等为代表的智能信息技术正在引发新一轮教育变革，并牵引着人类教育向智慧教育转型和演进。随着技术的飞速发展，智能技术的应用已日渐常态化。在此背景下，具备多元化、个性化、智能化等特征的智慧教育开始成为未来教育的主要形态。

1.2　人工智能的发展

要了解人工智能教育应用的发展历程，须先了解人工智能的发展过程。第四届世界互联网大会以"发展数字经济促进开放共享——携手共建网络空间命运共同体"为主题，围绕数字经济、前沿技术、互联网与社会、网络空间治理和交流合作五个方面进行探讨交流。"人工智能"一词在大会中被库克、马云等世界互联网领军人物多次提及，会议总结语表明人工智能必将服务于人类生活、推动社会发展。

从相关思想理论的提出到人工神经网络(artificial neural network，ANN)的应用，人工智能随着思想理论和关键技术的不断发展与成熟，在经历了漫长的发展历程后终于走向如今的发展巅峰。正如蒸汽机、电器、原子能等那些曾使人类生活发生突破性转变的技术一样，人工智能在发展过程中也面临着挑战与机遇，经历过低谷时期和发展阶段。纵观人工智能的发展，其大致经历了四个阶段：1956 年之前的孕育阶段，1956 年至 20世纪 70 年代初的形成发展阶段，20 世纪 70~80 年代的低谷阶段，20 世纪 90 年代至今的再次发展阶段。

1.2.1　孕育阶段(1956 年之前)

人工智能的诞生离不开各种理论、技术的支撑。1956 年之前，数理逻辑、控制论、仿生学等的发展为人工智能奠定了坚实的理论基础。

远古时期，人类使用木头、石器等工具劳动；而后采用青铜器、铁器来提高生产效率。从古希腊制造机器进行生产劳动的神话，到中国古代机器唱歌跳舞的传说，无不透露出远古人类对人工智能的渴望与追求。12 世纪末，西班牙神学家、逻辑学家罗门·卢乐(Romen Luee)试图制造一个通用逻辑机来解决生活中遇到的各种问题。1642 年，法国物理学家、数学家帕斯卡(Pascal)制造了世界上第一台能进行演算的机械加法器，开启了机械计算时代。1673 年德国数学家莱布尼茨(Leibniz)依据帕斯卡的机械加法器制造了能进行四则运算的机械式计算器，并提出形式逻辑符号化的思想观点。该观点为数理逻辑的产生和发展奠定了基础，同时催生出了现代机器思维设计思想。1822 年，英国数学家、力学家巴贝奇(Babbage)成功研制出世界上第一款差分机，其不需要任何人力计算，能自主完成三组十万以内的加法，标志着纯机械驱动的计算工具诞生。

1847 年，英国逻辑学家、数学家乔治·布尔(George Boole)创立了布尔代数，而后在《思维规律的研究》中讨论了命题逻辑的建立和发展是否能够实现用符号语言描述思维活动，这为后来的符号逻辑的诞生奠定了基础。1936 年，英国数学家图灵(Turing)在《理想计算机》中提出了著名的图灵机模型，为电子数字计算机的问世奠定了重要的理论基础。1938 年，德国工程师楚泽(Zuse)研制了世界上第一台可编程数字计算机 Z-1，1945 年他又发明了 Plankalkül 程序设计语言，人类进入电子化计算时代。

1943 年，沃尔特·皮茨(Walter Pitts)与沃伦·麦卡洛克(Warren McCulloch)两位科学家提出了"神经网络"的概念，描述了如何让人造神经元网络实现逻辑功能，正式开启了人工智能的大门。1946 年美国科学家约翰·莫奇利(John William Mauchly)和约翰·埃克特(John Presper Eckert)研制了世界上第一台电子数字积分计算机"ENIAC(埃尼阿克)"。1950 年，图灵在其论文"计算机器与智能"中发布了著名的图灵测试。同年，图灵还预言了创造出具有真正智能的机器的可能性。图灵因此被称为"计算机科学之父""人工智能之父"，是计算机逻辑的奠基者。

1.2.2　形成发展阶段(1956 年至 20 世纪 70 年代初)

1956 年，在美国达特茅斯大学举办的"侃谈会"上，计算机科学家约翰·麦卡锡(John McCarthy)说服与会人员接受"人工智能(AI)"一词作为计算机领域的术语，与会人员第一次正式使用了"人工智能"这一术语，并将人工智能定义为"让机器的行为看起来就像人所表现出来的智能行为一样"。因此，本次会议被诸多学者当作人工智能正式诞生的标志。会议的成功举办，吸引了大量的资金涌入人工智能行业，并催生出了大批优秀的 AI 程序和相应的研究理念，开启了人工智能革命。

1952 年，美国 IBM 公司的塞缪尔(Samuel)和格伦特(Gerent)研发了一款具有自学习、自组织、自适应能力的西洋跳棋程序。在后期的持续开发中，该程序战胜了设计者本人及美国跳棋大师。1957 年，艾伦·纽厄尔(Allen Newell)、赫伯特·亚历山大·西蒙(Herbert Alexander Simon)和克里夫·肖(Cliff Shaw)合作开发了信息处理语言(information processing language，IPL)。这是 AI 历史上最早的一种 AI 程序设计语言，其基本元素是符号，并首次引入表处理方法。1960 年，他们基于人的解题思维过程开发了通用问题求解程序，除此之外，他们与其团队还相继发明了编程方面的表处理技术、NSS 国际象棋等程序。1958 年之后，人工智能领域的研究重点逐步转向机器人。美国科学家约瑟夫·恩格尔伯格(Joseph Engelberger)于 1958 年成立 Unimation 公司，这是世界上第一家机器人生产公司。该公司于成立的第二年生产出了世界上第一台工业机器人。1965 年，约翰·霍普金斯大学应用物理实验室研制出能根据环境校正自己位置的 Beast 机器人，推进了对"有感觉"机器人的研究。1966 年，美国麻省理工学院发布了世界上第一个通过脚本理解简单自然语言的聊天机器人"Eliza"。之后，美国斯坦福国际研究所研制出世界上首台采用人工智能的移动机器人"Shakey"。在此期间，神经网络迅速发展。1957 年弗兰克·罗森布拉特(Frank Rosenblatt)提出感知机(perceptron)模型，其采用了人工神经网络。1969 年，美国著名人工智能专家明斯基(Minsky)和帕伯特(Papert)提出将感知机学习算法推广到多层神经网络的观点。1983 年，霍普菲尔德(Hopfield)利用神经网络求解"流动推销员"问题并取得重大进展，推动了神经网络的进一步发展。1989 年，杨立昆(Yann LeCun)构建了卷积神经网络(convolutional neural networks，CNN)的概念雏形，其虽然有诸多弊端，但是对推动神经网络的进一步发展起到了不可磨灭的作用。

1.2.3 低谷阶段(20 世纪 70~80 年代)

1969 年，美国著名人工智能专家明斯基和帕伯特指出简单神经网络具有局限性。之后，有关神经网络的投资开始逐步减少。20 世纪 70 年代，人工智能的发展陷入低谷。科研人员低估了人工智能的研发难度，美国国防部高级研究计划署的合作计划失败。巨大的社会舆论压力和捉襟见肘的研究经费导致人工智能的发展前景变得暗淡。不只美国，英国政府也因"人工智能研究没有带来任何重要的影响"而大幅度削减人工智能研究的资金。1984 年，罗杰·尚克(Roger Schank)和马文·明斯基(Marvin Minsky)在年度 AAAI 会议上警告"人工智能之冬"即将到来。

总之，在这个阶段人工智能的研究已经处于停滞状态。对于导致这一现象的原因，后来研究者主要归纳为以下三点。首先，计算机性能不足。在人工智能领域，很多程序无法得到使用。其次，早期的程序在解决问题方面存在局限性。正如明斯基和帕伯特在 1988 年所表示的那样：研究停滞是因为基本理论缺失，没有人能够弄清楚感知机的工作原理。最后，研究数据缺失。由于缺乏研究数据，计算机无法智能化地处理各类数据。

1.2.4 再次发展阶段(20 世纪 90 年代至今)

随着现代技术和机器算法的发展，20 世纪 90 年代，科研人员与商业巨头开始进行联合研发，人工智能重新活跃于研究领域。1995 年，理查德·华莱士(Richard Wallace)研发出具有简单初期生命特征的聊天机器人"Alice"。1997 年，IBM 公司研制的超级计算机"深蓝"在象棋比赛中击败国际冠军加里·卡斯帕罗夫(Garry Kasparov)，引起世界性轰动，这是人工智能发展史上人工智能首次战胜人类，具有划时代的意义，足以证明人工智能在信息处理与数据推算方面具有无与伦比的优势。到了 21 世纪，随着 CPU 加速技术的发展和计算机性能的提高，数据不足的问题得以解决，神经网络得到进一步发展。2000 年，本田制造了具有基本智能水平且能够与人类互动的机器人"ASIMO"（阿西莫）；2005 年，美国国防部设计了一款可以在沙漠中行走 200 多千米的机器人；2012 年，谷歌的研究人员通过深度学习算法使神经网络在一定程度上具有思考能力；2016 年，谷歌利用神经网络、搜索树研发出在围棋比赛中击败人类的机器人"AlphaGo"……自此以后，人工智能成为诸多行业竞争的重要突破口，越来越多的信息技术巨头开始加入以人工智能为核心的战局，国际组织和各个国家都制定了有助于推动人工智能创新和发展的政策和制度。当前，人工智能技术已在商业和金融领域得到广泛应用。未来，人工智能将向各个领域不断蔓延、发展。

1.3　计算智能、感知智能与认知智能

人类在探索人工智能的道路上不断前进，截至目前人工智能经历了计算智能（computational intelligence）、感知智能（perception intelligence）与认知智能（cognitive intelligence）三个发展阶段。在人工智能的这三个发展阶段中，随着计算机存储能力及计算速度的提高，人类在计算能力上已经被人工智能远远甩在身后。在视觉、听觉等感知能力方面，人工智能也已经可以和人类相媲美，在精确度、灵敏度方面甚至超越了人类。在计算智能和感知智能的基础上，认知智能显露端倪——当前研究人员正致力于对认知智能进行研究与应用，试图让机器能够理解人类的自然语言，能够进行分析、思考和判断，能够具备人类的逻辑推理能力，甚至能进行自主学习，从而像人类一样能理解、会思考。

1.3.1　计算智能

人类的计算能力具有天生的局限性。为了突破计算能力的限制，人类一直在不断地更新计算工具，以便让计算更加迅速和方便。从古老的结绳记事，到算筹与算盘，再到日晷与沙漏，无不体现着人类对使用工具辅助计算与记录的探索。而 1946 年世界上第一台电子数字积分计算机埃尼阿克的出现，让计算智能得到了突飞猛进的发展。虽然埃尼阿克的计算速度仅能达到 5000 次/s，但已经远远超过人类的计算速度了。

1. 计算智能的概念

实际上，计算智能并不是一个新的概念，早在 20 世纪 50 年代，计算智能就开始处于起步阶段。1992 年美国的贝兹德克（Bezdek）发表了题为 *Computational Intelligence* 的论文，率先对计算智能的概念做了界定。1994 年，国际计算智能会议出版了题为 *Computational Intelligence* 的论文集。自此，计算智能这一术语在世界范围内被广泛使用。计算智能是指以仿生学思想为指导，以数字、数据（而非知识）为基础，以现代计算工具为手段，通过模拟人的智能来求解问题（或处理信息）。从本质上来讲，计算智能就是一种经验化的计算机思考性程序，是基于数值计算和结构演化的智能，强调通过计算

来实现生物内在的智能行为。也就是说，计算智能只处理低层次的数值数据，具有计算适应性、计算容错能力、接近人的计算速度和误差率等。而 Bezdek 认为计算智能(CI)的来源是基于数值计算的传感器，此外他还解释了生物智能(biological intelligence，BI)和人工智能(AI)，并探讨了有趣的"ABC+I[A 指 AI、B 指 bigdata(大数据)、C 指 cloud(智能云)、I 指 IoT(internet of things，物联网)]"。

2. 计算智能的研究领域

计算智能涉及的领域包括神经计算(neural computing，NC)、模糊计算(fuzzy computing，FC)和进化计算(evolutionary computing，EC)。这三种计算方法都以人的智能为目标，统称为计算智能。神经计算是 20 世纪 80 年代以来人工智能领域的研究热点之一，主要从信息处理的角度，基于神经网络建立简化的计算模型，对人脑的神经元网络进行抽象，得到人工神经网络(ANN)。与传统 AI 基于"清晰"的规则不同，模糊计算是依据模糊规则描述和处理人的语言和思维中存在的模糊概念，通过输入的控制变量得到最终的输出结果。进化计算以生物进化过程中基于自然选择和遗传传递的优胜劣汰机制为依据，运用迭代法模拟生物的进化机制，把要解决的问题看作环境，通过自然演化寻求问题的最优解。

1.3.2　感知智能

从美国埃尼阿克 5000 次/s 的计算速度到如今中国"神威·太湖之光"每秒可执行数亿亿次计算、存储 1 亿本书，计算智能的飞速发展提升了人类的计算能力。如果说计算智能是指计算机快速计算、记忆和储存的能力，那么人工智能发展的第二个阶段——感知智能就是对人类感知能力的模拟与超越。

1. 人类的感知能力

感知能力是指对感官刺激所赋予的意义的认知水平，取决于人类感官对外界刺激的敏感程度，也取决于经验和知觉对刺激的判断。在心理学上，感知包括感觉和知觉两个方面。感觉是人的整个认知过程的初级阶段，在这一阶段客观事物的个别属性作用于人的眼睛、耳朵、鼻子、舌头等感官，人可以通过感官了解客观事物，获得较为生动、具体和直接的知识，并在获得客观事物大量感性信息的基础上，进行知觉、记忆、思维等更复杂的活动。知觉将个体各种属性或感觉信息组成有意义的对象并把握其意义的反映过程，是人对客观事物各种属性的综合反映。知觉是在感觉的基础上产生的，二者的不同之处在于感觉仅依赖于人的个别感官的活动，而知觉则依赖于人的多种感官的联合活动。

2. 感知智能的概念和研究领域

感知智能是指，机器通过摄像头、麦克风等各种传感器，借助语音识别、图像识别等技术，从所处的环境中获取信息并映射到数字世界，进而提取环境中有效的特征信息并加以处理和理解，最终通过建立所处环境的模型来表达信息。由于人类的感官受生物学限制，机器在感知世界方面相比人类具有优势。目前关于感知智能的研究主要集中在机器的视觉感知、听觉感知、触觉感知以及多传感器信息融合等领域，而传感器技术从根本上决定着感知智能的水平。物联网以感知智能为基础，利用传感器获取物理世界的各种信息，再通过各种通信网络传递信息，实现物理世界在数字世界的实时复制，进而实现对世界的智能感知。

1.3.3　认知智能

与计算智能和感知智能相比，认知智能是人工智能发展的更高阶段。如果说计算智能是让机器模拟人类进行计算，感知智能是让机器模拟人类进行"听、看、认"，那么认知智能就是让机器学会理解、思考。

1. 认知智能的概念

认知智能是指，通过对人类的自然语言、知识表达、逻辑推理，尤其是对自主学习的模拟，使机器具有主动思考和理解能力，具备类似于人类的智慧，甚至具备各个行业领域人类专家的知识积累和应用能力。也就是说，认知智能可以让机器进行低层次的数据处理和计算，以及做简单的逻辑判断，但更重要的是可以让机器根据外界条件和相关数据进行自我学习，并与人类自然交互。

2. 认知智能的研究领域

目前人工智能在计算智能层面的技术已经较为成熟，在感知智能层面也更接近甚至超越人类，但在认知智能层面的发展面临巨大的挑战，而认知智能可最大限度地利用机器的深度学习能力，其将成为未来人工智能研究的核心内容。深度学习技术涉及数据挖掘、机器学习(machine learning)、自然语言处理等技术，能够使机器模拟人类的视听与思考等活动，解决很多复杂的模式识别问题，推动感知智能向认知智能发展。但深度学习技术是纯粹基于数据的技术，仅利用深度学习技术对于认知智能来说是远远不够的。所以在未来相当长的时间内，人工智能研究将把研究重点放在认知层面，从认知心理学、脑科学、人类学等学科中汲取知识(其中主要涉及知识的获取、关联与表示，以及人脑的机制与机器推理机制的设计等)，由此方能打造出具有知识运用能力的人工智能。

1.4　人工智能对社会的影响

随着一系列技术实现突破，人工智能逐渐从概念走向现实、从科技研发走向行业化应用，人工智能时代正大步朝我们走来，并开始重塑人类社会。人工智能是社会生产力推动下的产物，它的不断发展可以给社会生产力的发展注入强大的推动力，但也有可能带来诸多不确定的困难甚至毁灭性的风险。下面从正效应、负效应两方面探讨人工智能对社会的影响。

1.4.1　人工智能对社会产生的正效应

《与机器人共舞》写道：“技术消除的是岗位，而非工作。”从哲学视角来看，科学技术必定会对人的社会活动产生影响。人工智能作为当前科技革命的核心技术，将对人类的生产生活产生重要的影响。正如恩格斯所说：“科学是一种在历史上起推动作用的、革命的力量。”随着人工智能技术的发展，社会生产效率、人们的生活质量将会不断地提高。

1. 社会生产效率提高

人工智能在商业和制造业方面取得巨大的成功，主要原因有两点：①可准确、有效地展示公司的发展潜力，使产品更加符合消费者的需求；②可使劳动者逐渐摆脱简单、周而复始的劳动，降低生产成本，提高生产效率。人工智能的优势具体表现在以下几个方面。

(1)产品优质高效。由于人工智能设备具有高效的学习能力和理性的工作思维，因此在很短的时间内可以通过深度学习掌握各项工作必备的技能和知识，降低生产的时间成本。同时，人工智能设备在工作过程中不会受到情感、心理等因素的影响，成功避免了人因各种不可控因素而出现的注意力不集中的问题，能够理性、高效地进行决策和工作。

(2)资金周转速度加快。产品要转化为资金必须经过生产、存储和销售等多个环节。人工智能技术可以缩短生产、存储和销售时间，加快资金周转速度，从而促进生产效率的提高。

(3)可替代劳动力。使用机器替代劳动力有诸多优点：一方面，可以克服人易受自身生理或心理因素影响的弊端，使生产劳动更加高速、有效；另一方面，可以有效地降低生产成本。用机器替代劳动力，主要有三种方式：完全替代、人机协作和创造新岗位。当前，人工智能仍处于工具型人工智能阶段，机器还未具备自主、独立工作的能力，因此，需要由人操控机器。

(4)加速社会创新。人工智能将使社会分工产生巨大变化，一方面，科学技术的发展冲击了低端重复性劳动岗位；另一方面，人工智能提升了工作效率，使得企业各部门更像一个联结的整体进行协作，并将人从简单、重复的工作中解放出来，使人有更多的时间从事更具创造性和挑战性的工作，促进社会创新。

2. 人们的生活质量提高

2018 年，日经 BP 社信息技术媒体部在《当人工智能照进生活》一书中指出未来人工智能技术将应用于社会的方方面面：自动驾驶技术、智能农业、智慧教室、智能金融、智能医疗、自主型安全保障机器人、智能之家……人们无限憧憬人工智能的迅速发展所带来的舒适美好生活。随着人工智能技术的不断创新，智能新产品、新应用已经成为人们生活中必不可少的一部分，对人们的交往方式产生深刻的影响。

首先，人工智能缩短了交往距离。随着通信技术和社交媒体及社交软件的不断发展，电话、短信、邮件、语音通话、视频聊天等突破了地域、时间的限制，使身处不同国家、不同地区的人可以快速地沟通，缩短了现实距离产生的心理距离，提高了凝聚力，增加了感情方面的交流，使人与人之间的交往越发快捷顺畅。

其次，人工智能拓宽了社交范围。智能设备和社交软件推动现代网络通信日益立体化、多元化。社交软件不仅为人们提供了更加广阔的交流空间，同时也给予人们多角度接触社会的机会，成为人与人之间进行交流沟通和合作的重要阵地。一方面，网络群聊、消息群发等突破了以往一对一的传统交流方式，实现一对多、多对一、多对多的交流，使得人们能够在相同时间内处理更多的信息，节省了时间，交流更加高效；另一方面，在政府和社交软件的双重监控下，网络社交人员的个人身份信息越来越真实，由此推动了陌生人之间的交流与沟通。

最后，人工智能增加了沟通方式。人工智能社交软件智能化地为人们提供了一种全新的交流沟通方式，即以数据化形式交流沟通，交流沟通的内容可永久保存于手机内部或者软件云端，克服了纸质材料易出现信息丢失、难以保存等缺点。同时，由于社交软件注入多种聊天形式(如表情包、动图等)，交流沟通变得更加直观且生动形象，增添了聊天的趣味性。

1.4.2 人工智能对社会产生的负效应

1. 劳动力就业形势严峻

智能时代意味着机器智能化，也意味着机器和人之间存在直接竞争关系。当前，人工智能技术已经在三大产业中应用，并不断地影响着社会的劳动力市场。

人工智能提高了生产效率，解放了农业劳动生产力，提高了农业信息化程度，但同时也造成劳动力被机器替代。在工业劳动力市场方面，人工智能的发展冲击着低端重复性劳动岗位。人工智能为企业提供了自动化、智能化的生产线，取代了低端劳动生产力，进一步提高了结构性失业率。对服务业而言，人工智能技术将打破传统服务业"千人一面"的服务模式，其可基于大数据与云计算技术为客户提供个性化的服务，同时可利用自动识别技术和自然语言处理技术，优化行政办公文书工作，提升工作效率，实现协同办公，但越来越多的人认为人工智能会导致服务业出现大规模永久性失业。

2. 社会两极分化加剧

第一次机器革命将机器与劳动力区分开来，机械化、自动化推动了生产力的巨大发展，同时也加剧了社会的分化。第二次机器革命使机器愈发自动化、智能化，人与机器之间的互补性逐步降低、替代性持续增加，社会分化更加剧烈。美国知名人工智能专家、斯坦福大学客座教授杰瑞·卡普兰(Jerry Kaplan)在接受记者访问时表示：人工智能推动生产力迈上新台阶，必将创造更多的财富，但也会加剧社会的分化。国内人工智能领域的学者吴军（2016）表示，智能时代社会大分化不可避免，初期分化更加明显，科技革命只会给 2%（1%为金融资本持有者，1%为人工智能资源所有者）的人机会成为受益者。

1.5　人工智能教育应用的机遇与挑战

2019 年 3 月 4~8 日，联合国教科文组织在巴黎总部开展了移动学习周活动，活动的主题为"人工智能促进可持续发展"（artificial intelligence for sustainable development），该活动聚焦于人工智能技术的发展及其可能会对可持续发展产生的影响，其中多个议题都围绕人工智能和教育展开。在活动期间，联合国教科文组织和布罗孚图卢基金（ProFuturo Foundation）联合发表了题为"artificial intelligence in education: challenges and opportunities for sustainable development"的报告。该报告详细分析了教育中的人工智能在未来将面临的机遇与挑战，并为各国的教育政策制定者预测了人工智能教育的发展方向和可能会产生的影响。

1.5.1　人工智能教育的特征

1. 无缝融合学习时空

智能化是教育信息化的发展趋势之一。海量数据蕴藏着丰富的价值，在知识表示与推理的基础上构建算法模型并借助高性能并行运算，可以释放这种价值。未来，教育领域将会有越来越多支持教与学的智能工具，智慧教学将给学习者带来新的学习体验。在线学习环境将与生活场景无缝融合，人机交互将更加便捷智能，泛在学习、终身学习将成为新常态。

2. 个性化学习

信息时代科技的发展使个性化教育成为可能。通过收集大量数据，可以了解学习者的个性化心理特征和需求，从不同层面、不同角度提供个性化的信息，满足学习者日益增长的个性化信息需求；基于学习者的个性化信息需求，人工智能程序可以实现自学习并构建学习者模型，利用不断扩大更新的数据集调整优化模型参数，针对学习者的个性化需求，实现对个性化资源、学习路径、学习服务的推送；虚化传受双方的界线，鼓励学习者表达自己的观点和意见，提供更具个性化的服务与体验。这种个性化将越来越广泛地呈现出客观、量化等特征。

3. 协同化交互

短期来看，人机协同是人工智能推动教育智能化发展过程中的一种趋势。从学习角度分析，学习是学习者根据自己已有的知识主动构建和理解新知识的过程。对于人工智能来说，新知识是它所无法理解的，学习者需要教师的协同、协助和协调，因此在智能学习环境中，教师的参与必不可少，人机协同将是人工智能在辅助教学中的突出特征。

4. 自动化处理

与人相比，人工智能更擅长处理记忆、基于规则的推理、逻辑运算等方面的程序化工作，也更擅长处理目标确定的事务。而对于主观的东西，如果目标不够明确，人工智能处理起来则较为困难。例如，数学、物理、计算机等理工科的作业，评价标准客观且容易量化，故自动化测评程度较高。但随着自然语言处理、文本挖掘等技术的发展，短文本类主观题的自动化测评技术将日益成熟并应用于大规模考试中。教师将从繁重的评价工作中解放出来，从而有精力专注于教学。

5. 多元化发展

人工智能涉及多个学科领域，未来教学内容需要适应其发展需要。我国政府高度重视并鼓励高校拓展和加强人工智能教育，形成"人工智能+X"培养模式。从人才培养角度分析，学校教育应更强调学生多元能力的综合性发展，以人工智能相关基础学科的理论为基础，提供基于真实问题情境的项目实践，侧重激发、培养和提高学生的计算思维、创新思维、元认知能力等。

1.5.2 人工智能教育应用的机遇

随着人工智能技术的发展，一方面教育领域对人工智能技术提出了更高的要求，另一方面人工智能技术对教育产生了革命性的影响。人工智能给教育带来了诸多好处，如能够提供个性化的学习、减少教师的重复性工作等，有助于实现"改善学生学习，促进教育公平"的教育愿景。2018年我国人工智能企业在数量规模上已居世界首位，国家对教育领域的投入也在不断增加，我国的人工智能教育面临着前所未有的机遇，有着广阔的发展前景。

1. 支撑个性化学习

个性化教育的本质是因材施教。人工智能教育以学习者大数据为依据，分析每一个学习者具体的学习情况，据此针对学习者的个性化特征与学习者自身的条件和已有的知识基础，及时了解和满足学习者不断变化的需求，并根据学习者的兴趣、习惯和学习需求为其制订专门的学习计划，设计个性化的学习方案。未来的教学任务将由教师与人工智能共同承担，人工智能可以为教师创造一个更好的教学环境，让他们为有困难的学习者提供更多的支持。教师与人工智能助理合作，可以为学习者提供最佳的学习帮助，在教师缺席的情况下，人工智能助理能承担起个人或者小组导师的角色。

在未来的教育中，人工智能教师可承担12种角色(余胜泉，2018)：可自动命题和自动批阅作业的助教、学习障碍自动诊断与及时反馈分析师、问题解决能力测评方面的素质提升教练、学生心理素质测评与改进方面的辅导员、体质健康监测与提升方面的保健医生、可反馈综合素质评价报告的班主任、个性化智能教学方面的指导顾问、可解决学生个性化学习问题的智能导师、学生生涯发展方面的顾问或规划师、精准教研中的互动同伴、个性化学习内容的自动生成与汇聚代理以及数据驱动方面的教育决策助手。人工智能的这些不同角色，为个性化教学提供了保障。

2. 促进终身学习

1965 年联合国教科文组织成人教育局局长保罗·朗格朗（Paul Lengrand）提出了"终身教育"一词，意指社会的每个成员应为适应社会发展需要和实现个体发展持续地学习。1972 年，埃德加·富尔（Edgar Faure）确定了"终身教育"思想，并提出未来社会是"学习化社会"。

人工智能教育平台通过数据挖掘对学习者进行分析，并为从儿童到成人的学习者提供扩展知识和技能的服务，可为构建终身学习型社会奠定基础，而人工智能技术使学习内容与学习方式发生变革。智能在线学习平台可以使具有不同学习风格、性格特征、兴趣特长、素质潜能的学习者获得所需的资源，让学习伴随学习者的一生。

3. 促进学习者核心素养的提高

随着社会的发展，社会对人的素养和能力的要求越来越高，如创造性与问题解决能力、信息素养、自我认识与自我调控能力、批判性思维能力、学会学习与终身学习能力等。核心素养是指个体为适应自身和社会发展需要所必须具备的品格和关键能力。经济合作与发展组织在 2005 年提出了运用工具互动（如运用语言符号、知识资讯和科技进行互动）、异质团体互动（如人际互动、团队合作）和自主行动（如与他人建立良好的关系、团队合作、管理与解决冲突）方面的 3 类 9 项核心素养。2014 年 3 月，教育部在《教育部关于全面深化课程改革落实立德树人根本任务的意见》中提出了核心素养体系的概念，核心素养成为深化教育工作的关键，以及我国未来基础教育改革的重点。自 2016 年起核心素养便成为风靡我国教育界的热门概念之一，让教育改革进入"3.0 时代"。

在构建核心素养体系的过程中，人工智能发挥了重要作用。在教育现代化进程中，人工智能技术不能只局限于对具体、良构的知识和技能的学习，而要聚焦于问题解决能力、批判性思维能力、团体协作能力等高阶能力。随着人工智能技术的发展，各领域内专家无法清晰表达的规则知识和自然语言的处理、情感计算等问题都将得到解决，学习者的核心素养也将获得提高。

4. 促进全球课堂普及

近年来大规模在线教学成为全球教育领域的研究热点。MOOC（massive open online courses，大型开放式网络课程）、SPOC（small private online course，小规模限制性在线课程）等能够在一定程度上拓展教学的时间和空间，使优质的在线学习资源能够跨越时空传遍世界，让任何人都能拥有获取优质在线学习资源的机会和途径，扩大优质在线资源的受益面，促进教育公平理念的实现。

全球课堂的目标是为每个学习者提供一种普及化的、随时随地可以深度参与的学习环境。慕课可以被看作全球课堂的雏形，学习者可以在任何时间、任何地点进行学习并享用世界各地的教育资源。而人工智能技术支持下的全球课堂，能够为学习者提供一个云端一体、支持认知发展和相互协作的全新的学习环境，这种泛在式学习易获取、真实，与学习者的生活、工作密不可分，可在一定程度上打破目前慕课等带来的局限性，促进全球课堂的普及。

1.5.3　人工智能教育应用的挑战

人工智能进入教育领域，不仅为教育的发展带来了巨大的机遇，也使教育面临着巨大的挑战。人工智能技术的伦理问题，人工智能在教育领域的应用能否帮助实现教育公平，发展中国家如何开发用于改变教育面貌的人工智能解决方案，以及公共政策如何赋予教师权利，都是人工智能教育可能会面临的挑战。

《教育中的人工智能：可持续发展的挑战与机遇》指出，人工智能教育所面临的挑战主要来自以下六个方面。

(1) 如何提升制定全面的人工智能公共政策的能力，以助力实现可持续发展。面对人工智能教育，教育部门既是应用者，也是参与者，应针对人工智能的可持续发展制定全面的公共政策，以创建一个为可持续发展服务的人工智能生态系统。然而目前有关人工智能教育的公共政策的制定仍处于起步阶段，无法适应人工智能领域的创新速度。

(2) 如何使教育在应用人工智能时兼顾包容和公平。人工智能技术的两面性可能会加剧现有的不平等和分歧，边缘化人口有可能被排除在人工智能教育的受益者范围之外。因此，兼顾包容和公平，消除数字鸿沟，不仅是人工智能教育的核心价值，也是政策制定者在制定政策时需要考虑的重要方面。

(3) 如何做好教师与人工智能教育的双向驱动。应在帮助教师为人工智能辅助教育 (artificial intelligence in education) 做好准备的同时，让人工智能理解教育，教师应与人工智能协同合作，发挥各自的优势，并形成双向驱动。教师不仅要了解人工智能驱动的系统，还要掌握数据分析技能，批判性地看待人工智能对人类及教育的影响，同时教授学习者那些不会被机器取代的技能。

(4) 如何发展高质量的教育数据系统。《教育中的人工智能：可持续发展的挑战与机遇》指出，世界正在走向教育的大数据化，加强并改进数据的收集和系统化工作至关重要。高质量的数据系统准确可靠，并具有一定程度的开放性。这样的数据系统决定了人工智能系统的应用成效，可为启用人工智能预测和机器学习算法提供无限可能，是人工智能教育实现可持续发展的重要支撑之一。

(5) 如何加强教育领域对人工智能的研究，发挥相关研究的重要价值。《教育中的人工智能：可持续发展的挑战与机遇》指出，教育领域对人工智能的研究将会成为研究热点，但是在促进实践和决策的实施、大力推动教育研究评估方面仍存在困难。另外，关于人工智能教育绩效的问题不应被忽视，可以进行相应的实证研究和实验研究，通过研究来建立知识库，并在验证策略的有效性后进行应用推广。

(6) 如何解决数据采集、使用和传播过程中存在的伦理问题。大数据技术是人工智能教育的基础，如何解决大规模采集、使用和传播数据引发的伦理问题是人工智能教育面临的一大挑战。使用学习者个人数据时要确保个人身份信息和个人隐私偏好得到保护，但目前除欧洲以外，其他地区只有不到 30%的国家制定了全面的数据保护法。所以要特别关注人工智能教育在发展过程中收集、使用和传播数据时面临的伦理问题，针对伦理问题，可以围绕责任、透明度和安全性展开讨论。

1.5.4　人工智能教育应用研究的必要性与紧迫性

1. 信息技术发展及应用的需要

当下信息技术的特点有别于传统技术分工明确、单一化的特点，大数据时代，各种信息技术互嵌互融，呈现集群式相互影响态势。在前沿信息技术集群中，相比较而言，人工智能技术起步较早(诞生于 20 世纪 50 年代)，但发展过程较为曲折，鲜有突破性进展。随着计算机技术、网络技术和多媒体技术等信息技术的发展，特别是大数据技术的诞生与发展，人工智能技术突飞猛进。新时代人工智能技术的发展离不开大数据技术的支持，除此之外，IoT 技术、移动互联网、云计算技术以及区块链技术等与人工智能技术的发展和应用也有着非常密切的关系。徐宗本(2018)认为，人工智能代表着脑科学、认知科学的发展情况，它的应用趋势是"大数据+场景"，由感知智能向认知智能发展，人工智能的核心是大数据技术。

由此可见，人工智能技术的发展离不开大数据技术的发展。大数据是指，规模大到无法在有限时间内用常规的软硬件工具对其内容进行抓取、管理和处理的数据集合(CIO Wiki，2015)。大数据包含四个特征维度：容量、处理和响应的速度、类型的多样性和价值密度的稀疏性，它描述的当前的数据环境特征与信息组织和情报研究都有密切的关系，在各个领域中都得到应用(马费成，2013)。大数据并非突然出现，大数据的形成是一个渐进的过程，其来源分为三个方面：被动产生的数据(主要来自传统的数据库)、主动产生的数据(主要由各类信息用户产生，如使用基于 Web 2.0 的各种社交媒体)和自动产生的数据(如来自传感器连接形成的物联网、无线射频识别技术)。

2. 国家战略和领域政策的发展导向

2018 年 10 月 31 日，中共中央总书记习近平(2018a)在中共中央政治局就人工智能发展现状和趋势举行的第九次集体学习会议上强调，人工智能是新一轮科技革命和产业变革的重要驱动力量，加快发展新一代人工智能是事关我国能否抓住新一轮科技革命和产业变革机遇的战略问题；要深刻认识加快发展新一代人工智能的重大意义，加强领导，做好规划，明确任务，夯实基础，促进其同经济社会发展深度融合，推动我国新一代人工智能健康发展。在此之前，在 2018 年 5 月 28 日至 6 月 1 日召开的中国科学院第十九次院士大会、中国工程院第十四次院士大会上习近平(2018b)指出，以人工智能、量子信息、移动通信、物联网、区块链为代表的新一代信息技术应加速突破应用，学科之间、科学和技术之间等日益呈现交叉融合趋势，科学技术从来没有像今天这样深刻影响着国家前途命运，也从来没有像今天这样深刻影响着人民生活福祉。在 2016 年杭州举行的 G20 峰会上习近平(2016)指出，以互联网为核心的新一轮科技和产业革命蓄势待发，人工智能、虚拟现实等新技术将给人们的生活带来革命性变化。而在技术领域，人工智能已经上升为国家战略，2017 年 7 月国务院印发了《新一代人工智能发展规划》，其指出人工智能的发展已进入新阶段，要把握好人工智能成为国际竞争的新焦点、经济发展的新引擎、带来社会建设的新机遇等战略态势，树立好三步走战略目标。2017 年 12 月，工业和信息化部印发了《促进新一代人工智能产业发展三年行动计划(2018—2020 年)》，其指出人工智能具有显著的溢出效应，将进一步带动其他技术的进步，推动战略性新兴产业总体突破，正在成为推进供给侧结构性改革的新动能、振兴实体经济的新机遇、建设制造强国和网络强国的新引擎。

在教育信息化进程中，国家始终高度关注各类新型信息技术与教育的融合。《国家中长期教育改革和发展规划纲要(2010—2020 年)》明确指出：“信息技术对教育发展具有革命性影响，必须予以高度重视。”《教育信息化十年发展规划(2011—2020 年)》也明确提出：要“通过优质数字教育资源共建共享、信息技术与教育全面深度融合、促进教育教学和管理创新，助力破解教育改革和发展的难点问题，促进教育公平、提高教育质量、建设学习型社会；通过建设信息化公共支撑环境、增强队伍能力、创新体制机制，解决教育信息化发展的重点问题，实现教育信息化可持续发展”。

在人工智能教育方面，2018 年 4 月教育部印发《高等学校人工智能创新行动计划》，提出 3 类 18 项重点任务，旨在引导高校瞄准世界科技前沿，不断提高人工智能领域的科技创新、人才培养和国际合作交流等能力。同月，教育部又印发了《教育信息化 2.0 行动计划》，该计划是充分激发信息技术革命性影响的关键举措，强调智能环境不仅改变了教与学的方式，而且已经开始深入影响教育理念、文化和生态。同年 7 月，教育部学校规划建设发展中心确定 28 所学校为“AI+智慧学习”共建人工智能学院项目试点学校，5 所学校为项目培育学校，其中试点学校包括 19 所本科院校和 9 所高职院校。2021 年 12 月，联合国教科文组织发布了《人工智能与教育：政策制定者指南》，旨在为各国政府、其他利益攸关方制定与宏观公共政策、教育政策有机配合的人工智能与教育政策提供支持，致力于打造具有包容性、可持续性与韧性的教育。以人工智能为代表的新一代信息技术日益成为教育变革的内生动力，以及国家数字化转型战略的重要支撑。

3. 教育需求和教育发展之间的矛盾

习近平总书记在党的十九大报告中明确指出我国社会的主要矛盾已经转化为人民日益增长的美好生活需要和不平衡不充分的发展之间的矛盾，迫切需要深化供给侧结构性改革。而当前教育领域的主要矛盾是社会对创新型、智慧型人才的需求与教育发展不平衡和不充分之间的矛盾，迫切需要解决教育供给侧改革问题。作为新型信息技术的代表，人工智能技术将是新时代教育中的关键生产力，并且这一生产力将成为解决教育供给侧难题的核心利器。从辅助教育教学以促进教育效果、效益的提升，到教育技术与课堂教学的有机整合，再到当下智能教育技术与教育系统进行体系性的融合以实现智慧教育、智慧教学、智慧学习、智慧校园等，都离不开新型信息技术与教育的融合。一方面，人工智能技术和教育大数据给各类教育的教或学带来变革的机遇。例如，大数据有助于学生学得更为有效；基于大数据的学习者分析和学习过程分析，能帮助教师针对特定的学生群体进行教学设计或教学路径的调整。同时，受益于大数据提供的极具价值的反馈信息，教师将身兼学习者的角色而不断地进行学习(赵中建和张燕南，2014)。另一方面，人工智能技术和教育大数据为教育应用研究领域提供了新的研究视角和研究方向。将数据放进巨大的计算机集群中，只要数据之间相互关联，统计分析算法就可以发现过去的方法发现不了的新模式、新知识甚至新规律(李国杰，2012)。

从理论上讲，信息技术与教育的融合能促进教育公平、教育资源的合理配置，使所有学习者拥有均等的机会接受教育，获得发展。但是，信息技术的普及和应用与已有的社会文化制度体系存在一定的矛盾。例如，信息技术的普及和应用在理论上能使特殊人群、残障人群拥有更多进行学习的可能性，可提升教师的教学能力，对教育具有正效应，但是在信息技术与人的生活、工作、学习等深度融合的过程中，数字鸿沟不断地扩大，教育资源的配置呈现马太效应(Matthew effect)，教学和学习效果差异很大，社会对人才培养的需求与教育教学的产出存在较大的差距。

人工智能技术是新兴信息技术之一，越来越多的学者和一线教育工作者认为人工智能在教育领域能发挥重要的作用，人工智能与教育要素、教育过程和教育改革相融合，能够解决教育教学改革中的痼疾。作为教育技术的研究者和实践者，如何对待人工智能教育应用，在理论、融合模式、实践框架、应用策略上保证人工智能教育应用既发挥新兴信息技术的优势，同时又符合教育的本质和规律，是值得认真思考和探索的问题。

1.6 人工智能教育应用研究的目的与意义

通过前面的分析可以看出，人工智能是未来技术发展之必然，人工智能教育应用是未来教育发展之必需。但目前人工智能教育应用面临诸多挑战，学界应重点关注如何更好地利用人工智能促进教育发展。

1.6.1 研究目的

人工智能教育应用研究的目的主要为以下几个方面。

(1)通过对人工智能教育应用研究现状的梳理、归纳、分析，找出当前人工智能教育应用研究存在的问题与不足，并将其作为后续研究的立足点，给后续研究者提供借鉴和参考。

(2)总结分析人工智能教育应用研究的理论基础、技术基础以及人工智能教育应用模式等，为国家政策的制定提供方向。习近平总书记在主持中共中央政治局第九次集体学习时指出，要加强人工智能同保障和改善民生的结合，从保障和改善民生、为人民创造美好生活的需要出发，推动人工智能在人们日常工作、学习、生活中的深度运用，创造更加智能的工作方式和生活方式；要抓住民生领域的突出矛盾和难点，加强人工智能在教育、医疗卫生、体育、住房、交通、助残养老、家政服务等领域的深度应用，创新智能服务体系；要加强人工智能同社会治理的结合，开发适用于政府服务和决策的人工智能系统，加强政务信息资源整合和公共需求精准预测，推进智慧城市建设，促进人工智能在公共安全领域的深度应用，加强生态领域人工智能运用，运用人工智能提高公共服务和社会治理水平；要加强人工智能发展的潜在风险研判和防范，维护人民利益和国家安全，确保人工智能安全、可靠、可控；要整合多学科力量，加强人工智能相关法律、伦理、社会问题研究，建立健全保障人工智能健康发展的法律法规、制度体系、伦理道德；各级领导干部要努力学习科技前沿知识，把握人工智能发展规律和特点，加强统筹协调，加大政策支持，形成工作合力。

1.6.2 研究意义

人工智能教育应用研究的意义主要体现在以下几个方面。

(1)人工智能教育应用研究是以人工智能、大数据技术为主导的信息技术与教育教学等相关理论融合的产物，具有一定的理论指导意义。很多学者认为人工智能教育应用即是将技术元素嵌入教育教学，没有认识到技术范式已经融入教育体系的方方面面，只就技术论技术，为应用而应用，只看见技术，看不见技术所主导的思维、理念。然而，人工智能所体现的教育思维、教育理念等具有一定的理论价值。有别于传统教学中教师和学生的重复劳动量大、教育资源浪费严重，人工智能教育易实现因材施教的个性化学习目标。在传承因材施教教育理念的基础上，人工智能教育所蕴含的技术不仅改变了教育中只有理论的单一化现象，更拓宽了教育理论发展的"视界"。

(2)人工智能教育应用研究是教育在实践应用层面的需求，更是教育跟上技术发展步伐的印证。人工智能教育应用的核心在于聚焦教育目标和价值体系，将人工智能技术的优势与教育过程融合，以产生"1+1＞2"的效果(张坤颖和张家年，2017)。其重大意义在于可解决以下几个层面的教育问题(杨现民等，2018)：特殊人群的补偿性教育、针对常规业务的替代式教育以及服务于个性化发展的适应性教育。具体来说，首先，人工智能应用于教学可帮助特殊学生加快回归正常校园学习、生活的速度，消除特殊学生和正常学生之间的隔阂。其次，人工智能技术可使机器进行高效的重复性工作，起到与教师从事相同教育活动的作用，甚至可代替教师执行部分教学管理等任务，因而教师可以将更多的精力投入教书育人活动中。最后，在人工智能技术支持下虚拟助手以及智能导学等系统、平台可根据学生特征制定个性化课程，从而在一定程度上实现学生的个性化学习。因此，迫切需要将人工智能技术引入教育实践中。

(3)进行人工智能教育应用研究是积极响应国家政策的体现，是为实现科教兴国、人才强国战略制定的重要举措之一。近年来，世界各国都在大力发展人工智能技术，尤其是"阿尔法狗"战胜世界围棋冠军后，全球各行各业更加关注人工智能的发展。我国也陆续出台了一系列有关人工智能的政策，如教育部印发了《高等学校人工智能创新行动计划》。众所周知，科学技术的发展与教育相互联系、相互依存，为了使教育更好地为科学技术发展服务，必须使教育适应科学技术的发展。而人工智能技术作为现代科学技术的最新成果，迫使教育领域实现变革。它的迅猛发展，对教育活动提出了新的要求，也为教育变革提供了新的手段和方式。一方面，教育是科学技术发展过程中不可或缺的关键环节，能延续与传承科学技术，人工智能技术需要教育活动对其发展成果和经验进行保存、继承和传递。在此环节中，教育不断吸收人工智能技术的发展成果实现自我提升。另一方面，人工智能技术的持续发展需要大量科技工作者，而教育可通过培养大批高素质人才进行科学技术再生产。

参 考 文 献

埃里克·布莱恩约弗森, 安德鲁·麦卡菲, 2014. 第二次机器革命[M]. 蒋永军, 译. 北京: 中信出版社.

工业和信息化部, 2018. 工业和信息化部关于印发《促进新一代人工智能产业发展三年行动计划（2018—2020 年）》的通知[EB/OL]. [2018-10-12]. https://www.miit.gov.cn/jgsj/kjs/wjfb/art/2020/art_08d153ee9e9d4676aa69d0aa12676ca1.html.

国务院, 2017. 国务院关于印发新一代人工智能发展规划的通知[EB/OL]. [2018-10-15]. http://www.gov.cn/zhengce/content/2017-07/20/content_5211996.htm.

教育部, 2010. 国家中长期教育改革和发展规划纲要（2010—2020 年)[EB/OL]. [2018-3-1]. https://www.gov.cn/jrzg/2010-07/29/content_1667143.htm.

教育部, 2012. 教育部关于印发《教育信息化十年发展规划（2011—2020 年)》的通知[EB/OL]. [2018-5-1]. http://www.moe.gov.cn/srcsite/A16/s3342/ 201203/t20120313_133322.html.

教育部, 2018a. 教育部关于印发《高等学校人工智能创新行动计划》的通知[EB/OL]. [2018-10-1]. http://www.moe.gov.cn/srcsite/A16/s7062/201804/t20180410_332722.html.

教育部, 2018b. 教育部关于印发《教育信息化 2.0 行动计划》的通知[EB/OL]. [2018-10-1]. http://www.moe.gov.cn/srcsite/A16/s3342/201804/t20180425_334188.html.

李国杰, 2012. 大数据研究的科学价值[J]. 中国计算机学会通讯, 8(9): 8-15.

梁迎丽, 刘陈, 2018. 人工智能教育应用的现状分析、典型特征与发展趋势[J]. 中国电化教育(3): 24-30.

林德山, 文慈, 2019. 热话题与冷思考: 关于"人工智能与未来社会"的对话[J]. 当代世界与社会主义(6): 4-11.

马费成, 2013. 情报学发展的历史回顾及前沿课题[J]. 图书情报知识(2): 4-12.

苗逢春, 2022. 从"国际人工智能与教育会议"审视面向数字人文主义的人工智能与教育[J]. 现代教育技术, 32(2): 5-23.

任友群, 万昆, 冯仰存, 2019. 促进人工智能教育的可持续发展: 联合国《教育中的人工智能: 可持续发展的挑战和机遇》解读与启示[J]. 现代远程教育研究, 31(5): 3-10.

史旦旦, 马洁虹, 2010. 第一次工业革命对职业教育之影响: 基于技术视角的诠释[J]. 职业时空, 6(2): 51-53.

王佑镁, 杨晓兰, 胡玮, 等, 2013. 从数字素养到数字能力: 概念流变、构成要素与整合模型[J]. 远程教育杂志, 31(3): 24-29.

闻待, 2011. 多样化的趋势: 中等教育发展的历史演进及启示[J]. 基础教育, 8(4): 36-43.

吴军, 2016. 智能时代: 大数据与智能革命重新定义未来[M]. 北京: 中信出版集团.

吴朝晖, 2018. 为未来而学习: 面向 21 世纪的通识教育[J]. 中国高等教育(Z3): 29-31.

习近平, 2016. 在二十国集团工商峰会开幕式上的主旨演讲[EB/OL]. [2016-9-3]. http://www.xinhuanet.com/world/2016-09/03/c_129268346.htm.

习近平, 2018a. 推动我国新一代人工智能健康发展[EB/OL]. [2018-11-1]. http://www.xinhuanet.com/politics/leaders/2018-10/31/c_1123643321.htm.

习近平, 2018b. 在中国科学院第十九次院士大会、中国工程院第十四次院士大会上的讲话[EB/OL]. [2018-5-28]. http://politics. people.com.cn/n1/2018/0528/c1024-30019213.html.

熊璋, 王静远, 2019. 人工智能教育中不可忽视伦理教育[N]. 中国教育报: 3.

徐宗本, 2017. 人工智能的核心就是大数据技术[EB/OL]. [2017-12-7]. https://www.cas.cn/zjs/201712/t20171207_4626106.shtml.

杨现民, 张昊, 郭利明, 等, 2018. 教育人工智能的发展难题与突破路径[J]. 现代远程教育研究(3): 30-38.

易文娟, 刘志勇, 2008. 从科学社会学角度看《十七世纪英国的科学、技术、与社会》[J]. 法制与社会(7): 285.

尤瓦尔·赫拉利, 2018. 今日简史[M]. 林俊宏, 译. 北京: 中信出版社.

余胜泉, 2018. 人工智能教师的未来角色[J]. 开放教育研究, 24(1): 16-28.

张坤颖, 张家年, 2017. 人工智能教育应用与研究中的新区、误区、盲区与禁区[J]. 远程教育杂志, 35(5): 54-63.

赵中建, 张燕南, 2014. 与大数据同行的学习与教育: 《大数据时代》作者舍恩伯格教授和库克耶先生访谈[J]. 全球教育展望, 43(12): 3-9.

中国互联网金融安全课题组, 2018. 中国互联网金融安全发展报告 2017: 监管科技: 逻辑、应用与路径[M]. 北京: 中国金融出版社.

钟志贤, 张琦, 2005. 论分布式学习[J]. 外国教育研究, 32(7): 28-33.

周晓垣, 2018. 人工智能: 开启颠覆性智能时代[M]. 北京: 台海出版社.

CIO Wiki, 2015. Big data[EB/OL]. [2015-4-20]. https://cio-wiki.org/wiki/Big_Data.

第2章　人工智能教育应用研究现状与研究框架

从语言学的角度来说，人工智能教育应用是一个合成词，为"人工智能+教育应用"，即人工智能技术在教育领域的应用。人工智能技术具体应用的领域较多，如语音识别、可穿戴设备、情感计算、机器学习、数据分析以及智能挖掘等。本章主要就人工智能教育应用的研究现状和应用背景展开分析，阐释人工智能教育应用的意义和价值，同时根据计量分析和质性研究来综述人工智能教育应用的进路，并在此基础上进一步探究人工智能教育应用的研究框架。

2.1　人工智能教育应用研究述评

2.1.1　国外相关研究综述

1. 社会网络分析

采用信息计量与可视化图谱分析方法，利用 WOS(web of science)平台收集国外相关研究文献的元数据，采用 CiteSpace 5.8 分析数据集，以获得现有研究的聚类情况。然后依据聚类情况来梳理国外有关大数据与人工智能融合的研究结果、大数据与教育关系的研究结果以及人工智能教育的研究结果，从而探究大数据、人工智能与人工智能教育应用的内在关系。

人工智能诞生于 20 世纪 50 年代，发展历史比大数据技术长，但发展过程几经起伏，虽有局部的突破，但始终难以有全面性的跨越，人工智能教育应用也是如此。在WOS 核心数据库中，首先以"artificial intelligence"与"education"为主题进行"与(and)"检索，检索的发文时间为 2010～2021 年，共获得 2823 条记录，其次以"AIED"为主题进行检索，共获得 140 条记录，将两次检索的结果进行筛选与合并去重，共获得 1203 条记录。发文时间分布情况见图 2-1。可以看出，从 2010 年以来，人工智能教育应用研究发文量总体上呈现增长趋势，进入 2017 年之后，增长速度明显加快，尤其是 2020 年与 2021 年的发文量约是 2010 年的 10 倍。在国家或地区的发文量方面，中国发文量为 252 篇，占据首位，美国发文量为 225 篇，排名第二，说明人工智能教育应用研究方面，我国学者投入了极多的关注与精力，然而在国家合作中心度方面，我国远低于美国(图 2-2 和表 2-1)，表明我国在这方面的国际合作尚有所欠缺。

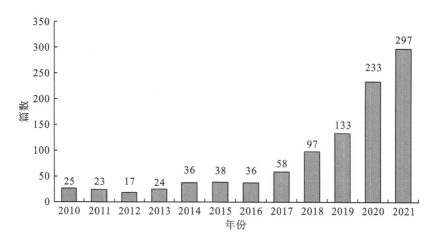

图 2-1 以"artificial intelligence"、"education"和"AIED"为主题的文献发文时间分布情况

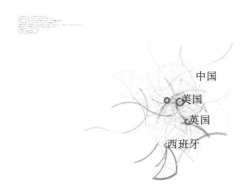

图 2-2 文献的国际合作分析图

表 2-1 发文量排名前四的国家合作中心度

国家	中国	美国	西班牙	英国
发文量/篇	252	225	75	70
中心度	0.07	0.24	0.19	0.21

从文献所属研究领域来看，计算机科学领域为 487 篇，约占发文量的 2/5，教育研究领域为 446 篇，占 1/3 以上，工程学领域为 251 篇，约占 1/5，而这三个领域的发文量占总发文量的 70%以上（上述三个领域的研究有交叉）（表 2-2），说明在人工智能教育应用领域，人工智能是技术基础，教育应用是"上层建筑"，工程化系统则是二者之间的桥梁。施引文献的学科共现分析图如图 2-3 所示。

表 2-2　文献所属研究领域的相关数据

研究领域	篇数	百分比(总篇数为 1203)/%
计算机科学	487	40.48
教育研究	446	37.07
工程学	251	20.86
人文学(CPCI-SSH[①])	176	14.63
人工智能	174	14.46
计算机科学跨学科应用	100	8.31
社会学	100	8.31
教育科学学科	95	7.90

图 2-3　施引文献的学科共现分析图

采用 CiteSpace5.8 进行聚类分析，获得 46 个聚类，设置显示前 14 个聚类，即#0(机器人)、#1(目的)、#2(分析)、#3(医学教育)、#4(K12)、#5(支持)、#6(院校学术评估)等类别，如图 2-4 所示。

图 2-4　以"artificial intelligence""education"和"AIED"为主题的文献聚类分析结果

---

① CPCI-SSH 的全称是 conference proceedings citation index-science，social sciences and humanities，即社会科学与人文科学会议录引文索引。

　　由 WOS 中排名前十的高被引文献(表 2-3)可知,医学教育是人工智能在教育方面的重要应用领域,占据着较高的比例。

表 2-3　WOS 中高被引文献前十名信息

文献名	被引用次数
Medical students' attitude towards artificial intelligence: a multicentre survey	96
Systematic review of research on artificial intelligence applications in higher education——where are the educators	83
Evolution and revolution in artificial intelligence in education	74
Understanding complex natural systems by articulating structure-behavior-function models	69
Face-to-face interaction with pedagogical agents, twenty years later	66
Thirty years of illness scripts: theoretical origins and practical applications	57
Stimulating and sustaining interest in a language course: an experimental comparison of chatbot and human task partners	55
Influence of artificial intelligence on Canadian medical students' preference for radiology specialty: a national survey study	54
Letting artificial intelligence in education out of the box: educational cobots and smart classrooms	53
Using second life to enhance classroom management practice in teacher education	49

2. 人工智能教育应用研究的质性分析

　　依据大数据技术、网络技术等信息技术对人工智能产生的影响,以 2010 年为时间节点,将人工智能的研究划分为两个阶段:传统人工智能研究阶段(20 世纪 50 年代到 21 世纪 10 年代)和新一代人工智能研究阶段(2010 年以来)。进入 2010 年之后,大数据技术、移动互联网技术、物联网技术等取得协同突破和普及应用。在大数据方面,我们有了可以输入算法中的大量数据;在软硬件技术方面,随着存储能力、计算能力、算法、带宽等的发展,我们能够构建可以提取所需信息的模型。

　　总的来说,人工智能教育应用的研究受三个方面的因素影响:人工智能技术自身的演进、人工智能与其他信息技术的协同发展、人工智能与教育的融合。而相关研究与应用最终的落脚点和目标是支持教育,促进教育过程的优化,提升教育教学的效果、效率和效益,与教育过程、教育活动相融合,与教师、学习者、管理者相融合。这里主要对国外 4 个知名的教育技术类期刊[《计算机和教育》(*Computer & Education*)、《教育技术研究与发展》(*Educational Technology Research and Development*)、《英国教育技术杂志》(*British Journal of Educational Technology*)、《计算机辅助学习》(*Journal of Computer Assisted Learning*)]中关于人工智能教育应用的文献进行统计、归类和梳理,相关结果见表 2-4。从表中可以看出,2010 年以来发表的与新一代人工智能相关的文献数量占文献总数量的比例为 44%~81%,说明新一代人工智能在教育领域中的应用受到越来越多教育研究者和教育实践者的关注。

表 2-4　国外 4 个知名的教育技术类期刊中与人工智能教育应用相关的文献统计

期刊	阶段划分	文献数量/篇	占比/%
计算机和教育 （Computer & Education）	传统 AI	86	19.2
	新一代 AI	363	80.8
教育技术研究与发展 （Educational Technology Research and Development）	传统 AI	99	41.3
	新一代 AI	141	58.7
英国教育技术杂志 （British Journal of Educational Technology）	传统 AI	86	38.9
	新一代 AI	135	61.1
计算机辅助学习 （Journal of Computer Assisted Learning）	传统 AI	75	55.1
	新一代 AI	61	44.9

根据这 4 个期刊的相关研究文献，可从三个方面梳理国外教育技术领域的专家关注的人工智能教育应用研究主题。

(1) 从计算机辅助教育发展为人工智能辅助教育。教育技术领域一直非常关注信息技术的发展和应用，计算机诞生后，很快就被引入教育领域，如 PLATO 系统，此后计算机辅助教育成为教育领域的热点（Alpert and Bitzer，1970）。人工智能、智能机器等也被教育领域关注，如 Flood（1963）探讨了未来的智能机器，他认为智能机器将会用于计算机化教学和自动化图书馆。在计算机辅助教育阶段，由于缺乏智能适应能力，难以实现个性化学习和适应性学习，而人工智能的发展为计算机辅助教学（computer assisted learning，CAL）向智能计算机辅助教学（intelligent computer assisted instruction，ICAI）发展提供了可能，如 Anderson 等（1985）在 Science 上发表文章，提出将心理学的自适应理论、教学理论与计算机授导结合在一起，开发与 LISP 程序教学内容相关的智能授导系统（intelligent tutoring system，ITS），其他类似 ICAI 系统的研究与应用有很多（Self，1985；Tennyson，1987）。但是，囿于计算机软硬件能力的局限性，以及人工智能技术自身创新乏力，无论是在人工智能教育应用领域，还是在其他应用领域，很多应用仍处于实验室的实验状态，尚没有得到大规模实践。

(2) 学习模型与人工智能教育系统［如专家系统（expert system，ES）］的应用。学习模型是教育人工智能（education artifical intelligence，EAI）技术的基础，由学习行为数据算法、数据分析模型等构成。Moon 等（2011）通过对全球 1000 多万学龄儿童参与的典型数字游戏进行对比，提出数字游戏学习模型，其有助于激发自主学习能力。Dias 等（2015）介绍了一种模糊认知映射-交互质量模型，该模型能够通过对在线学习管理系统用户的交互行为进行可视化，分析用户可视化行为和交互效果之间的关系。Sanchez Nigenda 等（2018）设计了用于规划和评估学习路径的算法模型，该模型可以为学习者提供最优学习路径，优化学习方法，提高学习效率。专家系统是人工智能中最为活跃的分支之一，也是实践应用得较为成功的系统。专家系统是在特定领域中，以专家的知识和技能解决该领域中的难题的计算机软件系统。专家系统对教育的三个方面产生影响：①教育规划和决策——使用计算机来管理学生记录、学生咨询和特殊教育计划；②教师培训和教育——根据需要，利用计算机辅助教学，传授信息和技能；③智能辅导系统——根据学生的优缺点指导学生进行学习(Khanna et al.，2010)。

Jonassen(1993)和 Jonassen 等(1993)曾从学习理论视角出发探索建构主义学习理论与产生式专家系统之间的关系，认为专家系统可以作为智能教学系统(组成部分)、教学反馈系统、个人知识表示工具，以及用于分析和表示内容的专家系统的客观与建构主义应用。尽管此类系统(如智能授导系统)仍未达到人对授导的预期，但是在一些结构化专业知识(structural knowledge)的教学上具有一定的应用前景(Hayes-Roth，1984)。智能授导系统由来已久，它根据人工智能、计算机科学、教育学、神经科学以及数学建模等组成智能化学习环境，通过对学习数据进行分析和智能评估，预测学习者学习水平，发现学习问题，推荐个性化学习资源及策略，实现精准化、个性化学习辅导。Aparicio 等(2018)研究发现，在智能授导系统中智能信息访问系统的数据整合和选择性注释是学习者迫切需要的。Wong 和 Looi(2012)通过分析在线学习者的交换数据固化学习内容，并生成自适应测试和评估试卷。智能系统除可以评估学习者之外，也可以评估智能学习平台或机构，如 Cavus(2010)开发的智能评估系统可以用于评估学习管理系统的适应状况。智能导师系统能为学习者提供智能化学习支持，但是在问题解决式学习及提高学习者分析能力等方面的支持作用有待进一步加强。有研究者在一些学科教学中进行了相应的研究探索和实践应用，如 Boulet(1992)为音乐学习者设计并开发了一款智能咨询系统，用于向学习者呈现与作曲旋律的复杂转移任务有关的概念、原则和规则。Nwana(1993)则主要介绍了智能授导系统在数学中的应用。Ritter 等(2007)针对很多智能授导系统存在的"不智能"缺陷提出改进策略，并在数学教学中进行了应用探索。此外，研究者在外语学习(Cumming et al.，1993)、企业技能培训(Bertin et al.，1993)、程序编程教学(Zheliazkova，1995)等学科教学或领域培训中均进行了相关的研究和实践探索。

虽然智能授导系统不断进步，但其基本结构要素、主要功能和工作流程基本上是成熟和固定的。Anohina(2007)描述了智能授导系统的结构要素、功能和工作流程，并指出智能授导系统的特征是它存储了三种类型的知识，即领域知识(domain knowledge)、关于学习者的知识(knowledge about learners)和教学知识(pedagogical knowledge)。智能授导系统的知识类型决定了其由三部分组成：领域知识、学生诊断模块(student diagnosis module)和教学模块(pedagogical module)。与其他任何能和用户进行交互的软件一样，智能授导系统与学习者之间的交互是其重要功能，交互功能主要涉及控制屏幕布局、交互工具等的通信模块或接口。另外，智能授导系统还可以包含附加的组件，其主要取决于以下因素：问题域的特征、基本结构要素中独立功能的连接部分、实现系统附加功能所需要的技术，具体见图 2-5。

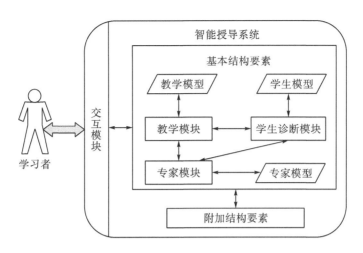

图 2-5　智能授导系统基本结构要素和工作流程

（3）人工智能融入教学、学习和管理活动等的过程，相关研究成果主要体现在两个方面。一方面，较为全面地建立了人工智能教育应用理论与实践框架，在人工智能教育应用领域中，主要体现在理论体系的完善、方法体系的成熟、技术体系的发展、学术共同体的形成、学术交流平台的建立、标志性成果的出现等方面。哲学、学习理论、认知科学、计算机科学、教学设计、工程学等领域的诸多专家学者对人工智能教育应用投入了极大的热情，从多个学科、多个视角、多个维度进行了丰富的理论研究和实践探索。学术共同体、学术交流平台的构建也取得了积极成果，如成立了国际人工智能教育学会（International Artificial Intelligence in Education Society，IAIED），并定期举办 AIED 学术年会，从 1989 年举办第一届开始，目前已经举办了 17 届（原则上每逢奇数年份举办），在学界和业界影响甚广，且每届会议均会出版学术论文集，其汇集了人工智能教育应用的前沿成果，相关信息参见网站 https://iaied.org。同时，该学会于 1989 年创办了《国际人工智能教育杂志》[*International Journal of Artificial Intelligence in Education* (IJAIED)]，已经发行 31 卷，旨在为人工智能教育应用的研究者和实践者提供交流与互鉴的平台。

人工智能教育应用研究在 20 世纪 80 年代后期到 20 世纪 90 年代较为活跃，在西方发达国家受到广泛的关注。其中，1988～1993 年，北大西洋公约组织（North Atlantic Treaty Organization，NATO）科学委员会在北约高级教育技术特别项目支持下举行了高级研究讲习班学习活动。活动集聚了西方国家中从事计算机辅助教育、人工智能教育、教育技术研究的很多知名专家学者，并且出版了 ASI 系列丛书。当中有很多著作对教育技术理论的发展和实践框架均有着重要的影响，不少著作也与人工智能教育应用有着密切的关系，具体见表 2-5。

表 2-5　NATO 科学委员会出版的 ASI 系列丛书信息

出版年份	书名	作者
1990	《超媒体学习设计》	D.H.乔纳森和 H.曼德尔
1991	《先进技术与技术教育的融合》	M.哈克、A.戈登和 M.德弗里斯
1992	《教育中的多媒体界面设计》	A.D.N 爱德华兹和 S.霍兰
1992	《外语学习智能辅导系统——国际交流的桥梁》	M.L.斯沃茨和 M.亚兹达尼
1992	《学习的认知工具》	帕姆、科默斯、D.H.乔纳森和 J.T.梅耶斯
1992	《基于计算机的学习环境与问题解决》	E.迪克特、M.C.林恩、H.曼德尔和 L.维沙费尔
1992	《适应性学习环境的基础和前沿》	M.琼斯和 P.H.温尼
1992	《智能学习环境与物理知识获取》	A.蒂伯吉安和 H.曼德尔
1992	《语言学习中的认知建模与交互环境》	F.L.恩格尔、D.G.布武伊斯、T.博瑟和 G.伊德瓦勒
1992	《数学问题解决与新信息技术》	J.P.庞特、J.F.马托斯、J.M.马托斯和 D.费尔南德斯
1992	《计算机会议的协作学习》	A.R.凯伊
1992	《智能教学系统的新方向》	E.科斯塔
1992	《超媒体课件：交流结构与智能帮助》	奥利维拉
1992	《交互式多媒体学习环境——设计问题的人为因素和技术考虑》	M.贾尔迪纳
1992	《教育技术的新方向》	E.斯坎伦和 T.奥谢
1992	《医学培训与实践中的先进认知模式》	D.A.埃文斯和 V.L.帕特尔
1992	《基于计算机的学习环境中的教学模式》	S.迪杰斯特拉、H.P.M.克拉默和 J.J.G.范·梅里恩波尔
1993	《综合系统设计：一种新的教育技术》	C.M.赖格卢斯、B.H.巴纳西和 J.R.奥尔森
1993	《学习设计环境的建设性》	M.达菲、J.洛伊克和 D.H.乔纳森

相关研究开始对人工智能在教育领域中的应用进行深入探讨。Duchastel 和 Imbeau (1988)认为智能计算机辅助教学弹性灵活的方式有助于生-机交互和学习；Virvou 和 Tsiriga(2001)从软件工程理论出发探讨了智能教学系统的软件开发生命周期；Nussbaum 等(2001)根据知识结构来开发智能授导系统(ITS)，从建构主义理论视角出发，为不懂编程的教师提供一个教学设计开发工具；Millán 等(2001)讨论了学生建模和参数规范问题；Hwang(2003)提出了一个概念地图模型，借由课程资料及对测试结果的分析，向学习者提供学习建议；Borges 和 Baranauskas(1998)开发了一个面向工业应用的智能计算机学习环境，即一个名叫"Jonas"的专家系统，它是建模/仿真环境的一部分，能够使车间工人在制造环境中进行测试并适应新的工作。

动画教学代理采用的研究方法主要集中在三个方面：智力增强范式、以用户为中心的系统设计和建构主义学习理论，而智能代理技术在教育过程中的交互作用受到重视 (Woo，2009)。Mahon 等(2010)根据"第二人生"创建了一个教育模拟，讨论了如何使用人工智能(AI)将模拟注入随机的学生行为，以帮助职前教师获得更多管理学生行为的经验；Vattam 等(2011)开发了一个名叫"ACT"的交互式学习环境，并在中学科学课堂中投入使用，使学生能够构建复杂系统的 SBF(structure-behavior-function，结构-行为-功能)模型；Fryer 等(2017)采用结构方程模型，对聊天机器人与人类合作伙伴在激发和维持语言课程的兴趣上进行了对比实验；Johnson 和 Lester(2016)在假设"Bschool(即孩子们聚在一起学习)"在 25 年以后仍会以某种形式存在时提出，未来的教室将会有教育协作机器人协助教师，并提供了当前机器人工作的示例，设想利用传感器来支持智能学习教室；Krouska 等(2019)提出了 SN-Learning 的概念，即具有社交网络特征的电子学习系统或通过社交网络平台进行的学习，为计算机科学研究人员使用人工智能和建模技术设计和构建 SN-Learning 平台提供了理论指导；Cukurova 等(2019)提出在人工智能开发人员、教育工作者和研究人员之间建立利益相关的伙伴关系，并以 EdTech 计划为例说明了建立这种伙伴关系的方法；Wang 等(2020)以创新扩散理论作为研究的基础理论，采用结构方程模型对横断面问卷调查数据进行分析，确定了教师使用智能辅导系统的意愿的决定因素；Fu 等(2020)基于可供性理论，建立了一个模型来检验自动评分应用程序对认知、情感参与和持续学习意图的作用，探索学习者为何会不断使用支持 AI 的自动评分应用程序；Salas-Pilco(2020)从学习科学的角度，采用基于设计的研究(the design-based research，DBR)方法，考察人工智能和机器人如何通过实施以选定的设计原则为指导的学习设计来影响智力学习成果；Standen 等(2020)设计了基于情感识别的 AIEd 系统以为智障学习者提供额外的支持，该系统先使用多模态传感器数据和机器学习来识别与学习相关的三种情感状态(积极参与、沮丧、无聊)，然后确定学习内容的呈现方式，从而使学习者保持最佳情感状态并最大化学习效率；Fountoukidou 等(2021)探究了人工代理的非语言行为对学习的影响，研究结果表明，声音表现力与情感和感知、认知学习有关，人工智能教师或语音助手(如 Alexa、Siri 和 Google 助手)可增强学习者的情感体验。

　　另外，新兴信息技术集群的迅猛发展与普及应用为人工智能技术与教育深度融合提供了有利条件：①计算机软硬件技术的发展，为人工智能的数据计算、存储和传输奠定了基础；②云计算技术、大数据技术、物联网技术、移动互联网技术、区块链技术等为人工智能提供了数据、算法支撑；③人工智能技术自身的新突破(如深度学习、人工神经网络、模式识别、人机交互等)是人工智能发展的根本动力。人工智能技术的进步也反映在教育领域的理论研究和实践探索中，国外相关的研究主要集中在智能学习环境、深度学习、学习分析、支持教学和学习、学习评价等方面。例如，Mavrikis 和 Gutierrez-Santos(2010)提出了一种智能学习环境的设计方法，认为在教育技术领域，应通过迭代过程将理论开发和系统设计结合在一起，逐渐减少智能学习环境的迭代设计；Jia 等(2013)认为网络教学系统面向学习内容的设计和即时反馈的特点，以及网络教学系统与英语课堂的定期整合，可以促进深度学习的产生；Mor 等(2015)认为学习分析是基于数据科学、人工智能、推荐系统、在线营销和商业智能的实践应用的，这些领域中开发的工具和技术能够用于识别个人或群体的行为趋势和模式，从而使学习设计、教师探查学生的学习和学习分析三者融合在一起；Johnson 和 Lester(2016)主张将动画界面代理技术与智能学习环境相结合，创造出能够以自然、人性化的方式与学习者互动的智能系统；Wang 等(2017)以第二外语习得为对象，利用聊天机器人和时间机器这两个关键学习工具，开发了一个 3D 虚拟世界中的沉浸式英语学习环境，以促进学习者的深度学习；
Daniel(2017)提出教育研究中大数据、数据科学、人工智能之间的关系，指出智能授导
系统需利用计算方法跟踪学生学习活动并建立诊断型学习者模型。

随着不同的学习环境中学习者复杂学习需求的增加，需要开发新的数据收集和分析
方法。从事人工智能教育应用和教育数据挖掘研究的研究人员提出了各种建模技术(如贝
叶斯网络、回归模型、认知模型等)和数据分析及可视化机制(Daniel，2017；Slater et
al.，2017)；Sharma 等(2019)扩展了当前的方法范式，提出了一种用多模式教育数据构
建机器学习管道的方法，该方法使用模块化方法，即"灰盒"方法，强调融合来自不同
渠道的数据以从不同的多模式数据流中获得最合适的组合的重要性；Woolf 等(2013)提
出了人工智能教育研究中的五个关键领域——适合每个学习者的导师、21 世纪素养的学
习、支持学习的交互数据、全球教室的广泛访问、终身学习和全方位学习；Ling 等
(2020)用 SMART-PLS 结构方程建模软件分析了学生的创造力、批判性思维和模式识别
之间的关系，指出批判性思维是模式识别的强预测因子，建议对学生进行更多的批判性
思维训练以提高其模式识别能力；Kong 等(2019)设计了一种基于模糊集和 BP 神经网络
的人机交互英语教学系统，该英语教学系统是一个基于网络更新的 E-Learning 平台；
Arrieta 等(2020)总结了前人为定义机器学习中的可解释性所做的努力，给出了可解释性
机器学习的新定义，并从这个定义出发提出并讨论了与不同机器学习模型的可解释性相
关的最近贡献的分类法；Liu 等(2022)使用连续隐马尔可夫模型和序列挖掘技术，探索
了学生在益智游戏中解决问题的过程，支持学生在基于游戏的学习环境中进行个性化学
习；Rodríguez-Hernández 等(2021)测试实施了基于人工神经网络的预测系统程序，并在
对高等教育学业成绩的预测中发现人工神经网络在评估指标(如召回率和 F1 分数)方面优
于其他机器学习算法。然而，人工智能的巨大潜能难免会给现有的一些职业带来巨大的
风险与挑战。Gong 等(2019)在对加拿大医学生进行调查时发现，许多学生担心未来人工
智能的发展可能会导致放射科医生"移位"，而这种焦虑造成许多学生不敢报考放射学
专业；Cukurova 等(2019)认为学习科学的跨学科研究可以帮助我们在很大程度上了解人
类的学习方式，其通过三个案例来说明学习科学的研究如何为丰富多样的多模态数据的
分析提供帮助。

除此之外，本节对人工智能教育应用的研究领域进行整理分析后发现，人工智能教
育应用主要集中于远程教育、高等教育以及特殊教育等领域。2014 年，Kose 和 Koc 的
著作《人工智能在远程教育中的应用》，认为人工智能在远程教育中的应用旨在利用计
算机来弥补学生和教育工作者之间的差距(Kose and Koc，2014)。在进行远程教育时，
应运用人工智能技术或者不同的智能系统改善远程教育。而高等教育面临着如何研究人
工智能技术、机器人技术和自动化技术，以及人工智能技术对社会、经济、教育等方面
的影响的问题。随着人工智能技术不断实现突破和强人工智能技术的出现，高等教育对
人才新素养的培养模式及教学模式等都会发生改变(Siau，2017)。另外，人工智能技术
在特殊教育领域被认为最具有应用价值，基于人工智能技术的诊断和干预方法能够为有
学习困难的学生、教师、家长、特殊教育工作者以及治疗师提供帮助。利用人工智能技
术能对有学习困难的学生进行识别，辅助教育者进行有效、准确的诊断，帮助选择最合

适的干预方法，增强特殊儿童与环境的互动，丰富他们的生活(Drigas and Ioannidou，2011)。

2.1.2　国内相关研究综述

相较而言，国内关于人工智能教育应用的研究与计算机辅助教育研究基本同步，受人工智能理论、技术发展和应用的局限，人工智能并未在教育领域得到深入发展和普及应用。随着新兴信息技术的出现和迅速发展，人工智能研究与应用逐渐取得突破，人工智能教育应用逐渐成为研究热点。这里，本书首先以中文搜索引擎——百度的重要指数"百度指数"作为研究的切入点；然后，以学术集成平台——中国知网为支撑，探究人工智能教育相关领域的研究成果并进行量化分析；最后，基于相关中文经典文献著作，采取深度阅读、归纳和演绎的方法，对国内人工智能教育应用进行综合归类研究。

1. "百度指数"

人工智能教育应用的发展离不开信息技术集群给予的支撑和推动作用，特别是在大数据环境下，大数据与人工智能等技术的发展，使得人工智能教育应用的发展得到技术上强有力的支持。为了更加全面地掌握新兴信息技术对人工智能教育应用产生的影响，这里采用"百度指数"的变化趋势图，从侧面说明近期研究人员所感兴趣的研究的变化情况。

(1) 人工智能搜索指数。在"百度指数"(https://index.baidu.com)中以"人工智能"为关键词进行搜索，搜索结果见图 2-6。可以看出，在 2016 年之前，人工智能所受到的关注并没有发生太大的变化，但 2016 年之后其搜索热度显著增加。图 2-7 则是"百度指数"中 2021~2022 年人工智能的需求图谱，图中与人工智能相关的搜索关键词主要有人工智能论文、人工智能专业、人工智能技术、人工智能的应用、人工智能机器人、人工智能课程……这些关键词所涉及的人工智能技术大多能够移植至教育或培训层面。

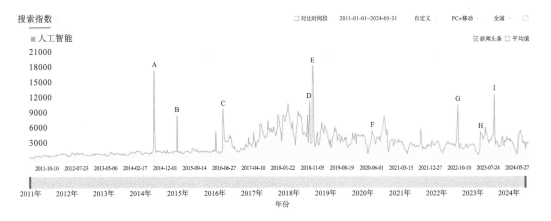

图 2-6　人工智能在"百度指数"中的搜索热度(2011~2024 年)

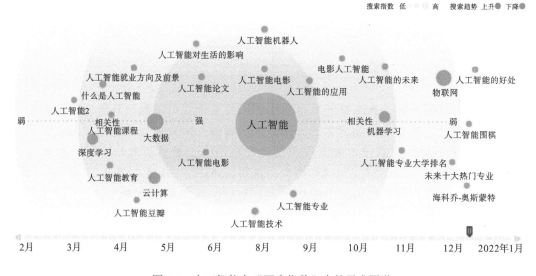

图 2-7　人工智能在"百度指数"中的需求图谱

(2)大数据搜索指数。图 2-8 展示了"百度指数"中大数据的搜索热度,一般将 2013年称为大数据元年。人工智能的发展从本质上来说,依赖于大数据技术的进步与应用的支持,大数据技术的诞生、发展和应用是人工智能算法、深度学习不断取得突破的必要条件。

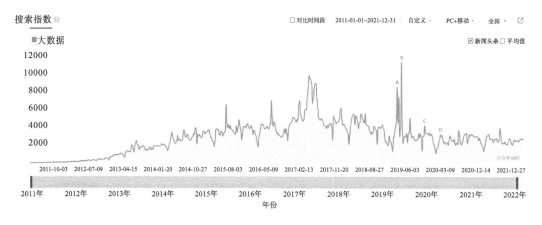

图 2-8　大数据在"百度指数"中的搜索热度

(3)人工智能教育搜索指数。如图 2-9 所示,在"百度指数"中,人工智能教育的搜索指数在 2018 年 8 月底急剧增长,说明教育技术领域的研究者对国家相关政策和社会关注的热点极具敏感性。2018 年 5 月,科技部宣布成立新一代人工智能发展研究中心,而截至 5 月底超过 20 个省(区、市)印发了相关规划文件或出台了明确的扶持政策。5 月 19~20 日,全球人工智能技术大会在北京举办,其汇聚了国内外人工智能领域的顶尖专家、业界巨头等。而人工智能教育是人工智能应用的重要领域,引起了学界的高度关注。

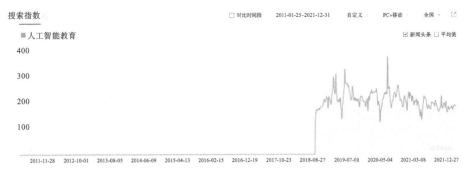

图 2-9　人工智能教育在"百度指数"中的搜索热度(2011～2021 年)

2. 中国知网平台中的文献分析

为了进一步了解国内人工智能教育应用的研究现状，在中国知网平台上，对 2010～2021 年 CSSCI 文献进行筛选，分别以"人工智能+教育"、"人工智能*教育"及"智能教育"为主题进行检索，并对检索到的文献进行人工筛选与去重，获得 916 篇相关研究文献，然后以此为研究对象，通过 CiteSpace 5.8 进行进一步的量化分析。

(1)年度发文量趋势图以及年度发文量柱状图。图 2-10 展示了人工智能教育研究领域发文量趋势，可以看出，人工智能教育的研究文献呈幂指数增长。图 2-11 呈现的是 2010 年以来，人工智能教育相关研究年度发文量分布情况，从 2016 年开始，有关人工智能教育的 CSSCI 文献的发表数量急剧增长，尽管从 2019 年开始，发文量的增长速度趋缓，但依旧呈现出稳步增长的态势。

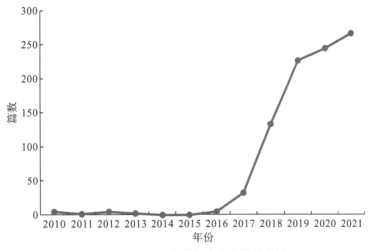

图 2-10　CSSCI 文献年度发文量趋势图

(2)人工智能教育研究主题。为了进一步探明人工智能教育研究主题的演化过程，利用 CiteSpace 5.8 对最终的筛选结果进行关键词聚类分析，分析结果见图 2-12。图 2-12 中的主题大多是最近几年在人工智能教育研究方面或者教育信息化过程中热度较高的主题，如人工智能、智能教育、学习分析、人才培养、智能技术、教育、大数据、融合、教育游戏。表 2-6 展示了人工智能教育研究文献的高频关键词及其中心度，在表 2-6 中，发现频次位于前列的分别是人工智能、智能教育、大数据、人才培养、智慧教育、智能时代、教育、高等教育与人机协同。由此可知，人工智能教育更多地应用于高等教育这一学段，在大数据、智能技术的支撑下，实现智能时代的人才培养，人机协同处于重要地位。

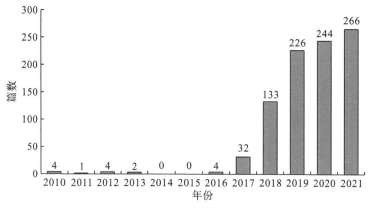

图 2-11　CSSCI 文献年度发文量分布图

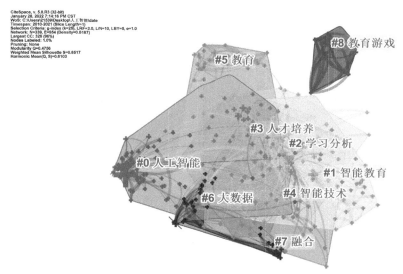

图 2-12　以"人工智能教育"为关键词的聚类分析结果(局部)

表 2-6　人工智能教育研究文献的高频关键词及其中心度

序号	关键词	出现频次	中心度	序号	关键词	出现频次	中心度
1	人工智能	628	1.53	7	教育	31	0.01
2	智能教育	87	0.25	8	高等教育	30	0.02
3	大数据	36	0.03	9	人机协同	27	0.03
4	人才培养	35	0.02	10	深度学习	21	0.01
5	智慧教育	32	0.03	11	教育应用	20	0.03
6	智能时代	32	0.05	12	机器学习	20	0.02

　　(3)作者合作分析。由 CiteSpace 5.8 的作者合作分析功能可得到图 2-13，在知网上以"人工智能教育"为主题的 CSSCI 文献，其作者之间形成了以黄荣怀为关键节点的多条合作线，诸多合作线分散并存，表明在知网上以"人工智能教育"为主题的文献的作者之间的合作较为紧密固定，其中发文量排名前列的作者有黄荣怀、顾小清、任友群、赵磊磊等。

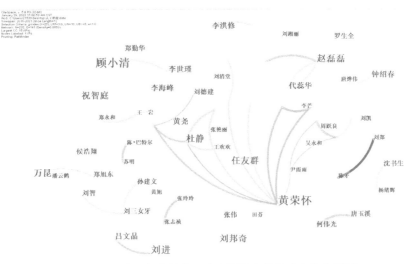

图 2-13　以"人工智能教育"为主题的文献作者合作分析图

　　(4)被引频次最多的 10 篇文献。表 2-7 列出了 2017～2018 年中国知网中被引频次位居前十的文章信息，涵盖了人工智能教育应用的诸多热点研究领域，如人工智能教育的本质与应用发展、人工智能对教育信息化的引领作用、人工智能技术支撑的个性化学习、人工智能教育应用的伦理研究等。

表 2-7　中国知网中被引频次排前十名的文章信息

年份	杂志名称	文章名称	作者	被引频次/次
2017	《远程教育杂志》	教育人工智能(EAI)的内涵、关键技术与应用趋势——美国《为人工智能的未来做好准备》和《国家人工智能研发战略规划》报告解析	闫志明，唐夏夏，秦旋，张飞，段元美	408
2018	《开放教育研究》	人工智能教师的未来角色	余胜泉	270
2017	《远程教育杂志》	构筑"人工智能+教育"的生态系统	吴永和，刘博文，马晓玲	248
2018	《中国电化教育》	人工智能教育应用的现状分析、典型特征与发展趋势	梁迎丽，刘陈	232
2018	《电化教育研究》	教育信息化 2.0：智能教育启程，智慧教育领航	祝智庭，魏非	202
2017	《中国教育学刊》	深度学习：智慧教育的核心支柱	祝智庭，彭红超	162
2018	《中国电化教育》	融合创新，智能引领，迎接教育信息化新时代	任友群，冯仰存，郑旭东	156
2017	《远程教育杂志》	"人工智能+"时代的个性化学习理论重思与开解	牟智佳	154

年份	杂志名称	文章名称	作者	被引频次/次
2017	《远程教育杂志》	人工智能视域下机器学习的教育应用与创新探索	余明华，冯翔，祝智庭	151
2017	《远程教育杂志》	人工智能教育应用与研究中的新区、误区、盲区与禁区	张坤颖，张家年	146

3. 国内相关研究成果的梳理

通过对已有的中文文献的阅读、梳理、归纳和总结，可知我国人工智能教育应用研究的研究内容不仅包括人工智能教育应用的理论研究、实践应用研究、技术开发、系统集成等，而且还与人文社科等相关学科交叉和融合，涉及哲学、人文、伦理和法律等层面的研究。这些研究既呈现多元化、交叉融合的特征，又具有教育性、技术性、人文性和前瞻性特征。下面从三个方面来归纳我国人工智能教育应用的研究领域。

(1) 人工智能、人工智能教育、人工智能教育应用的本质。首先，从技术视角来看，人工智能被认为是计算机科学的一个分支，其目标是使智能行为自动化(Luger，2004)。陈钟(2017)认为人工智能的本质是计算，提出将普及推广"计算思维"作为人工智能发展的基础。人文社科类学科对其本质的探讨则集中在哲学或伦理层面，如余乃忠(2018)认为人工智能扬弃了人类自身作为物种的统一性。其次，人工智能教育实质上是将人工智能本身视为教育内容，旨在培养不同学段的学生在人工智能方面的知识、技能等(钱旭升和郑和，2007；马玉慧等，2017；周志华，2018)。因此，人工智能教育本质上是学科教育，视人工智能为计算机学科的一个分支，涉及一个专业知识领域。卢宇等(2021)认为人工智能教育的总体定位要遵从人工智能学科本身的知识体系、思想方法和发展趋势，人工智能学科的核心任务是构建智能体。而在开展人工智能教育的过程中，诸多地区都进行了不懈的尝试和探索，如北京海淀区在开展人工智能教育时注重学科的方向性，从人工智能教育的核心内容与核心素养定位、基于人工智能教育核心内容的课堂活动设计、基于人工智能思维方式的课堂活动组织实施方面进行了探索和实践(马涛等，2019)。最后，从教育的视角来看，人工智能则相对较为多元化，因为在教育领域，人工智能既可以承担工具性功能，即人工智能被用作辅助教育的工具(平台或系统)，目的是提升教育效果、优化教育教学过程(秦健，1994；杜海琼和张剑平，2008；傅钢善和李婷，2010)；又可以扮演替代性角色(吴战杰和秦健，2003；杨洁和朱信忠，2003)，即人工智能在教育过程中充当某类主体(如教师、学生、辅导者、管理者)来发挥作用，如可以替代教师，承担向学习者传授知识和技能的功能。余胜泉(2018)阐述了人工智能教师在未来可能会承担的12种角色，并指出未来人工智能教师将在学校占有一席之地，教师与人工智能教师将共存。闫志明等(2017)认为教育人工智能(EAI)是人工智能与学习科学相结合而形成的一个新领域，其核心包括教学模型、领域知识模型与学习者模型，教育人工智能的目标有两个：①促进自适应学习环境的发展和人工智能工具在教育中得到高效、灵活及个性化的使用；②使用精确的计算和清晰的形式表达教育学、心理学和社会学中含糊不清的知识，让人工智能成为打开"学习黑匣子"的重要工具。安涛(2020)从人工智能的哲学基础出发，认为人工智能所做的工作本质上是计算，而人工智能技术支持的教育在实质上也是一种"计算"，即人工智能技术先对教育活动或现象予以认识，然后再加以数字化处理，并转换成数字代码，最后基于自身强大的计算能力按照既定的程序规则进行运算，并输出处理结果。

（2）人工智能教育应用研究的研究内容。人工智能教育应用研究的研究内容主要包括人工智能教育应用策略、方法和模式等方面。首先，人工智能教育应用策略和方法方面，主要涉及的是在教育领域如何应用人工智能解决相应的教育问题，如李力（2001）提出运用人工智能中的 agent（代理）技术构建远程教育智能导学系统，目的是利用 agent 技术的代理能力、智能性、自主性来帮助学习者完成相应的学习任务。华璐璐等（2017）利用人工智能在精准测试、矫正发音、智能评测、数据追踪、效率提升等方面所具有的优势，从语言学习的听、说、读、写方面针对人工智能应用于英语学习提出了能提高听力资源鲜活度、营造"母语式"交流氛围、增加阅读愉悦度以及提升写作积极性等的策略。李勇帆和李里程（2013）试图借助于人工智能的情感计算技术来构建与人类情感系统相吻合、自然和谐、人性化和智能化的网络远程教育系统，并通过对师生面部表情、语音情感特征信号的准确识别与提取，构建师生多模情感信息融合机制与和谐人机情感交互技术等，推动制定网络教育中实施情感交互技术的方案。余明华等（2017）对近年来国外基于真实数据的机器学习教育应用案例研究进行了梳理和归纳，发现目前机器学习教育应用主要集中在学生建模、学生行为建模、预测学习行为、预警失学风险、学习支持和评测以及资源推荐六个方面，但机器学习教育应用在技术方面尚不成熟，在教育领域没有得到规模化发展。机器学习随着人工智能的发展，现在已达到了宽度学习阶段，袁利平和陈川南（2018）认为宽度学习神经网络系统弥补了深度学习的缺陷，基于宽度学习内部算法和系统结构，能更高效地进行教育大数据的挖掘，未来宽度学习可以在准确预测学生学业成绩、给予学生演示精准评价、提供小组个性化学习支持、智能辅助教师进行教学和促进远程教学发展等方面发挥优势。其次，人工智能教育应用模式方面，目前人工智能教育应用模式大致分为三种：①有限的算法或技术部署于教育领域的软硬件系统中，如王彤和丁雷（2011）通过运用模糊神经网络分类算法，实现绩效考核评聘公平公正；②将某类人工智能技术嵌入教育系统中，以支持教学最优化，如将智能 agent 技术与学生模型、教师模型相结合，自动选择优化的教学过程模型，实现教学效果最优化（王艳芳，2008）；③将人工智能技术与教育、教学、管理全面融合，实现智慧校园、智慧教育、智慧学习、智慧管理等，如吴永和等（2017）将智能校园、立体化综合教学场、基于大数据的在线学习教育平台、智能教育助理视为"人工智能+教育"的四种应用形态，并将应用形态与技术架构、业态趋向作为"人工智能+教育"生态系统的三个核心要素，而梁迎丽和刘陈（2018）认为人工智能主要有智能导师系统、自动化测评系统、教育游戏与教育机器人这四种应用形态，并凸显智能化、个性化、自动化、多元化与协同化特征。近几年，华东师范大学祝智庭教授团队以及其他一些专家在人工智能教育应用模式研究方面取得了较为丰硕的成果（祝智庭和贺斌，2012；杨现民等，2015；张进宝等，2012；祝智庭，2016a，2016b；李宝和张文兰，2015）。

2017 年党的十九大召开后，我国教育信息化步入了"2.0 时代"，人工智能技术作为促变教育信息化的核心技术，引领着我国教育信息化的发展（祝智庭等，2018）。在人工智能时代背景下，诸多理论被重塑和再造，如牟智佳(2017)对"人工智能+"时代下的个性化学习理论进行了重思与开解，他认为个性化学习应将"一个中心、三个导向"作为理论支撑，个性化学习服务的确立应当以基于人工智能技术的智能教育云服务平台为支撑，以基于需求本位的个性化学习内容推送、基于能力本位的个性化学习路径生成和基于掌握本位的个性化学习评价为服务方向。而元宇宙作为一个新兴概念，整合了人工智能、虚拟现实、区块链等技术，克服了时空分离的阻碍，能够为教师和学生提供一种沉浸式教学互动场域，满足师生在物理世界和虚拟世界中对教与学的需求，重新塑造在线教育时空"共在"的新形态，生成元宇宙智能在线学习环境，未来元宇宙将成为人工智能时代在线教育转段升级的创新奇点(华子荀和黄慕雄，2021；刘革平等，2021)。钟正等(2022)从教育元宇宙的虚拟重现、虚拟仿真、虚实融合和虚实联动四个应用层次入手，分析了教育元宇宙在情境化教学、个性化学习、游戏化学习和教学研训场景中的应用潜力，并针对教育元宇宙所面临的挑战提出了推进策略。随着计算机和网络技术的飞速发展，人工智能的理论和实践不断更新，除了元宇宙，还发展出了社会计算等概念。社会计算作为一种数据密集型科学，在数据收集和分析的广度、深度及规模方面产生了巨大的影响。但作为新兴的研究领域，目前社会计算的定义尚未统一，如孟小峰等(2013)将社会计算定义为其是使用系统科学、人工智能、数据挖掘等，将社会科学理论与计算理论结合起来，为人类更深入地认识社会、改造社会，解决政治、经济、文化等领域复杂社会问题的一种理论和方法论体系，强调利用先进的计算和信息技术等对复杂的人类行为、社会活动、社会组织等进行深入的跨学科研究。黄萃和杨超(2020)对国内社会计算相关文献的关键词进行聚类研究后发现，国内对社会计算的研究整体偏向互联网应用和人工智能开发等新兴领域，关注技术创新、网络舆情、物联网发展等方面的问题。

随着 2020 年新冠疫情在全球暴发，人类进入了后疫情时代，在以互联网、人工智能和大数据等为代表的信息技术日趋成熟的背景下，广泛的教育应用为线上线下融合(online merge offline，OMO)教育的诞生与发展奠定了坚实的技术基础，OMO 已成为人工智能时代教育改革发展的必然趋势。然而，主体的行为和路径依赖却制约着新实践的持续推进。田爱丽和侯春笑(2022)运用制度变迁中的路径依赖与路径创造理论，系统分析了融合教育变革中产生路径依赖的原因，并提出推进融合教育发展路径创新的四大举措，进而助推线上线下融合教育的顺利实施。在应用模式上，杨现民等(2018)提出了教育人工智能的适应性教育、替代式教育和补偿性教育三种应用模式，并界定了服务的三类人群即教师、学生和特殊人群，关注人工智能教育在特殊教育应用中的补偿价值。吴晓如和王政(2018)总结了人工智能的教育场景化应用，提出智能教学系统、智能学习系统、智能管理系统应用模式。闫志明等(2017)认为，人工智能教育应用主要有智能导师辅助个性化教与学、智能教育机器人、居家学习的儿童伙伴、智能测评、学习分析与学习者数字肖像等形式。而杨现民等(2018)提出人工智能教育应用主要有智能导学、自动化测评、拍照搜题、智能批改、分层排课以及学情检测等形式。高婷婷和郭炯(2019)将人工智能教育应用分为面向教育者的教学和管理应用、面向受教育者的学习和考试应用。

(3)人工智能教育应用的人文和伦理研究。技术是人类智慧的结晶，技术应用层面的研究始终伴随着人文和伦理的拷问和质询，如人工智能可能存在技术缺陷、为不法者所利用、隐私泄漏等问题(李修全，2017；赵汀阳，2018；潘宇翔，2018)。人工智能教育应用也不例外，如薛庆水和李凤英(2018)认为在教育领域中人们似乎更关心人工智能的发展与应用、人工智能基础设施的建设、软硬件及教育大数据的利用率以及人工智能所带来的变化，却忽视了人工智能教育应用的潜在风险；张坤颖和张家年(2017)认为在人工智能教育应用与研究过程中，仍存在本质认知、理念态度、实践领域和应用边界等方面的问题，指出人工智能教育应用或研究中存在诸多"新区"、"误区"、"盲区"和"禁区"，而这些领域又大多涉及人工智能教育应用中的人文和伦理问题。贾积有(2010)通过对国外人工智能教育相关文献的梳理，分析和指出了人工智能教育应用中存在的各种问题。邓国民和李梅(2020)研究了人工智能教育应用带来的一系列极具挑战性的伦理问题和伦理风险，认为需要重构教师的知识结构，并基于整合技术的学科教学知识(technological pedagogical content knowledge，TPACK)框架，提出了"AI+学科教学"伦理知识(AI+pedagogical content ethics knowledge，AIPCEK)框架，为教师专业发展提供了理论指导。张立国等(2021)认为对人工智能教育伦理问题的规约应以追求人类的福祉为宗旨，聚焦实践，主要从习俗迁移、规范构建、法律约束等方面着手。邓国民和李梅(2020)在对教育人工智能伦理问题进行探讨时指出，不仅需要对其复杂性有充分的认识，同时需要遵循一般的人工智能伦理原则和教育伦理原则，其中，最核心的内容为二者的交集，具体包括：①福祉；②是非善恶；③公平正义；④人权和尊严；⑤自由自治；⑥责任和问责。李子运(2021)从教育与人工智能在技术层面的契合逻辑出发，提出教育人工智能伦理面临的三大悖论——主体性悖论、权利悖论和底线悖论，并表示其伦理准则的构建可参考三种模式：理论应用模式、中层原则模式、决疑案例普遍化模式。

(4) 人工智能教育应用技术的研究。陈凯泉等(2017)认为智能识别、自然语言理解(natural language understanding，NLU)、学习分析、虚拟现实、教育机器人五种人工智能技术能够帮助传统数字化智能系统进行功能升级。吴永和等(2017)认为教育人工智能的相关技术有机器学习、深度学习、自然语言处理、神经网络、学习计算以及图像识别等。闫志明等(2017)认为教育人工智能中的关键技术主要有知识表示、机器学习与深度学习、自然语言处理、智能代理以及情感计算等。李振等(2018)提出教育人工智能的技术框架自上而下分为基础设施层、大数据层、算法层和应用层，包括深度学习、大数据挖掘、语音识别、自然语言处理等技术。由此可以看出教育人工智能所涉及的技术范围很广，总体而言，机器学习和深度学习是教育人工智能的关键技术，它们与大数据的结合为教育人工智能的应用提供了算法和数据方面的保障，此外知识表示、语音识别、情感计算等技术的加入为教育人工智能的场景化应用提供了支持。

2.1.3　研究总结及存在的问题

1. 现有研究总结

从目前国内外人工智能教育应用研究成果的定量和定性分析结果来看，人工智能教育应用研究成果具有承继连贯性、领域稳定性、应用渐进性等特点。首先，从人工智能教育应用研究的学者投入来说，形成了人数较多的人工智能教育应用研究学术共同体，其成为该领域的研究中坚力量；其次，在人工智能教育应用研究领域中，研究主题、应用范畴、技术实践等具有稳定性，即围绕教育中的各种问题展开人工智能教育应用研究，而人工智能技术的引入、嵌入或系统性开发仍围绕着教育；最后，应用渐进性主要表现为人工智能技术在教育领域中的应用是循序渐进的，遵循相关理论、模式、方法，以保障人工智能教育应用在实践层面落地。

从人工智能教育应用研究的内容和方向来看，人工智能教育应用呈现以下特点：从辅助功能到系统和环境的构建，从呈现策略、建立模型到教学、学习和决策的全过程融入，从信息、知识的传授到智能、智慧的培育，实现赋能的转变。首先，人工智能技术作为计算机辅助教育的延伸——智能计算机辅助教育(intelligent computer based education，ICBE)、智能计算机辅助教学(ICAI)的支撑技术，能帮助教师解决一些基本的教学问题，如判断学习者的学习类型、判断学习者对显性知识的掌握程度、帮助教师进行计算机辅助测试(computer assisted test，CAT)等。随着人工智能技术的发展，特别是以大数据为代表的新兴信息技术集群的应用，人工智能技术开始全面融入教育环境之中，推动教育系统和环境发生质的变化：多媒体教室转变为数字教室、智慧教室(课堂)；学校转变为虚实融合的数字化校园、智慧校园。其次，人工智能教育应用开始关注个性化或个别化学习，从策略上支持教学信息、知识的呈现，关注学习策略和学习路径的选择等单一功能的实现。随着技术的进步和应用的不断深入，智能代理实现了学生模型、教师模型、决策者模型的优化，以帮助学习、教学和决策过程最优化，促进学生全面发展。最后，人工智能教育应用从最初对"点"的突破走向对"面"的拓展，最终实现立体式、全方位、生态性的融合和发展。

另外，新兴信息技术的迅猛发展和普及，促使人工智能教育应用逐步关注教学、学习和管理的全要素、全过程融入，实现了"人工智能+教育"。①"人工智能+教育教学中的各类要素"：如"人工智能+学习者""人工智能+教师""人工智能+管理者""人工智能+内容""人工智能+环境"等；②"人工智能+教学(或管理)活动"：如"人工智能+学习""人工智能+教学""人工智能+管理""人工智能+评价"等。

目前，关于人工智能教育应用的研究已从关注技术本身开始转向关注教育的各个领域，主要聚焦于学校教育，对于特殊教育、家庭教育、继续教育、企业培训、远程教育，有待深入研究。同时，对于人工智能应用涉及的教育模式、教育理论，以及人工智能在教育中应用时面临的伦理道德等问题，也有待进一步研究和解决。

2. 目前存在的问题

尽管人工智能教育的研究与实践已进行了50多年，且已出现了小范围的针对智能教学系统应用效果的研究，但其规模化研究与实践依然缺乏，人工智能对管理、学习与教学的支撑作用，以及长期的影响因素及影响程度还未明确。另外，囿于人工智能技术以及其他信息技术发展水平的制约，人工智能始终处于弱人工智能阶段，未达到强人工智能阶段，而且人工智能与教育实践仍缺乏体系性、平台性和社会性的有机融合，当下人工智能教育应用主要以局部性的人工智能教育应用为主，未形成生态化的教育应用体系。其存在的具体问题如下。

(1) 人工智能教育应用的理论研究尚不足以支撑人工智能教育应用的发展。人工智能教育应用的理论研究存在以下问题：首先，人工智能理论体系存在局限性，人工智能的概念尚未得到一致认可，人工智能仍缺乏根本性的理论基础。其次，随着时代的变迁和社会的发展，关于教育理论的研究在发生深刻的变化，教育理念、教育模式、教育环境、教育对象、教育内容、教育技术等也在发生改变，以适应社会、经济发展的需要。最后，人工智能与教育的融合尚存在问题，需要以融合的理论为指导。

(2) 人工智能教育应用方面的研究还有待于进一步拓展。近几年，大数据技术、互联网技术以及多媒体技术等迅速发展，人工智能技术的发展也突飞猛进。一方面，人工智能技术在某些领域取得突破性成果，如弈棋、医疗诊断、语音识别等；另一方面，人工智能技术在人的情感意识、非线性思维研究领域仍处于起步阶段。虽然人工智能教育应用能减轻教师、教育管理者的教学及管理负担，通过智能代理技术能实现个别化辅导或学习，以帮助学习者更高效地进行学习，但是这样的人工智能教育应用是离散性、嵌入式、局部性的，即人工智能技术仅与教育中的某个要素、环节或活动相融合，只能孤立地解决教育中某一个方面的问题，或者单一地提高教或学的效率等。因此，人工智能技术应与教育实践与应用进行全要素、全过程、立体式、全方位的融合，实现"AI+教师""AI+学生""AI+管理者""AI+教学""AI+学习""AI+管理""AI+评价""AI+教室""AI+学校""AI+家庭"等。这方面的研究将是未来人工智能教育应用研究的研究方向。

(3) 数据、算法与算力是推动人工智能适应、支撑、引领社会经济发展的三大要素。当前人工智能在教育领域中应用的伦理准则尚不明确，还未确立有效的应用框架以平衡数据开放与伦理间的关系。此外，人工智能教育应用研究还存在一些问题，例如，重人工智能技术的开发和应用，轻教育资源的开发和利用；重人工智能系统的功能提升，轻教育领域中实际需求(学习、教学和管理需求)的适配度；重人工智能与教学、学习的融合，轻人工智能与管理、评价等的融合；重人工智能教育应用的绩效层面，轻人工智能教育应用的伦理安全层面。

2.2　主要概念及研究观点

2.2.1　主要概念

(1) 大数据。在研究大数据之前有必要厘清其概念与内涵，目前大数据的定义呈现多样化趋势，对大数据中的"大"的理解分为"形"和"质"两方面，"形"方面指数据体量大，"质"方面一般指数据蕴含的价值大，"形"和"质"紧密联系，不可分割。通过梳理文献可知，目前普遍认可的大数据定义是由互联网数据中心(internet data center，IDC)提出的："大数据技术描述了一个技术和体系的新时代，被设计为从大规模、多样化的数据中通过高速捕获、发现和分析技术提取数据的价值"(Kalil，2012)，大数据具有大容量(volume)、多样性(variety)、快速流转(velocity)和高价值(value)四个特性，即"4Vs"。类似的定义还有 Gartner 公司提出的"3Vs"，以及 McKinsey 公司在2011 年提出的未描述大数据任何度量机制的主观定义。而维基百科指出，大数据是指无法在一定时间内用常规软件工具对其内容进行抓取、管理和处理的数据集合(Wiki，2024)。国务院在《促进大数据发展行动纲要》中指出：大数据是以容量大、类型多、存取速度快、应用价值高为主要特征的数据集合，正快速发展为对数量巨大、来源分散、格式多样的数据进行采集、存储和关联分析，从中发现新知识、创造新价值、提升新能力的新一代信息技术和服务业态。

(2)教育大数据。对于教育大数据，目前没有统一的定义。徐鹏等(2013)把教育大数据分为狭义和广义两种，狭义的教育大数据指学习者的行为数据，主要来自在线学习平台、学生管理系统和课程管理平台等；广义的教育大数据指日常教育活动中所有的行为数据。这是从数据的广度和宽度来对教育大数据进行界定。杨现民和余胜泉(2015)则认为教育大数据是大数据的一个子集，特指教育领域的大数据，是整个教育过程中根据教育需要采集的用于发展教育并可创造巨大价值的数据的集合。这是从数据的可用性角度给教育大数据下的定义。

(3)人工智能。从技术范畴看，人工智能是信息技术的一种形式；从教育范畴看，人工智能是计算机辅助教育的一种形式。它的目标是探索和理解人类智慧，并把这种理解尽可能地在机器上呈现出来，从而创造具有一定智能水平的人工智能机器，帮助人类解决各种各样的问题(钟义信，2016)。同时，它也是制造智能机器方面的科学，表现出与人类智能行为相关的特征，包括推理、学习、寻求目标、解决问题和适应性等要素(Monostori，2014)。从学科的视角来看，人工智能是计算机科学中的一个分支，涉及研究、设计和应用智能机器。近期它的主要目标是研究如何用机器来模拟和执行人脑的某些智能功能，并开发相关理论和技术。从实现的功能来看，人工智能是指智能机器所执行的通常与人类智能有关的功能，如判断、推理、证明、识别、感知、理解、设计、思考、规划、学习和问题求解等。人工智能分为两个层次：弱人工智能(专用人工智能)和强人工智能(通用人工智能)(《单片机与嵌入式系统应用》编辑部，2016)。弱人工智能通过传感以及记忆存储来实现特定领域或者以功能为主的应用，而强人工智能基于认知学习与决策执行能力，可实现多领域的综合智能(陶利等，2017)，目的是模拟人的意识、思维和情感等。从研究与应用领域来看，人工智能主要集中在问题求解、逻辑推理、自然语言理解、自动程序设计、专家系统、机器学习、人工神经网络系统、机器人、模式识别、机器视觉、智能检索等领域(蔡自兴和徐光佑，2004)。为了解决这些领域中的问题或实现相应的功能，人工智能专家不断地开发出各类技术、工具、程序、系统等。而人工智能教育应用的主要技术是指应用于教育过程的人工智能技术、工具、程序或系统，即以人工智能技术来支持或帮助实现教育教学目标，使问题得到解决，促进教育最优化。

(4)人工智能教育。人工智能教育是人工智能与教育学、心理学、语言学以及社会学等学习科学结合形成的一个新领域(Luckin and Holmes，2016)。其重在通过人工智能技术更深入、更微观地窥视、理解学习是如何发生的，以及如何受到外界各种因素(如社会经济、物质环境、科学技术等)的影响，进而为学习者高效地进行学习创造条件，其核心是教学模型、领域知识模型和学习者模型(闫志明等，2017)。

2.2.2　主要研究观点

(1)人工智能教育应用的出发点和落脚点只能是教育，且是以人为中心的教育。因此，无论大数据技术、人工智能技术、移动互联网技术等如何与教育进行融合和普及应用，教育目的和教育本质是一以贯之的。人工智能教育应用应从要素、主客体、活动过程等方面进行融合，其目标可以是多元化的，但最终目的均归结为促进学习者的学习、人才的培养和人的完善。

(2)人工智能教育应用的研究与实践，应契合新时代教育的需求。毫无疑问，人工智能教育应用应关注人工智能技术的发展及其在教育实践中的转化和融合，而先进的教育理念、教育思想、教育理论的凝练、聚焦和发展则是人工智能技术应用于教育实践的前提和基础。人工智能教育应用应以先进的教育理论为核心，以先进的人文理念为前提，以助"学以成人"为目标。

(3)人工智能教育应用应关注学习者、学习过程、学习评价、学习支持和学习资源，而不只是将关注放在教师、教学设计、教学过程、教学评价上，或者只主要协助管理者的管理和管理过程、管理系统的建立。人工智能教育应用能够利用人工智能技术的优势解决教育中的问题和困难，提升教与学的效果、效率和效益。但是，目前人工智能教育应用的研究和实践过于偏向教学端和管理端。

(4)人工智能教育应用应重视智慧教育生态环境的形成和发展。随着教育信息化的深入推进和发展，我国教育信息化水平已经达到了新的高度，教育信息化建设从原来的硬件建设、软件建设、网络建设、资源建设发展为系统建设、体系建设和智能化生态系统建设。而大数据技术等为智慧教育生态提供了"血液"，在各种硬件、软件、资源和系统之间建立了数据(信息、知识)联系。

(5)人工智能教育应用应有基本的法律遵循、伦理约束和隐私保护。技术均具有"双刃剑"之特性，以人工智能和大数据技术为代表的信息技术为人们带来了教学、学习和管理上的便捷，但是同时也带来了法律和伦理上的隐忧。从本质上来说，人工智能技术在教育中进行应用是为了促进教育(学习)自由，但是由于教育过程中主客体具有多元性、要素具有复杂性、过程具有交互性、情境具有多样性等，技术的使用必须是公平(无歧视)、公正(平等)和无伤害(合法且合理)的。

(6)人工智能技术只能部分地替代教师、学习者和管理者的行为、角色或功能，而永远不能完全替代，换句话说，人工智能不能取代教师和管理者。人工智能技术根据智能实现的程度，分为弱人工智能和强人工智能。目前，人工智能技术的突破均属于弱人工智能技术领域，虽然近些年人工智能技术取得了突破性进展且应用较为深入，但是仅停留在弱人工智能层面，远未涉及强人工智能技术，即强人工智能技术的应用没有实现本质性的突破。

2.3 人工智能教育应用研究框架

人工智能教育应用涉及的领域、学科范围甚广，单向度的努力将失之偏颇，只有融合多维视域的思考，才能逐步构建人工智能教育应用体系。

2.3.1 本体论：人工智能教育应用"是什么"

本体论研究范畴甚广，与世界或宇宙相关的原因、根据、本原、始基、本体、本质、实体等内容皆可归为本体论范畴。本体论主要探究世界的本原或本性问题，并在一些具体学科中得到广泛应用，如图书情报学科、计算机学科，以及人工智能、知识工程等领域。这里借助本体论的核心观点——"是"或"所是"，探究人工智能教育应用之"是"或"所是"，即分析人工智能教育应用的核心概念是什么，以及其本质和内涵是什么。

人工智能教育领域中核心概念及内涵难以进行统一，甚至同一概念与内涵的表征内容也不尽相同。这在国内人工智能教育的研究主题、关键词和摘要文本中有所体现。在中国知网的高级搜索中，搜索主题"人工智能教育"，来源期刊选择"核心期刊""CSSCI""CSCD"，获得239条记录，人工剔除39条记录，导出200条记录。运用词频分析，结合人工筛选，得到该研究领域中核心关键词的分布情况，见图2-14。

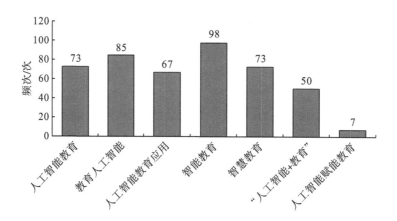

图2-14 人工智能教育相关核心关键词出现频次示意图

从图2-14中可以看出，在人工智能教育研究领域，出现了较多相近的概念，其内涵难以进行区分，如人工智能教育、教育人工智能、人工智能教育应用、智能教育、智慧教育、"人工智能+教育"、人工智能赋能教育等。从内容来看，其内涵分为三个方面：①是培养人工智能人才的学科或专业教育，如人工智能教育、教育人工智能；②是人工智能在教育中的应用，如人工智能教育应用、智能教育、"人工智能+教育"、人工智能赋能教育；③教育目标是培养"智慧"（问题解决能力、决策能力等），如智慧教育。这些概念有一个共同特征，即都由人工智能与教育组成；差异则表现在二者间的关系上。人工智能与教育间的关系见图 2-15。人工智能与教育之间的关系可分为两种：图 2-15 左侧是人工智能教育，其重点是研究人工智能学科建设、专业设置和人才培养；图 2-15 右侧则是人工智能教育应用，人工智能是应用于教育中的手段或工具，与其他教育信息技术在功能上并无二致。

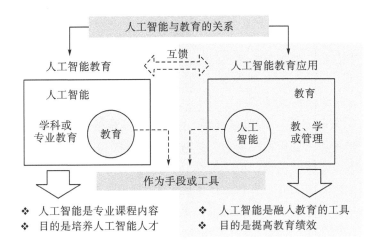

图 2-15　人工智能与教育的关系

从各种概念的表达方式来看，"人工智能教育应用"一词能够较为准确地表达该领域的"是"，其他中文词汇或存在歧义，或涵盖的范围不当，如"人工智能教育"虽属于人工智能教育应用范畴，但是其指向人工智能技术层面，落脚点为技术，"教育"是技术的限定词。由图 2-15 可知，人工智能教育应用领域的核心概念是人工智能教育应用，那么人工智能教育应用的"所是"应如何科学界定呢？综合各类概念，这里进行初步界定：人工智能教育应用（AIED）是指在先进教育理念引领和现代教育理论指导下，将人工智能技术融入教育系统或教育过程中，以支持或帮助实现教育目标，促使问题得到解决，优化教育过程和推动教育的创新发展。其中，先进教育理念是激发人工智能技术在教育领域中进行融合应用的内在动机；现代教育理论可保证人工智能技术在教育领域中的应用符合教育科学规律。人工智能技术与教育的融合分为两方面，一方面，人工智能技术与教育系统中的各要素融合，如教师、学生、管理者和领导者、环境、教育资源等，主要是对相关主体或要素赋能、增能或使能；另一方面，人工智能技术与教育过程融合，如教学活动（过程）、学习活动（过程）、管理过程或决策过程等，主要目的是提升教育的效果、效率和效益等。而人工智能教育应用的最终目标是推动和实现学习者的全面发展、终身发展、个性化发展和创新发展。

2.3.2 认识论："哪些是"人工智能教育应用

前面从本体论角度分析了人工智能教育应用是什么，目的是解决人工智能教育领域的逻辑起点、核心概念及内涵的表征问题。那么，人工智能教育应用的特征是什么，其外延包括哪些，或者说哪些知识、技术、问题、过程或活动属于人工智能教育应用领域呢？这需要从认识论视角进行剖析。

(1) 人工智能教育应用的特征。有学者指出，人工智能教育应用的特征包括智能化、自动化、个性化、多元化、协同化。要想准确识别人工智能教育应用的特征，需要聚焦两个层面：①人工智能技术固有的技术特征；②人工智能技术在教育领域中应用的出发点或落脚点。

人工智能教育应用的技术特征包括以下三个方面：①智能化。在大数据环境下，人工智能技术进入"2.0 时代"，即拥有大数据智能、群体智能、人机增强智能、跨媒体智能等技术特征。②自动化。自动化是指人工智能技术能够自主获取数据、处理信息、完成必要的功能输出，如智能驾驶、自动推荐等。当前物联网与移动互联网技术为人工智能的自动化增添了新的动能，人工智能技术能够实现自我学习、自我判断、自动控制功能。③拟人化。人工智能技术在机器视觉、语音识别与合成、机器人等方面已经取得突破性进展，推动了多通道、多维度下人机交互与外部情境的感知理解。

人工智能教育应用在教育方面具有三个特征：①个别化教学与个性化学习。在人工智能技术支持下，可以构建高维学习者模型，进而实现因材施教，自动匹配学习者的身心状态、学习基础、学习偏好、文化背景、信息素养等，优化教与学的过程。②混合性与协同性。在人工智能技术以及其他信息技术支持下，混合式的教育形态、教育过程、教育模式、教育环境、教育方法等不断出现，如混合式教学、混合式学习等；同时人工智能技术还支持人机协同、人人协同、机器协同，能够促进协同育人。③人文性与全纳性。教育是培养人的活动，人工智能教育应用不仅关注知识、技能和素质的培养，而且也关注学习者情感、态度、价值观的养成，目标是培养适应新时代需要的社会公民；同时，人工智能技术可以发挥优势，为有特殊教育需求的学习者提供各种全纳性支持服务，如向残障学习者提供智能辅助服务。

(2) 人工智能教育应用的内容范畴。人工智能教育应用涉及的范围甚广，从目前已有的研究来看，其内容范畴分为两个层面：理论层面和实践层面，且偏向于应用性、实践性，见图 2-16。人工智能教育应用理论可为相应实践提供指导或依据，保证人工智能技术在教育中应用时其理念、伦理、价值等不会有悖社会人文关怀，不会偏离教育目标，而人工智能教育应用实践可为人工智能教育应用理论的构建提供支持。人工智能教育应用理论的框架见图 2-16 左侧的三角形部分，从下往上逐步由宏观的上位理论向微观的下位理论提供支持。人工智能教育应用实践实质上是人工智能技术分别与教育要素和教育过程(或活动)相融合，见图 2-16 中的椭圆部分。这里只是从认识论层面廓清了人工智能教育应用的边界及内容范畴，即解决了"哪些是"的问题。从严格意义上来说，图 2-16 中并没有提及具体的人工智能技术，如深度学习、机器视觉、语音识别、自然语言处理等技术,即人工智能教育应用聚焦于教育应用,关注的是技术的应用,而没有聚焦于技术的发展。

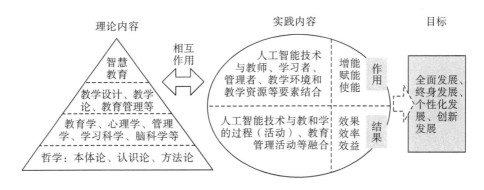

图 2-16　人工智能教育应用的内容框架示意图

2.3.3　实践论:人工智能教育应用"做什么"

人工智能教育应用从根本上来说是实践,即通过实践应用实现其目的。因此,从实践论视角来看,人工智能教育应用的重点是"做什么",其结果是什么,是否达到目的,或者说将人工智能技术"注入"教育之中会促使教育产生怎样的变化,而并不关注人工智能技术本身。

人工智能教育应用实质上是人工智能技术与教育深度融合,其融合过程见图 2-16 中的椭圆部分的左侧部分。①"人工智能技术+教育要素":"人工智能+教师"(人工智能替代教师完成部分程序性工作,如教学设计、智能授导等)、"人工智能+学习者"(人工智能作为学习者个性化学习的指导教师、学伴)、"人工智能+管理者"(人工智能替代管理者完成常规管理工作、决策参谋等)、"人工智能+教学环境"(提高教学环境智能化、虚拟化、多维化程度)、"人工智能+教学资源"(促使教学资源向个性化、人性化、自适应方向转变和推送)。②"人工智能技术+教育过程(活动)":"人工智能+教学"(人工智能辅助、协同、自主教学)、"人工智能+学习"(人工智能实现辅导、伴学、专家互动)、"人工智能+管理"(人工智能用于决策、监控、预警、指挥、评估、考试)。人工智能教育应用形态是指人工智能教育应用模式,可分为三种模式:①人工智能主体性融入模式,即人工智能技术系统替代教师、学伴、管理者;②人工智能功能性嵌入模式,主要是指在学校各种应用系统中有限度地嵌入人工智能技术模块,实现相对单一的功能,如智能财务、智能组卷、智能考试等;③人工智能辅助技术模式,主要是指人工智能技术作为辅助性技术帮助教师、学习者或管理者。

2.3.4　方法论:人工智能教育应用"怎样做"

这里的方法论主要是关于人工智能教育应用应该"如何做"才能达到预期效果,更好地实现教育目标,见图 2-16 中的椭圆部分的右侧部分和图中右侧的矩形部分。人工智能教育应用从功能上来看，可增能、赋能和使能；从结果来看，可提升教育效果、效率和效益；从目的来看，是为了促进学习者的全面发展、终身发展、个性化发展和创新发展。

人工智能技术应用于教育，并不是将人工智能技术简单地"嫁接"至或"塞"进教育中，其与教育有一个匹配、协同和深度融合的过程。依据人工智能教育应用范围——微观、中观和宏观，可将人工智能教育应用模式划分为以下三种。①人工智能教育应用的微观模式——智慧课堂。智慧课堂是以发展学生智慧为目标，以信息技术无缝支持学生深度学习的全过程为特征的课堂样态，包括两大特征要素：智能化技术和智慧化教学。②人工智能教育应用的中观模式——智慧校园。智慧校园是对数字化校园的升级换代，并具有四大特征：创新智慧、开放智慧、融通智慧和智能智慧，人工智能技术较为全面地覆盖学校教育的各个层面。③人工智能教育应用的宏观模式——智慧社会。目前尚无成熟概念能够界定智慧社会，其应是智慧城市的放大版，是指以人工智能技术为代表的新兴信息技术集群充分渗透至社会"细胞"中，实现万物互联、智能连通。

2.3.5　教育的人文视角："为真"、"为善"和"为美"

教育是培养人的活动，兼具科学精神培育和人文价值教化的内涵。教育在关注学习者对科学知识的学习和学习者是否全面发展的同时，还应以人为本、彰显人文关怀、秉持塑造独立人格和创新精神的未来公民目标。我国在教育信息化过程中，存在过度重视知识学习与问题解决、智能培育过程倾向于技术化的现象，而忽视了学习者的主体性与社会性、人文关怀等。《人工智能北京共识》明确指出，人工智能要有益于增进社会与生态的福祉，服从人类的整体利益，设计上要合乎伦理，体现出多样性与包容性，尽可能地惠及更多人，对潜在的伦理风险与隐患负责，提升技术水平，控制各种风险。对于人工智能技术，要善用和慎用，避免误用和滥用，以最大化人工智能技术带来的益处，最小化其带来的风险。

在人工智能教育应用领域，在关注人工智能技术"做什么""怎样做"的同时，还应从哲学、伦理学、人类学和教育学等人文社科层面来审视人工智能技术在教育中应用时的人文价值取向——"为真"、"为善"和"为美"。

(1)教育中人工智能技术体系应具备完备性、安全性，不能"为恶"。人工智能技术体系的完备性是指在教育中人工智能技术相对比较完整、成熟，不存在技术缺陷或漏洞，其应用不会对教育中的主体和客体产生危害。安全性则是指人工智能技术体系具有鲁棒性和韧性，能保障数据的安全，保护主体的隐私信息，避免隐私信息被泄露出去，防止出现伦理风险。另外，人工智能技术不能"为恶"，这是人工智能教育应用的基本前提。人工智能教育应用要有章可循、有规可依、有法可守，这样才能保障人工智能教育应用实现其教育目的。

(2)教育中人工智能技术体系不能有意或无意地提高技术门槛，而且应充分利用人工智能技术的优势，努力缩小或消除现有或潜在的数字鸿沟与知识鸿沟。在教育中最需要人工智能技术帮助的主体是残障人群、弱势群体，人工智能教育应用应重视满足这些群体的学习需求，助力全纳教育、个性化教育、终身学习等先进教育理念的实现。

（3）回归教育本真是人工智能技术在教育领域中应用的"初心"和归宿。教育始终是人工智能教育应用的核心、主体，而人工智能技术也只能通过教育要素或教育活动起作用，凸显或夸大人工智能技术的作用会偏离教育轨道。人工智能技术只有与教育中的主体实现人机协同，与教育要素和教育活动深度融合，才能实现教育过程的优化，促进全员育人、全程育人、全面育人。

参 考 文 献

安涛, 2020. "算计"与"解蔽"：人工智能教育应用的本质与价值批判[J]. 现代远程教育研究, 32(6): 9-15.

蔡自兴, 徐光佑, 2004. 人工智能及其应用[M]. 3 版. 北京: 清华大学出版社.

陈凯泉, 沙俊宏, 何瑶, 等, 2017. 人工智能 2.0 重塑学习的技术路径与实践探索：兼论智能教学系统的功能升级[J]. 远程教育杂志(5): 40-53.

陈琳, 华璐璐, 冯熳, 等, 2018. 智慧校园的四大智慧及其内涵[J]. 中国电化教育(2): 84-89.

陈钟, 2017. 从人工智能本质看未来的发展[J]. 探索与争鸣(10): 4-7.

邓国民, 李梅, 2020. 教育人工智能伦理问题与伦理原则探讨[J]. 电化教育研究, 41(6): 39-45.

邓国民, 李云春, 朱永海, 2021. "人工智能+教育"驱动下的教师知识结构重构：论融入伦理的 AIPCEK 框架及其发展模式[J]. 远程教育杂志, 39(1): 63-73.

杜海琼, 张剑平, 2008. "专家系统"教学的认知教学理论基础及其教学实施[J]. 现代教育技术, 18(8): 18-21.

傅钢善, 李婷, 2010. 3G 时代基于专家系统的移动学习模式[J]. 中国电化教育(4): 106-111.

高婷婷, 郭炯, 2019. 人工智能教育应用研究综述[J]. 现代教育技术, 29(1): 11-17.

工业和信息化部, 2018. 工业和信息化部关于印发《促进新一代人工智能产业发展三年行动计划(2018—2020 年)》的通知[EB/OL]. [2018-10-12]. https://www.miit.gov.cn/jgsj/kjs/wjfb/art/2020/art_08d153ee9e9d4676aa69d0aa12676ca1.html.

国务院, 2015. 国务院关于印发促进大数据发展行动纲要的通知[EB/OL]. (2015-8-31)[2018-10-16]. http://www.gov.cn/zhengce/content/2015-09/05/content_10137.htm.

国务院, 2017. 国务院关于印发新一代人工智能发展规划的通知[EB/OL]. [2018-10-16]. http://www.gov.cn/zhengce/content/2017-07/20/content_5211996.htm.

华璐璐, 陈琳, 孙梦梦, 2017. 人工智能促进英语学习变革研究[J]. 现代远距离教育(6): 27-31.

华子荀, 黄慕雄, 2021. 教育元宇宙的教学场域架构、关键技术与实验研究[J]. 现代远程教育研究, 33(6): 23-31.

黄萃, 杨超, 2020. "计算社会科学"与"社会计算"概念辨析与研究热点比较分析[J]. 信息资源管理学报, 10(6): 4-19.

贾积有, 2010. 国外人工智能教育应用最新热点问题探讨[J]. 中国电化教育(7): 113-118.

贾积有, 2018. 人工智能赋能教育与学习[J]. 远程教育杂志, 36(1): 39-47.

教育部, 2010. 国家中长期教育改革和发展规划纲要(2010—2020 年)[EB/OL]. [2018-3-1]. https://www.gov.cn/jrzg/2010-07/29/content_1667143.htm.

教育部, 2012. 教育部关于印发《教育信息化十年发展规划(2011—2020 年)》的通知[EB/OL]. [2018-5-1]. http://www.moe.gov.cn/srcsite/A16/s3342/201203/t20120313_133322.html.

教育部, 2018a. 教育部关于印发《高等学校人工智能创新行动计划》的通知[EB/OL]. [2018-10-16]. http://www.moe.gov.cn/srcsite/A16/s7062/201804/t20180410_332722.html.

教育部, 2018b. 教育部关于印发《教育信息化 2.0 行动计划》的通知[EB/OL]. [2018-10-1]. http://www.moe.gov.cn/srcsite/ A16/s3342/201804/t20180425_334188.html.

李宝, 张文兰, 2015. 智慧教育环境下学习资源推送服务模型的构建[J]. 远程教育杂志, 33(3): 41-48.

李国杰, 2012. 大数据研究的科学价值[J]. 中国计算机学会通讯, 8(9): 8-15.

李力, 2001. 关于采用 AGENT 技术构建远程教育智能导学系统的研究[J]. 电化教育研究, 25(5): 28-30, 35.

李修全, 2017. 人工智能应用中的安全、隐私和伦理挑战及应对思考[J]. 科技导报, 35(15): 11-12.

李勇帆, 李里程, 2013. 情感计算在网络远程教育系统中的应用: 功能、研究现状及关键问题[J]. 现代远程教育研究, 25(2): 100-106.

李振, 周东岱, 刘娜, 等, 2018. 人工智能应用背景下的教育人工智能研究[J]. 现代教育技术, 28(9): 19-25.

李子运, 2021. 人工智能赋能教育的伦理思考[J]. 中国电化教育(11): 39-45.

联合国教育科学及文化组织, 2019. 《北京共识: 人工智能与教育》发布[EB/OL]. (2019-5-25)[2019-8-28]. http://www. moe.gov.cn/jyb_xwfb/gzdt_gzdt/s5987/201908/W020190828311234679343.pdf.

梁迎丽, 刘陈, 2018. 人工智能教育应用的现状分析、典型特征与发展趋势[J]. 中国电化教育(3): 24-30.

刘革平, 王星, 高楠, 等, 2021. 从虚拟现实到元宇宙: 在线教育的新方向[J]. 现代远程教育研究, 33(6): 12-22.

刘凯, 胡祥恩, 马玉慧, 等, 2018. 中国教育领域人工智能研究论纲: 基于通用人工智能视角[J]. 开放教育研究, 24(2): 31-40, 59.

卢宇, 汤筱玙, 宋佳宸, 等, 2021. 智能时代的中小学人工智能教育: 总体定位与核心内容领域[J]. 中国远程教育(5): 22-31, 77.

马费成, 2013. 情报学发展的历史回顾及前沿课题[J]. 图书情报知识(2): 4-12.

马涛, 赵峰, 王有学, 等, 2019. 海淀区中小学人工智能教育发展之路[J]. 中国电化教育(5): 128-132.

马玉慧, 柏茂林, 周政, 2017. 智慧教育时代我国人工智能教育应用的发展路径探究: 美国《规划未来, 迎接人工智能时代》报告解读及启示[J]. 电化教育研究(3): 123-128.

孟海华, 沈应龙, 2016. Gartner 2016 年度新兴技术成熟度曲线全解读[EB/OL]. [2018-10-6]. https://www.sohu.com/a/110980940_ 465915.

孟小峰, 李勇, 祝建华, 2013. 社会计算: 大数据时代的机遇与挑战[J]. 计算机研究与发展, 50(12): 2483-2491.

牟智佳, 2017. "人工智能+"时代的个性化学习理论重思与开解[J]. 远程教育杂志, 35(3): 22-30.

潘宇翔, 2018. 大数据时代的信息伦理与人工智能伦理: 第四届全国赛博伦理学暨人工智能伦理学研讨会综述[J]. 伦理学研究 (2): 135-137.

潘云鹤, 2018. "迎接人工智能 2.0 时代"[J]. 上海信息化(10): 22-23.

钱旭升, 郑和, 2007. 我国高中人工智能教育目标的分类、分层体系构建[J]. 课程·教材·教法, 27(1): 71-74.

秦健, 1994. 教学专家系统 PHTES[J]. 电化教育研究(4): 31-37.

任友群, 冯仰存, 郑旭东, 2018. 融合创新, 智能引领, 迎接教育信息化新时代[J]. 中国电化教育(1): 7-14, 34.

首届智慧教育国际研讨会, 2017. 智慧教育宣言[J]. 电化教育研究, 38(12): 2.

孙启贵, 2000. 库恩"范式"的文化涵义[J]. 合肥工业大学学报(社会科学版), 14(1): 29-32.

陶利, 梁智昊, 安达, 2017. 新型计算将成为人工智能继续发展的关键支撑[J]. 中国战略新兴产业(25): 62-65.

田爱丽, 侯春笑, 2022. 线上线下融合教育(OMO)发展的突破路径研究: 基于路径依赖和路径创造的视角[J]. 中国电化教育 (1): 73-78, 85.

王彤, 丁雷, 2011. 基于模糊神经网络分类算法的绩效考核评聘策略研究[J]. 现代远距离教育(2): 60-62.

王艳芳, 2008. 支持个性化学习的 e-Learning 系统研究[J]. 中国电化教育(3): 102-107.

吴磊, 何洪涛, 2008. 高校教育资源共享管理的应为与可为[J]. 中国高教研究(12): 16-18.

吴晓如, 王政, 2018. 人工智能教育应用的发展趋势与实践案例[J]. 现代教育技术, 28(2): 5-11.

吴永和, 刘博文, 马晓玲, 2017. 构筑"人工智能+教育"的生态系统[J]. 远程教育杂志, 35(5): 27-39.

吴战杰, 秦健, 2003. Agent技术及其在网络教育中的应用研究[J]. 电化教育研究(3): 32-36.

习近平, 2016. 在二十国集团工商峰会开幕式上的主旨演讲[EB/OL]. [2018-10-14]. http://www.xinhuanet.com/world/2016-09/03/c_129268346.htm.

习近平, 2018a. 推动我国新一代人工智能健康发展[EB/OL]. [2018-11-1]. http://www.xinhuanet.com/politics/leaders/2018-10/31/c_1123643321.htm.

习近平, 2018b. 在中国科学院第十九次院士大会、中国工程院第十四次院士大会上的讲话[EB/OL]. [2018-10-13]. http://politics.people.com.cn/n1/2018/0528/c1024-30019213.html.

习近平, 2019. 习近平向国际人工智能与教育大会致贺信[EB/OL]. (2019-5-16)[2019-7-12]. http://www.gov.cn/xinwen/2019-05/16/content_5392134.htm.

徐鹏, 王以宁, 刘艳华, 等, 2013. 大数据视角分析学习变革: 美国《通过教育数据挖掘和学习分析促进教与学》报告解读及启示[J]. 远程教育杂志(6): 11-17.

徐晔, 2018. 从"人工智能教育"走向"教育人工智能"的路径探究[J]. 中国电化教育(12): 81-87.

徐宗本, 2017. 人工智能的核心就是大数据技术[EB/OL]. [2018-4-20]. https://www.cas.cn/zjs/201712/t20171207_4626106.shtml.

薛庆水, 李凤英, 2018. 人工智能教育应用的安全风险与应对之策[J]. 远程教育杂志, 36(4): 88-94.

闫志明, 唐夏夏, 秦旋, 等, 2017. 教育人工智能(EAI)的内涵、关键技术与应用趋势: 美国《为人工智能的未来做好准备》和《国家人工智能研发战略规划》报告解析[J]. 远程教育杂志, 35(1): 26-35.

杨洁, 朱信忠, 2003. 基于Agent的远程教育系统的设计与实现[J]. 电化教育研究(9): 43-46.

杨现民, 余胜泉, 2015. 智慧教育体系架构与关键支撑技术[J]. 中国电化教育(1): 77-84, 130.

杨现民, 王榴卉, 唐斯斯, 2015. 教育大数据的应用模式与政策建议[J]. 电化教育研究, 36(9): 54-61, 69.

杨现民, 张昊, 郭利明, 等, 2018. 教育人工智能的发展难题与突破路径[J]. 现代远程教育研究(3): 30-38.

余明华, 冯翔, 祝智庭, 2017. 人工智能视域下机器学习的教育应用与创新探索[J]. 远程教育杂志, 35(3): 11-21.

余乃忠, 2018. 积极的"异化": 人工智能时代的"人的本质力量"[J]. 南京社会科学(5): 53-57.

余胜泉, 2018. 人工智能教师的未来角色[J]. 开放教育研究, 24(1): 16-28.

于颖, 陈文文, 2018. 智慧课堂教学模式的进阶式发展探析[J]. 中国电化教育(11): 126-132.

袁利平, 陈川南, 2018. 人工智能视域下的宽度学习及在教育中的应用[J]. 远程教育杂志, 36(4): 49-56.

张成岗, 2018. 人工智能时代: 技术发展、风险挑战与秩序重构[J]. 南京社会科学(5): 42-52.

张进宝, 黄荣怀, 张连刚, 2012. 智慧教育云服务: 教育信息化服务新模式[J]. 开放教育研究, 18(3): 20-26.

张坤颖, 张家年, 2017. 人工智能教育应用与研究中的新区、误区、盲区与禁区[J]. 远程教育杂志, 35(5): 54-63.

张坤颖, 薛赵红, 程婷, 等, 2019. 来路与进路: 5G+AI技术场域中的教与学新审视[J]. 远程教育杂志, 37(3): 17-26.

张立国, 刘晓琳, 常家硕, 2021. 人工智能教育伦理问题及其规约[J]. 电化教育研究, 42(8): 5-11.

赵汀阳, 2018. 人工智能"革命"的"近忧"和"远虑": 一种伦理学和存在论的分析[J]. 哲学动态(4): 5-12.

赵中建, 张燕南, 2014. 与大数据同行的学习与教育: 《大数据时代》作者舍恩伯格教授和库克耶先生访谈[J]. 全球教育展望, 43(12): 3-9.

钟义信, 2016. 人工智能: "热闹"背后的"门道"[J]. 科技导报, 34(7): 14-19.

钟正, 王俊, 吴砥, 等, 2022. 教育元宇宙的应用潜力与典型场景探析[J]. 开放教育研究, 28(1): 17-23.

周志华, 2018. 创办一流大学人工智能教育的思考[J]. 中国高等教育(9): 52-53.

祝智庭, 2016a. 智慧教育: 引领教育信息化走向人本主义情怀[J]. 现代教育 (7): 25-27.

祝智庭, 2016b. 智慧教育新发展: 从翻转课堂到智慧课堂及智慧学习空间[J]. 开放教育研究, 22 (1): 18-26, 49.

祝智庭, 贺斌, 2012. 智慧教育: 教育信息化的新境界[J]. 电化教育研究, 33 (12): 5-13.

祝智庭, 魏非, 2018. 教育信息化 2.0: 智能教育启程, 智慧教育领航[J]. 电化教育研究, 39 (9): 5-16.

祝智庭, 彭红超, 雷云鹤, 2018. 智能教育: 智慧教育的实践路径[J]. 开放教育研究, 24 (4): 13-24, 42.

《单片机与嵌入式系统应用》编辑部, 2016. 揭开神秘面纱, "人工智能" 是如何为我们服务的?[J]. 单片机与嵌入式系统应用, 16 (6): 1-2.

Alpert D, Bitzer D L, 1970. Advances in computer-based education[J]. Science, 167 (3925): 1582-1590.

Anderson J R, Boyle C F, Reiser B J, 1985. Intelligent tutoring systems[J]. Science, 228 (4698): 456-462.

Anohina A, 2007. Advances in intelligent tutoring systems: problem-solving modes and model of hints[J]. International rnal of Computers Communications & Control, 2 (1): 48-55.

Aparicio F, Morales-Botello M L, Rubio M, et al., 2018. Perceptions of the use of intelligent information access systems in university level active learning activities among teachers of biomedical subjects[J]. International Journal of Medical Informatics, 112: 21-33.

Arrieta A B, Díaz-Rodríguez N, del Ser J, et al., 2020. Explainable artificial intelligence (XAI): concepts, taxonomies, opportunities and challenges toward responsible AI[J]. Information Fusion, 58: 82-115.

Barker P, 1988. Artificial intelligence and human learning: intelligent computer-aided instruction[J]. Engineering Applications of Artificial Intelligence, 1 (3): 223-225.

Bertin A, Buciol F, Lanza C, 1993. Intelligent training systems in industrial environments: approach and solutions to high risk task training[J]. Computers & Education, 20 (1): 97-104.

Borges M A F, Baranauskas M C C, 1998. A user-centred approach to the design of an expert system for training[J]. British Journal of Educational Technology, 29 (1): 25-34.

Boulet M M, 1992. Designing and developing an intelligent advisor system for transfer tasks in music[J]. Computers & Education, 19 (4): 341-357.

Cavus N, 2010. The evaluation of Learning Management Systems using an artificial intelligence fuzzy logic algorithm[J]. Advances in Engineering Software, 41 (2): 248-254.

Chen C M, 2006. CiteSpace II: detecting and visualizing emerging trends and transient patterns in scientific literature[J]. Journal of the American Society for Information Science and Technology, 57 (3): 359-377.

CIO Wiki, 2015. Big data[DB/OL]. [2015-4-20]. https://cio-wiki.org/wiki/Big_Data.

Cukurova M, Kent C, Luckin R, 2019. Artificial intelligence and multimodal data in the service of human decision-making: a case study in debate tutoring[J]. British Journal of Educational Technology, 50 (6): 3032-3046.

Cumming G, Sussex R, Cropp S, 1993. Learning English as a second language: towards the "Mayday" intelligent educational system[J]. Computers & Education, 20 (1): 119-126.

Daniel B K, 2017. Big data and data science: a critical review of issues for educational research[J]. British Journal of Educational Technology, 50 (1): 101-113.

Dias S B, Hadjileontiadou S, Hadjileontiadis L, et al., 2015. Fuzzy cognitive mapping of LMS users' quality of interaction within higher education blended-learning environment[J]. Expert Systems with Applications, 42 (21): 7399-7423.

Drigas A S, Ioannidou R E, 2011. A review on artificial intelligence in special education[C]//World Summit on Knowledge Society. Berlin: Springer: 385-391.

Duchastel P, Imbeau J, 1988. Intelligent computer-assisted instruction (ICAI)：flexible learning through better student-computer interaction[J]. Journal of Information Technology, 3 (2)：102-105.

Flood M M, 1963. What future is there for intelligent machines?[J]. Audiovisual Communication Review, 11 (6)：260-270.

Fountoukidou S, Matzat U, Ham J, et al., 2021. The effect of an artificial agent's vocal expressiveness on immediacy and learning[J]. Journal of Computer Assisted Learning, 38 (2)：500-512.

Fryer L K, Ainley M, Thompson A, et al., 2017. Stimulating and sustaining interest in a language course: an experimental comparison of Chatbot and Human task partners[J]. Computers in Human Behavior, 75: 461-468.

Fu S X, Gu H M, Yang B, 2020. The affordances of AI-enabled automatic scoring applications on learners' continuous learning intention: an empirical study in China[J]. British Journal of Educational Technology, 51 (5)：1674-1692.

Gartner, 2018. Gartner's 2016 Hype cycle for emerging technologies identifies three key trends that organizations must track to gain competitive advantage[EB/OL]. [2018-10-8]. https://www.gartner.com/newsroom/id/3412017.

Gong B, Nugent J P, Guest W, et al., 2019. Influence of artificial intelligence on Canadian medical students' preference for radiology specialty: a national survey study[J]. Academic Radiology, 26 (4)：566-577.

Hayes-Roth F, 1984. The knowledge-based expert system: a tutorial[J]. Computer, 17 (9)：11-28.

Hwang G J, 2003. A conceptual map model for developing intelligent tutoring systems[J]. Computers & Education, 40 (3)：217-235.

Jia J, Chen Y, Ding Z, et al., 2013. Effects of an intelligent web-based English instruction system on students' academic performance[J]. Journal of Computer Assisted Learning, 29 (6)：556-568.

Johnson W L, Lester J C, 2016. Face-to-face interaction with pedagogical agents, twenty years later[J]. International Journal of Artificial Intelligence in Education, 26: 25-36.

Jonassen D, 1993. Constructivist uses of expert systems to support learning[J]. Journal of Computer-Based Instruction, 20 (3)：86-94.

Jonassen D, Mayes T, McAleese R, 1993. A manifesto for a constructivist approach to uses of technology in higher education[M]. Berlin: Designing Environments for Constructive Learning.

Kalil, 2012. Big data is a big deal[EB/OL]. [2012-3-29]. https://obamawhitehouse.archives. gov/blog/2012/03/29/big-data-big-deal.

Khanna S, Kaushik A, Barnela M, 2010. Expert systems advances in education[C]. Proceedings of the National Conference on Computational Instrumentation NCCI-2010. CSIO: 109-112.

Kong F, Li J B, Wang Y M, 2019. Human-computer interactive teaching model based on fuzzy set and BP neural network[J]. Journal of Intelligent & Fuzzy Systems, 37 (1)：103-113.

Kose U, Koc D, 2014, Artificial intelligence applications in distance education[M]. Pennsylvania: IGI Global.

Krouska A, Troussas C, Virvou M, 2019. SN-Learning: an exploratory study beyond e-learning and evaluation of its applications using EV-SNL framework[J]. Journal of Computer Assisted Learning, 35 (2)：168-177.

Ling M K D, Loh S C, 2020. Relationship of creativity and critical thinking to pattern recognition among Singapore private school students[J]. The Journal of Educational Research, 113 (1)：59-76.

Liu T X, Israel M, 2022. Uncovering students' problem-solving processes in game-based learning environments[J]. Computers & Education, 182: 104462.

Luckin R, Holmes W, 2016. Intelligence unleashed: an argument for AI in education [EB/OL]. [2016-3-8]. https://www.pearson. com/content/dam/corporate/global/pearson-dot-com/files/innovation/Intelligence-Unleashed-Publication. pdf.

Luger G F, 2004. 人工智能: 复杂问题求解的结构和策略[M]. 4 版. 北京: 机械工业出版社.

Mahon J, Bryant B, Brown B, et al., 2010. Using second life to enhance classroom management practice in teacher education[J]. Educational Media International, 47(2): 121-134.

Mavrikis M, Gutierrez-Santos S, 2010. Not all wizards are from Oz: iterative design of intelligent learning environments by communication capacity tapering[J]. Computers & Education, 54(3): 641-651.

Millán E, Agosta J M, Pérez de la Cruz J L, 2001. Bayesian student modeling and the problem of parameter specification[J]. British Journal of Educational Technology, 32(2): 171-181.

Monostori L, 2014. Artificial intelligence[A]//Laperrière L, Reinhart G. CIRP Encyclopedia of Production Engineering[C]. Berlin: Springer: 2-39.

Moon M K, Jahng S, Kim T Y, 2011. A computer-assisted learning model based on the digital game exponential reward system[J]. Turkish Online Journal of Educational Technology, 10(1): 1-14.

Mor Y, Ferguson R, Wasson B, 2015. Editorial learning design, teacher inquiry into student learning and learning analytics: a call for action[J]. British Journal of Educational Technology, 46(2): 221-229.

Nussbaum M, Rosas R, Peirano I, et al., 2001. Development of intelligent tutoring systems using knowledge structures[J]. Computers & Education, 36(1): 15-32.

Nwana H S, 1993. An approach to developing intelligent tutors in mathematics[J]. Computers & Education, 20(1): 27-43.

Pedro S L, Angélica P J M, Ricardo C A, 2019. Knowledge-based systems: a tool for distance education[C]. International work-conference on the interplay between natural and artificial computation. Berlin: Springer: 87-96.

Ritter S, Anderson J R, Koedinger K R, et al., 2007. Cognitive tutor: applied research in mathematics education[J]. Psychonomic Bulletin & Review, 14(2): 249-255.

Rodríguez-Hernández C F, Musso M, Kyndt E, et al., 2021. Artificial neural networks in academic performance prediction: systematic implementation and predictor evaluation[J]. Computers and Education: Artificial Intelligence, 2: 100018.

Salas-Pilco S Z, 2020. The impact of AI and robotics on physical, social-emotional and intellectual learning outcomes: an integrated analytical framework[J]. British Journal of Educational Technology, 51(5): 1808-1825.

Salcedo P, Contreras R, 2009. Knowledge-based systems: a tool for distance education[C]//International Work-Conference on the Interplay Between Natural and Artificial Computation. Berlin:Springer, 87-96.

Sanchez Nigenda R, Maya Padrón C, Martínez-Salazar I, et al., 2018. Design and evaluation of planning and mathematical models for generating learning paths[J]. Computational Intelligence, 34(3): 821-838.

Self J, 1985. A perspective on intelligent computer-assisted learning[J]. Journal of Computer Assisted Learning, 1(3): 159-166.

Sharma K, Papamitsiou Z, Giannakos M, 2019. Building pipelines for educational data using AI and multimodal analytics: a "grey-box" approach[J]. British Journal of Educational Technology, 50(6): 3004-3031.

Siau K, 2017. Impact of artificial intelligence, robotics, and automation on higher education[C]. Twenty-third Americas Conference on Information Systems, Boston: 1.

Slater S, Joksimović S, Kovanovic V, et al., 2017. Tools for educational data mining: a review[J]. Journal of Educational and Behavioral Statistics, 42(1): 85-106.

Standen P J, Brown D J, Taheri M, et al., 2020. An evaluation of an adaptive learning system based on multimodal affect recognition for learners with intellectual disabilities[J]. British Journal of Educational Technology, 51(5): 1748-1765.

Tennyson R D, 1987. MAIS: an educational alternative of ICAI[J]. Educational Technology, 27(5): 22-28.

Vattam S S, Goel A K, Rugaber S, et al., 2011. Understanding complex natural systems by articulating structure-behavior-function models[J]. Educational Technology and Society, 14(1): 66-81.

Virvou M, Tsiriga V, 2001. An object-oriented software life cycle of an intelligent tutoring system[J]. Journal of Computer Assisted Learning, 17(2): 200-205.

Wang S Y, Yu H T, Hu X F, et al., 2020. Participant or spectator? Comprehending the willingness of faculty to use intelligent tutoring systems in the artificial intelligence era[J]. British Journal of Educational Technology, 51(5): 1657-1673.

Wang Y F, Petrina S, Feng F, 2017. Village: virtual immersive language learning and gaming environment: immersion and presence[J]. British Journal of Educational Technology, 48(2): 431-450.

Wiki, 2024. Big data[DB/OL]. [2024-6-6]. https://wiki.mbalib.com/wiki/Big_data.

Wong L H, Looi C K, 2012. Swarm intelligence: new techniques for adaptive systems to provide learning support[J]. Interactive Learning Environments, 20(1): 19-40.

Woo H L, 2009. Designing multimedia learning environments using animated pedagogical agents: factors and issues[J]. Journal of Computer Assisted Learning, 25(3): 203-218.

Woolf B P, Lane H C, Chaudhri V K, et al., 2013. AI grand challenges for education[J]. AI Magazine, 34(4): 66-84.

Zheliazkova I, 1995. An intelligent system for teaching and learning algorithms[J]. Computers & Education, 24(2): 117-125.

第3章 人工智能教育应用的理论与技术基础

3.1 理 论 基 础

3.1.1 建构主义学习理论

建构主义是一种心理学和哲学观点，认为个体形成或者建构了自身的学习和理解，而教育技术推动了当代建构主义的重新兴盛。20 世纪 80 年代，由于信息技术对教育发起挑战，传统的学习和教学理论已无法适应新的要求，于是人们尤其是教育技术界的学者们重新掀起了建构主义思潮，并根据信息技术的需要，注入了新的思想。

建构主义学习观认为学习不是知识由外到内的迁移和传递过程，而是学习者主动建构自己的知识经验的过程，即通过新的知识经验与原有的知识经验的相互作用，充实、丰富和改造自己的知识经验；学习不是教师向学生传递知识的过程，而是学生建构自己的知识的过程；学习者不是被动的信息接收者，相反，学习者需要主动建构信息的意义，这种建构不能由其他人代替完成。虽然建构主义强调学习者的认知主体作用，但却不忽视教师的指导作用。教师是意义建构的帮助者、促进者，而不是知识的传授者与灌输者。学习者是信息加工的主体、意义的主动建构者，而不是受外部刺激的被动接受者和灌输对象。建构主义研究者根据自己对学习的基本理解，就学习内容的选取和组织、教学进程的整体设计等问题提出了自己的观点，发展出了许多教学模式。著名的教学模式有随机进入教学、情境性学习、抛锚式学习、真实性学习、认知学徒制、支架式教学、协作学习等。

3.1.2 人本主义学习理论

人本主义学习理论重点研究如何为学习者创造一个良好的环境，让其从自己的角度感知世界，构建自己对世界的理解，达到自我实现的最高境界。

人本主义心理学家马斯洛(Maslow)批判传统的学习是一种外在的学习，学习活动不由学生决定，而由教师强制执行，提倡内化学习，强调学习要具有个人意义，学习活动由学生自己选择和决定，不由教师强制执行；学生自身具有学习潜力，教师只需起辅导作用。另一位人本主义心理学家罗杰斯(Rogers)提出自由学习观，即以人的自主学习潜能的发挥为基础，以学生获得自由和完成自我实现为目标，以自主选择的自认为有生活和实践意义的知识经验为内容，以自我及主动学习为特征，以毫无外界压力为条件，进行完全自主、自由的学习。罗杰斯也反对传统教育方式中的师生关系，提出废除传统意义上的教师角色，以促进者取而代之；学生自身具有学习潜能，促进者只需为他们设置良好的学习环境，提供各种学习资源，使他们知道如何学习，他们就能学到所需要的一切。同时罗杰斯认为，教师和学生是一起成长的，教师和学生一样，需要不断地在学习中获取新的意义和启示；教育是有整合目的、不断充实、具有意义的过程；良好的教学设计是，给予学生充分的自由，让他们自己去发现属于他们自己的真理和智慧；真理与智慧永远蕴藏在尚未被发现的知识背后，教师带领学生合力挖掘、探索是最理想的教学活动。在教学目标上，罗杰斯强调知行统一，培养躯体、心智、情感、精神、心力融于一体的人，以及能够适应变化和知道如何学习的人。可见，人本主义重视的是教学过程而不是教学内容，重视教学方法而不重视教学结果。

3.1.3　多元智能理论

美国教育家加德纳(Gardner)针对传统、保守、单一的智力模式，提出了适应时代需要的智力观，他认为在实际生活中个体所表现出来的智力是多种多样的，智力应是一组能力而不应是一种能力，而且这组能力中的各种能力不以整合形式存在，个体身上相互独立存在的与特定的认知领域或知识范畴相联系的八种智能构成了多元智能的基本结构，即语言智能、数学逻辑智能、空间智能、身体运动智能、音乐智能、人际关系智能、自我认识智能和自然观察智能。这八种智能虽然相互独立存在，但它们在解决问题时却表现为相互支持，一个人不可能仅用优势智能就能解决所有问题。对学生来说，尽可能地全面发展多种智能十分必要，弱势智能经过发展可以成为重要智能的补充。所以，多元智能结构中各种智能彼此之间没有重要和不重要之分，只是在不同个体的身上具有不同的特点，并有着独特的表现形式。每个人都是独一无二的，都能以自己的独特方式对人类文化做出有价值的贡献。

3.1.4　脑科学/认知神经科学

脑科学，狭义地讲就是神经科学，主要研究神经系统内的分子水平、细胞水平、细胞的变化过程，以及这些过程在中枢功能控制系统内的整合作用。认知神经科学是神经科学和认知心理学的交叉学科，主要研究认知功能内在神经机制。现代脑科学通过揭示神经元之间的连接形式，奠定行为的脑机制的结构基础，阐明神经活动的基本过程，认识各种功能的神经回路基础，来揭示脑的高级功能机制，从而开拓更广阔的应用前景，如对计算技术和人工智能的发展的研究具有不可替代的重要作用。

3.1.5　个性化学习

"个性"一词在教育学中重点强调通过教育促进学习者的个性化发展，其中个性化主要是指每个学习者在不同阶段、每个阶段的不同学习者都有其独特个性。个性化学习则强调通过对特定学习者的全方位评价发现和解决学习者所存在的学习问题，为学习者量身定制不同于别人的学习策略和学习方法，让学习者进行有效的学习。每一个学习者都与众不同，都有自己独特的天赋特性、偏好和天生优势，也都有不同于别人的弱点。解决学习者的学习问题时，应用个性化的方法让其适应学习上的要求。

个性化学习强调每个学生都是独立的个体，学生与学生之间存在个体差异，他们具有不同的认知特征，不同的兴趣爱好，不同的欲望渴求，不同的价值取向，不同的创造潜能，从而铸就了千差万别的个性。个性化教育很重要的一个任务是发现学生的潜能，促进学生的个性化发展。这要求在开展学习活动时不能单一地对所有的学生运用同一种方式进行教学，应识别学生的个性化特征，因材施教，这样才能达到最好的教学效果以及育人目标。在传统的课堂教学和早期的学习体系中，教师在学生的整个学习过程中占据主导地位，学生被动地跟随教师接受新的知识。个性化学习强调学生的主体性，颠覆了传统的教学理念和教学模式，学生是学习的主体，学生的个性化特征和学生在学习过程中的行为表现是学习活动的核心部分。个性化学习理论强调突出学生的主导地位，在个性化学习中学生所学习的内容是与自己的兴趣和学习状态相匹配的，由此能够调动学生的主观能动性，改变以往学生被动学习的局面，激发学生的学习兴趣。

随着"互联网+"时代、智能化学习时代以及"信息技术+教育"时代的推进，个性化学习正在由理想变成现实，并且正慢慢成为我们所处的这个时代的典型教育特征。个性化学习实践是个体规划未来的重要一步，而人工智能教育给予了它最有力的支撑和引导，可为学习者提供个性化学习服务，以支持其自主发展，这破解了教育在个性化培养方面存在不足的难题。在个性化学习服务理念下，未来学习预测结果将为学习者提供个性化学习反馈，具体包括两个方面：①预测学习者学习成果、学习成绩等结果性信息；②基于学习者的学习成果和个性化特征，为其提供个性化学习反馈，包括学习内容推荐、学习互动人群推荐和学习练习推荐，从而使预测目标由初期的学习预警转变成学习改善。

3.2　技　术　基　础

2016 年 3 月，谷歌计算机围棋程序"阿尔法狗"以 3∶0 战胜围棋高手李世石，人工智能攻克围棋使人们对机器人和人工智能的关注度持续高涨。斯坦福大学"人工智能百年研究项目"的首份报告——《2030 年的人工智能与人类生活》关注人工智能对城市中居民日常生活的影响，提出机器人和人工智能已经能在交通、医疗、娱乐和家庭等领域替代人类(张秀丽等，2002)。在教育行业，以人工智能为基础的教育机器人未来的发展目标是如同人一般地进行思考、行动和互动。Web 技术、人工智能技术、仿生技术、虚拟现实技术等将是未来人工智能教育应用的重要技术。

3.2.1　Web 技术

1991 年 8 月 6 日，英国学者蒂姆·伯纳斯·李(Tim Berners Lee)在 alt.hypertext 新闻

组贴出了一份关于万维网(world wide web，WWW)的简单摘要，标志着 Web 页面在互联网上首次登场。互联网是指通过传输控制协议/网际协议(transmission control protocol/internet protocol，TCP/IP)等通信协议互相连接在一起的计算机网络，而 Web 是运行在互联网上的一个超大规模分布式系统。Web 通过超文本标记语言(hypertext markup language，HTML)描述信息资源，通过统一资源标识符(uniform resource identifier，URI)定位信息资源，通过超文本传输协议(hypertext transfer protocol，HTTP)请求信息资源。HTML、URI 和 HTTP 构成了 Web 的核心体系结构，是支撑 Web 运行的基石。程序员开发的 Web 应用本质上是可以提供信息或者功能的 Web 资源，是 Web 这个全球超大规模分布式系统中的一部分。

智能教育需要开发出能够提供高度定制的用户体验的智能 Web 应用程序。然而，这对于 Web 开发人员来说却是一项具有挑战性的工作，因为 Web 开发环境下人工智能教育应用的传统方法不能解决这个问题，而使用人工智能和相关工具可以较好地解决这个问题。目前，有关基于 Web 技术的智能教学系统的研究和开发逐渐成为国内外研究的热点，主要研究的内容是传统的智能教学系统在网络教学中的应用情况。其中，自适应超媒体技术是一个比较成功的研究方向。Web 技术已成为智能教学系统中不可缺少的技术。

3.2.2 人工智能技术

人工智能技术是教育智能化过程中的关键技术之一，其主要目标是通过模拟人脑所从事的推理、证明和设计等思维活动，使机器能够完成一些只有专家才能完成的复杂工作，并扮演各种角色与使用者互动，提供反馈信息。在互动方面，教育机器人须具备能如同人一般通过语言进行互动和沟通的能力；在智能方面，教育机器人须扮演教师、学习同伴、助理和顾问等多重角色，并与使用者进行互动和提供反馈信息。具体来看，人工智能相关技术包括机器学习、知识图谱(knowledge graph)、自然语言处理、计算机视觉、人机交互、生物特征识别、虚拟现实/增强现实。

1. 机器学习

机器学习是指使用算法解析数据，并从中学习，然后对某件事情作出决定或预测。比如，苹果智能语音助手 Siri、利用垃圾邮件过滤器保持收件箱干净、购物网站的商品推送都使用了机器学习。机器学习是一门涉及统计学、系统辨识、逼近理论、神经网络、优化理论、计算机科学、脑科学等诸多领域的交叉学科，主要研究计算机怎样模拟和实现人类的学习行为，以获取新的知识或技能。

2. 知识图谱

"知识图谱"一词于 2012 年 5 月 17 日由谷歌公司的研究员率先提出，其初衷是提高搜索引擎的能力，提升用户的搜索质量及搜索体验。随着人工智能技术的发展和应用，知识图谱逐渐成为关键技术之一，现已被广泛应用于智能搜索、智能问答、个性化推荐、内容分发等领域。目前知识图谱还没有一个统一的定义，通常来说，知识图谱本质上是结构化的语义知识库，具有由节点和边组成的图数据结构，以符号形式描述物理世界中的诸多概念及其相互关系，其基本组成单位是实体-关系-实体三元组，以及实体及其相关的属性-值对。不同实体之间通过关系相互联结，构成网状的知识结构。在知识图谱中，每个节点表示现实世界中的实体，每条边表示实体与实体之间的关系。通俗地讲，知识图谱就是把不同种类的信息连接在一起而形成的一个关系网络，提供了从关系的角度分析问题的功能。知识图谱的表示方法如图 3-1 所示。

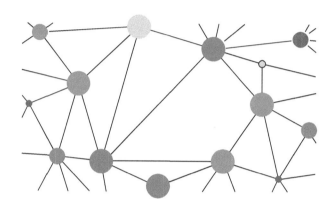

图 3-1　　知识图谱示意图

知识图谱可用于反欺诈、不一致性验证、反组团欺诈等公共安全领域，需要用到异常分析、静态分析、动态分析等方法。特别地，知识图谱在搜索引擎、可视化展示和精准营销方面有很大的优势，已成为业界的热门工具。但是，知识图谱的发展仍面临很大的挑战，如数据噪声问题，即数据本身有错误或者数据存在冗余。随着知识图谱的应用不断深入，还有一系列关键技术需要得到突破。

3. 自然语言处理

自然语言处理(natural language processing，NLP)是一种用于对自然语言信息进行处理的技术，从语言学角度来说，自然语言处理也称为计算语言学(computational linguistics)。自然语言处理包括自然语言理解(natural language understanding，NLU)和自然语言生成(natural language generation，NLG)两部分。自然语言理解是指对自然语言的内容和意图进行深层次把握。在人工智能领域中，自然语言理解特指计算机对自然语言的内容和意图进行深层次把握。自然语言生成是指输入非自然语言，输出自然语言。自然语言理解与自然语言生成互为逆过程。图 3-2 简单地展示了自然语言处理、自然语言理解和自然语言生成三者之间的关系。其中，语言 A 和语言 B 可以是相同的语言，也可以是不同的语言。当语言 A 和语言 B 是相同的语言时，整个过程表示聊天式交流；而当语言 A 和语言 B 是不同的语言时，整个过程则表示机器翻译式交流。自然语言处理涉及的领域较多，如机器翻译、语义理解和问答系统等。

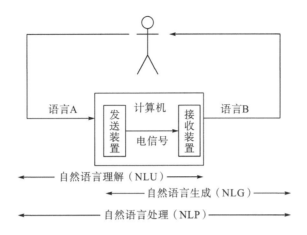

图 3-2　自然语言处理、自然语言理解和自然语言生成三者之间的关系

1)机器翻译

机器翻译是指利用计算机技术将一种自然语言翻译为另一种自然语言。基于统计的翻译方法突破了基于规则和实例的翻译方法的局限性，翻译性能取得巨大提升。基于深度神经网络的机器翻译已在日常口语等场景中成功应用，表现出巨大的潜力。随着机器上下文语境表征和知识逻辑推理能力的发展，以及自然语言知识图谱的不断扩充，机器翻译将会在多轮对话翻译及篇章翻译等领域取得极大进展。

目前非限定领域的机器翻译中性能较佳的是统计机器翻译，包括训练及解码两个阶段。训练阶段的目标是获得模型参数，解码阶段的目标是利用所估计的参数和给定的优化目标，获取待翻译语句的最佳翻译结果。统计机器翻译主要包括语料预处理、词对齐、短语抽取、短语概率计算、最大熵调序等步骤。基于神经网络的端到端翻译不需要针对双语句子专门设计特征模型，可直接把源语言句子的词串输入神经网络模型中，并经过神经网络的计算，得到目标语言句子的翻译结果。在基于端到端的机器翻译系统中，通常采用递归神经网络或卷积神经网络对句子进行表征建模，并从海量训练数据中抽取语义信息，与基于短语的统计翻译相比，其翻译结果更加流畅自然，在实际应用中取得了较好的效果。

2)语义理解

语义理解是指利用计算机技术实现对文本篇章的理解，并且回答与篇章相关的问题。语义理解注重对上下文的理解以及对答案精准程度的把控。随着 MCTest(麦克测试)数据集的发布，语义理解受到更多关注，取得了快速发展，相关数据集和对应的神经网络模型层出不穷。语义理解技术将在智能客服、产品自动问答等领域发挥重要作用，可进一步提高问答与对话系统的精度。在数据采集方面，语义理解可通过自动构造数据和填空型问题的方法来有效扩充数据资源。目前，语义理解技术的水平仍有较大的提升空间。

3)问答系统

问答系统分为开放领域的对话系统和特定领域的问答系统。问答系统技术是让计算机像人一样用自然语言与人交流的技术。人可以向问答系统提交用自然语言表达的问题，系统会返回关联性较高的答案。尽管目前问答系统已经有不少应用型产品出现，但大多产品应用于信息服务和智能手机助手等方面，问答系统在鲁棒性方面仍然存在问题和面临挑战。

4. 计算机视觉

计算机视觉使用计算机模拟人的视觉系统，目的是让计算机像人一样拥有提取、处理、理解和分析图像及图像序列的能力。自动驾驶、机器人、智能医疗等领域均需要通过计算机视觉技术从视觉信号中提取信息并进行处理。近年来随着深度学习的发展，预处理、特征提取与算法处理渐渐融合，形成端到端的人工智能算法与技术。根据解决的问题，计算机视觉可分为计算成像学、图像理解、三维视觉、动态视觉和视频编解码五大类。目前，计算机视觉技术发展迅速，已具备初步的产业规模。

5. 人机交互

人机交互主要研究人和计算机之间的信息交换，主要包括人→计算机和计算机→人这两部分的信息交换，是人工智能领域的重要外围技术，与认知心理学、人机工程学、多媒体技术、虚拟现实技术等密切相关。传统上人与计算机之间的信息交换主要依靠交互设备实现，主要包括键盘、鼠标、操纵杆、眼动跟踪器、位置跟踪器、数据手套、压力笔等输入设备，以及打印机、绘图仪、显示器、音箱等输出设备。人机交互除了包括传统的基本交互和图形交互外，还包括语音交互、情感交互、体感交互及脑机交互等。

6. 生物特征识别

生物特征识别技术是通过个体的生理特征或行为特征对个体的身份进行识别认证的技术。从应用流程看，生物特征识别通常分为注册和识别两个阶段。注册阶段通过传感器对人的生物特征信息进行采集(如利用图像传感器对指纹和人脸等光学信息进行采集，以及利用麦克风对说话声等声学信息进行采集)，然后利用数据预处理及特征提取技术对采集的数据进行处理，得到相应的特征后将其存储下来。识别阶段采用与注册阶段一致的信息采集方式对待识别人进行信息采集、数据预处理和特征提取，然后将提取的特征与存储的特征进行比对分析，完成识别。从应用任务看，生物特征识别一般包括辨认与确认两种任务，辨认是指根据存储的信息确定待识别人的身份，涉及一对多的问题；确认是指将待识别人的信息与存储的特定的单人信息进行比对，以确定身份，涉及一对一的问题。生物特征识别技术涉及的生物特征十分广泛，如指纹、掌纹、人脸、虹膜、指静脉、声纹、步态等，其识别过程涉及图像处理、计算机视觉、语音识别、机器学习等多项技术。

3.2.3 仿生技术

仿生技术是将工程技术与生物科学相结合的技术。仿生学试图利用仿生技术模拟动物和植物在自然界中的功能。当前仿生技术发展迅速，应用范围广泛，机器人是其主要的应用领域之一。教育机器人可运用仿生(包括人体结构仿生、功能仿生和材料仿生等)技术来模拟自然界中生物的外部形态或某些技能，使自身具有人一般的外形，做出人一般的细腻动作，而人形机器人是仿生技术在机器人领域的典型应用，整合生物技术、信息技术以及机械设计的仿生技术是发展教育机器人方面的关键技术。

3.2.4 虚拟现实技术

虚拟现实(VR)/增强现实(AR)是以计算机为核心的新型视听技术，能结合相关科学技术，生成与真实环境在视觉、听觉、触感等方面高度相似的数字化环境。用户借助必要的装置(如显示设备、跟踪定位设备、触力觉交互设备、数据获取设备、专用芯片等)可与数字化环境中的对象进行交互，获得近似于真实环境的感受和体验。

虚拟现实/增强现实涉及获取与建模技术、分析与利用技术、交换与分发技术、展示与交互技术以及技术标准与评价体系五个方面。获取与建模技术研究的是如何把物理世界或者人的创意数字化和模型化，其难点在于如何将三维物理世界数字化和模型化；分析与利用技术重点研究数字化内容的分析、理解、搜索和知识化方法，其难点在于如何对数字化内容进行语义表示和分析；交换与分发技术主要强调各种网络环境下大规模数字化内容的流通、转换、集成和面向不同终端用户的个性化服务等，其核心是开放的内容交换和版权管理；展示与交互技术重点针对数字化内容研究符合人类习惯的各种显示技术及交互方法，提高人对复杂信息的认知能力，其难点在于如何建立自然和谐的人机交互环境；技术标准与评价体系重点研究虚拟现实/增强现实在基础资源、内容编目、信源编码等方面的规范标准以及相应的评估技术。虚拟现实技术在智能教学系统中的应用涉及以下几个方面。

1. 交互界面

虚拟现实技术在虚拟课堂中的应用，可以克服目前以 HTML 技术为主的虚拟课堂交互简单、感觉媒体仅限于二维空间、沉浸感不强等缺点。通过利用基于计算机网络和交互式多媒体工作站的虚拟现实，教师可以进行虚拟教学，学生可以通过个人工作站进行学习，观看多媒体讲课并在多媒体笔记本上做记录，同时可通过计算机网络进行交互式学习，这是一种现代、高效、个性化的学习方式。

2. 成为教学资源的一部分

1) 虚拟实验

实验在教学活动中必不可少，很多学习科目都以实验课程为基础，尤其是一些实践性较强的学科，如物理、化学、计算机等。实验对于培养学生的实际操作能力和解决问题的能力至关重要，学生的大部分实践能力都可以通过实验培养。

2) 虚拟图书馆

虚拟图书馆也称电子图书馆，是一种高智能、集成化、数字化、集多种文献载体于一体的信息资源系统。学习者进入虚拟图书馆后可以轻松地查阅、获取信息。虚拟图书馆为学习者提供了丰富的学习资源，同时它可以成为智能教学系统知识库的一部分。

3) 虚拟研讨

在虚拟研讨(教学环境和协作学习)中，学习者可以不受时间和空间的限制，进行论文的交流和实验结果的展示；教师与学生可以进行交互，学生彼此之间能进行合作与交流。它为学习者提供了一种全新的学习方式，借助协同虚拟环境(cooperate virtual environment，CVE)技术，可通过网络到达任何地方，甚至进入通过仿真技术创造出来的虚拟世界，与任何人进行逼真的远程会面，完成协同工作。CVE 研究的最终目标是为地理上离散分布的协同工作者提供一个支持有效地协同工作且直观的虚拟环境，而这种虚拟环境最终将发展成为下一代协同工作交互界面，为智能教学系统的协作学习提供可能。

3.2.5 学习者建模技术

研制智能教学设备，提升教学效果，离不开学习者建模研究。学习者模型是对真实学习者的一种抽象表示，代表了学习者在知识技能、认知行为、情感体验等方面的水平和特征(Chrysafiadi and Virvou，2013)。在智能辅导系统中，学习者模型扮演着大脑的角色，它可以在学习者的学习过程中跟踪其状态的变化，并自适应地与学习者进行合适的交互。而在大规模在线学习环境中，学习者模型可以对大规模的学习者进行定性或定量描述，为教师和学习环境设计人员做决策提供重要参考。在大数据和人工智能时代，学习者模型有着非常广阔的研究空间和应用前景。

构建学习者模型时初期需要考虑的主要因素包括作为数据来源和应用场景的教学环境、选择建模的学习者特征以及采用的建模技术，因此学习者模型可以从教学环境、建模对象、建模技术三个方面进行分类。本书按照建模对象，将学习者模型分为学习者知识状态模型、学习者认知行为模型、学习者情感模型和学习者综合模型这四个类别(徐鹏飞等，2018)，并分别加以介绍。

1. 学习者知识状态模型

学习者知识状态模型所关注的是学习者在学习的过程中其知识状态的变化。从建模技术角度看，常用的学习者知识状态模型有覆盖模型(Stansfield et al.，1976)、铅版模型(Rich，1979)、偏差模型(Mayo，2001)、贝叶斯知识跟踪(Bayesian knowledge tracing，BKT)模型(Corbett and Anderson，1994)等。覆盖模型把学生所拥有的知识集看作专家知识的子集，根据学生的知识缺陷向其推送合适的学习内容和学习策略。铅版模型是一个简单的分组模型，即将学生分成几组，每组学生的信息包含掌握的知识、偏好、兴趣、学习目标、学习历史等。偏差模型记录了学生的问题解决路径与专家的偏差，这些偏差描述了学生在特定知识点方面的某种不足，可根据偏差的类型给出具体的补救措施。BKT 模型假设每项知识(或技能)有四个参数，即初始概率、习得概率、猜对概率、疏忽概率，前两个参数与知识点掌握情况相关，而后两个参数则与答题表现相关。BKT 模型是一个相当简单但受限的隐马尔科夫模型：其隐式节点代表知识点掌握情况，即未掌握或已掌握；其显式节点代表学生答题情况，即错误或正确。

2. 学习者认知行为模型

彭文辉等(2006)从信息检索学习行为、信息加工学习行为、信息发布学习行为、人际沟通交流行为、基于问题解决的学习行为五个维度构建了多维度网络学习行为模型。Veeramachaneni 等(2013)则将 MOOC 环境下学习者的行为分为观察、提交、协作三类。依据学习者的行为数据，可以通过选取合适的特征对学习者进行分组。例如，Anderson 等(2014)根据观看视频和提交作业的情况，将学习者按照投入模式分为观察型、解题型、全面型、收集型和局外型五个类别。另外，也可以基于行为数据，从某个角度对学习者的认知行为进行量化。例如，Sinha 等(2014)认为学习者与教学视频的交互数据是 MOOC 环境下对覆盖学习者最多的一类数据，而且仅仅通过单项数据就可以对学习者进行有效的认知行为建模。论坛、维基等包含的文本数据则可以用计算语言学的工具进行深入的分析。例如，Dowell 等(2015)基于文本数据建立了一个面向语言和语篇的学习者模型，并用它来预测学习者的社会网络中心性和学业表现。

3. 学习者情感模型

研究者发现情感与认知、动机和行为密切相关，在学习过程中扮演着关键角色。学习者情感模型可以从不同角度进行分类。根据模型在时间轴上的粒度，学习者情感模型可以分为快照式情感模型和连续式情感模型；快照式情感模型只对学习者在关键时间点(如学习前和学习后)的情感建模；连续式情感模型则会对学习者在学习过程中的情感变化进行持续的跟踪。学习者情感模型还可以根据模型数据的收集方式分为主观情感模型和客观情感模型；主观情感模型的数据可能是学习者通过问卷调查、访谈等方式获取的数据；客观情感模型的数据是学习者与学习环境的交互数据、视频数据、音频数据等。随着技术的进步，客观情感模型受到重视并得到很大的发展。目前，在学习者情感模型中常用的有人脸图像或视频、语音和文本等(Ez-Zaouia and Lavoue，2017)。可以预见，随着普适计算、穿戴式设备、情感计算和人工智能等的发展，学习者情感模型将更加多模化与智能化。

4. 学习者综合模型

学习者综合模型指的是对学习者多个方面进行综合而建立的整体性模型。例如，在自适应学习系统中可以通过对学习者的知识水平、认知能力、偏好信息进行综合性建模，提高自适应学习系统适应学习者的能力(贾冰，2011)。除了在自适应学习系统中应用外，学习者综合模型还有两个比较典型的应用类型。一类是预测性模型，这类模型为了提高预测的准确率，综合考虑了学习者的多种信息，它的一个典型应用场景是 MOOC环境下的退学预测；另一类是评价性模型，这类模型主要为学生评价服务，需要以教学目标作为评价的依据和准绳，为了提高评价的客观性和全面性，模型会尽可能多地考虑学习者的信息。

3.3　教育技术基础

3.3.1　计算机辅助教育

计算机辅助教育(CBE)是计算机技术在教育领域中的应用的统称，涉及教学、科研和管理等领域的各个方面。CBE 主要包括两个方面：计算机辅助教学(CAI)和计算机管理教学(computer man-aged instruction，CMI)。CBE 诞生于 20 世纪 50 年代末期，几十年来，随着信息技术、教育的发展，以及为了满足信息时代的社会需求，其在教育中的应用日益广泛(邹霞，2009)。

1. 计算机辅助教育的两个方面

(1)CAI。计算机的诞生为程序教学的发展提供了新方向，一些学者将计算机运用于个别化教学中，于是出现了 CAI。由于 CAI 中的教学分支是由教师预先设置的，难以解决突发性的、预料之外的问题，因此 CAI 在使用方面的灵活性和适应性有限(张坤颖和李晓岩，2019)。

(2)CMI。CMI 系统也可称为教学监控系统，是一种可对学生学习活动进行监测、控制与管理、引导以及评价，同时可为教师提供各种报告和服务的系统。CMI 与 CAI 的有机结合有助于构建具有管理功能的 CAI 系统，使 CAI 活动的效率得到进一步提高(郑志蕴和郭纯一，2000)。

2. 计算机辅助教育的特点

计算机辅助教育的特点是教学直观，声音、图片、影像并茂，具有交互性、趣味性，学生可以根据自己的情况灵活地开展学习活动，是一种具有发展前途的教学手段(杨兴江和刘家彬，2009)。

(1)计算机辅助教育为实现高水平的基础教育提供了先进的教学手段。

(2)计算机辅助教育可以加速教学进程，缩短学制，扩大教学范围，提高教学效率。

(3)利用计算机辅助教育，可实现对学生的个别化教育。

(4)计算机辅助教育为各种教育形式提供了有效的教学手段。

3. 计算机辅助教育的发展趋势

随着计算机技术成果的不断开创，以及人们日益看好计算机应用前景，计算机辅助教育的实践渐入佳境，并表现出以下几个主要的发展趋势。

(1)从多终端的大系统发展成能促进个体学习的小系统或终端，其既可以是功能单一、相对独立的系统，又可以是通过校园网、程控电话交换网、数据网、无线通信网、有线电视网等与外界沟通的千千万万个终端，学习者将不受时间和空间的束缚。

(2)从利用计算机磁盘进行输入和利用屏幕进行显示的单媒体系统发展成利用各种媒体呈现视听资料的多媒体系统。

(3)计算机辅助教育的类型和内涵不断扩展。计算机辅助教育在练习型程序基础上开发出诸多教学模式，除此以外，计算机管理教学、计算机辅助管理、计算机辅助学习、计算机辅助培训、计算机资料检索等也迅速发展。

(4)计算机辅助教育的重点发展领域从高等院校转向中小学和社会教育领域，尤其是职业技术教育中利用计算机培训人才的活动日益频繁。除学校教育外，一个个多媒体计算机开放型教学模式正在不断被开创出来。

3.3.2　网络教育

网络教育是以计算机网络、卫星通信网络和电信通信网络为介质，在基于以多媒体网络课程为核心的学习资源构建的网络教育环境中展开教学与学习活动的教育组织形式（唐子雯，2014）。

1. 网络教育的特点

1）教学资源的共享性

从专业化角度出发，教学资源一般包括多媒体文件、师生信息与管理资料等。教学资源的共享性主要是指，借助专业化的教学管理平台或者共享网络进一步实现教育信息资源的同步共享，进而使软件及硬件设备得到共享（张跃，2014）。目前，网络教育资源不断增加，已对传统的教学模式造成了冲击，网络教育发展趋势日益显著。在网络教育背景下，学习者可拥有更多的资源。与传统教育相比，网络教育有助于教师因材施教、合理配置教学模块和详细记录学生实际的学习进度及时间分配情况等，进而制订出具有针对性的教学方案。

2）网络教育的实时性

网络教育的一个重要特点是其具有实时性。网络教育不仅能够提供大量教学资源，而且还能够为教师与学生提供更多相互交流的机会，比如，网络教育环境能够实现教师与学生之间的实时问答、在线考试以及在线批改作业等(罗妮曼,2014)。此外,网络教育增强了教师与学生之间的联系,学生与学生之间能够借助网络通信技术加强对教学资源的协同交流学习。

3)教学资源的综合性

教学资源的综合性一般是指大量资源的获取是在应用先进多媒体技术的基础上实现的。在多媒体时代,对传统教学资源进行再包装有助于拓展教学资源展现形式,如图像形式、软件形式以及影音形式。随着教学资源展现形式的增加,学生对学习的兴趣将大大提升,最终可为网络教育奠定良好基础。

2. 人工智能在网络教育中的应用

将人工智能应用于网络教育,最主要的原因在于在网络教育中,人与人之间的交流、人与知识的交流都是依靠计算机来进行的。只有使计算机拥有像人一样的智商和能力,才能在保持网络教育在空间和时间上的优势的基础上,最大程度发挥网络教育中计算机的作用,使计算机可以智能地参与教学,对学生进行测评,让学生之间自由交流,同时进一步优化人机交互。人工智能在网络教育中的应用主要体现在以下两方面。

1)专家系统的应用

人工智能在网络教育中应用最广泛的就是专家系统,其包含智能教学系统、智能决策系统、智能导学系统以及智能化网络硬件设备。

(1)智能教学系统可在网络中为学生提供智能教授空间,在整个教学过程中,通过智能的方式进行模拟授课,学生可以利用先进的多媒体技术和智能系统进行沟通。

(2)在使用智能教学系统之前,应首先使用智能决策系统对学生的认知水平和智力进行测试,并通过智能决策系统中的问题处理子系统、知识库子系统和推理机将每个学生不同的测试结果作为参考依据,以设计出科学合理的教学方案,使教学效果达到最佳。

(3)智能导学系统又称智能个别化指导系统,由专家模块、学生模块、界面模块和教学模块组成。它能够根据学生的学习行为,在学生的学习过程中动态地产生导学过程,不仅能给学生讲授知识,同时也能评价学生的学习成果。智能导学系统有助于为学生建立一个良好的学习环境,让学生通过一定的诊断方法找出自己的学习特征,建立学习模型,从而进行知识点的吸收。

(4)智能化网络硬件设备指的是在网络设备中加入智能系统,使网络设备具有更智能的传输和连接功能。常用的智能网络传输设备有路由器、交换机等,智能网络终端设备有摄像头、打印机等。

专家系统综合了智能教学系统、智能决策系统、智能导学系统以及智能化网络硬件设备的功能,在不同的网络教育环境中有不同程度的应用(冯玉婷和史君华,2015)。

2)其他人工智能技术的应用

除了专家系统,在网络教育中还有很多人工智能系统和技术有十分广泛的应用,常见的有语言处理系统、人工智能分布式系统、知识库系统以及人工神经网络和机器学习等。在教学过程中，可通过这些新型智能系统和技术对教学内容进行自主设计并对教学成果进行精准测评。

(1) 语言处理系统。语言处理系统指的是通过计算机理解并生成语言的系统，其主要关注对书面文字语言的理解，就目前而言，其已经可以对口语、书面语以及较为简单标准的手写文字进行识别，有助于学生在英语方面的学习，特别是在学习基础英语时有助于学生掌握语法和词汇。

(2) 人工智能分布式系统。一般情况下，人工智能分布式系统由多个智能体(agent)构成。人工智能分布式系统可以针对以往传统教育的薄弱环节，抓住教材中的重点针对性地进行知识梳理，将学生所好奇的问题和教材中要求掌握的重点进行有机结合，从而达到更好的教学效果。

(3) 知识库系统。知识库系统也叫作智能数据库，是一种广泛应用于网络中的新型智能系统。其能通过将知识进行整合处理，并选择性地对知识内容进行存储，自动分辨出关键词，然后通过智能检索的方式推出新的知识。知识库系统采用的技术极为先进，可以对教学资源的管理和检索进行改善。

(4) 人工神经网络和机器学习。人工神经网络是一种模拟大脑建造的信息处理系统，运用于网络教育时可以处理数据、信息、字符、图像、语言等，能有针对性地进行智能识别。而机器学习则是一门学科，主要研究如何利用计算机模拟人类的学习活动，以及如何通过电子技术模拟分析出学生的逻辑、心理、接受知识的程度等，与诸多学科都有着相当密切的联系。

3. 网络教育的发展趋势

网络教育的出现，提高了高等教育的普惠性和大众化程度，起到了促进教育实现公平和均衡发展，以及推动高等教育快速发展的重要作用。其发展趋势包括以下几个方面。

1) 教育主体的"单中心性"转变为"多中心性"

网络时代的来临，使得信息传播更加便捷，打破了传统教学方式"剥夺"学生主体性地位的局面，不但使得知识容量扩大、知识传播速度加快，更让教学方式发生了深刻的改变，即教学由以教师为中心转变为以学生为中心，并呈现出日益多元化的特征。教学信息海量存储与便捷传播的特点凸显，学生与教师、学生与学生之间都有效地突破了时间与空间的限制(王玉芬，2017)。

2) 教学工具的"单一性"转变为"多样性"

如果说传统的教学是教师对学生进行单向授导，那么随着网络教育中网络教学点对新一代互联网 Web 4.0、数字电视、移动电视、手机媒体等的应用，教师与学生之间可以达到双向互动、多向互动、立体互动的效果。学生可以及时将自己的学习情况反馈给教师，教师可以根据学生的需求对教学计划、教学内容进行改进，不断满足广大学生的需求。

3) 学习活动的"被动性"转变为"主动性"

传统的学习活动是学生被动地进行学习，学生没有选择的余地。而在网络教育环境下，学生对教学信息的需求得到了满足，学生的信息需求呈现出个性化、主动性特征。随着海量数据的传播，学生可以通过互联网来进行信息的碎片化筛选。学生的主要任务由获得信息向如何获得有效信息转变，学生由传统网络教学的接收者转变为微传播环境下的选择者，成为碎片化信息真正的主人。在网络教学中，要想达到更好的教学效果，教师必须推出更加个性化、人性化的教学方案，否则网络教学无法满足学生的现实需求。

3.3.3 移动教育

移动教育是一种全新的远程教育模式，可在远程网络教学的基础上，通过有效结合移动通信技术给学习者随时随地学习的全新感受，是未来远程教育的重要形式。移动教育不仅具有远程教育的特点，而且不限制教育形式，学习者可以随时随地、更加自由地学习。

1. 移动教育系统的结构

移动教育系统主要由四部分组成：移动通信网、国际互联网、教学服务器和移动设备。

(1) 移动通信网。该网络是整个移动网络的一部分，由多个基站组成，用来发送或接收来自移动设备以及互联网的信息，通过空中接口使移动设备与互联网实现无缝连接。

(2) 国际互联网。该网络即为通常所说的 internet，是教育资源的有效载体。目前互联网技术已经非常成熟，与互联网连接的用户相互之间可方便地进行信息交换，并可访问互联网上的丰富资源。

(3) 教学服务器。该服务器与互联网相连，存储着丰富的教学资源以及相应的服务程序。

(4) 移动设备。可以连接移动通信网的各类设备，如手机等(陶丽，2009)。

2. 移动教育的优势与局限性

1) 移动教育的优势

(1) 灵活。手机、个人数字助理(personal digital assistant，PDA)等便携式移动终端设备摆脱了有线连接所带来的束缚，可以不受时间、空间的限制，进行语音、视频、数据等信息的交流，为学习者创造了灵活的学习条件。

(2) 高效。移动教育使学习者摆脱固定时间、固定地点的束缚，学习者可以随时获取网络上的学习信息，进行学习交流。同时在移动教育中学习者可以利用自己的零碎时间(如乘车、等车的时间)进行学习，从而提高学习效率。

(3) 个性化。在现代社会中，传统的固定学习很难满足学习者的学习需要，而在移动教育中，学习者可以根据自己的需要选择学习的时间、地点及内容，还可以自定步调，自主决定学习进度，实现个性化学习。

(4)广泛。随着移动通信技术的发展和应用，各种移动设备越来越普及，这将极大地拓宽受教育者的范围，促进学习型社会、终身教育的发展。

2)移动教育的局限性

(1)注意力的保持受限制。为了便于携带，移动终端设备在外形上一般都追求小巧，显示屏的大小也因此受到限制，这对于学习者保持注意力非常不利。

(2)技术的限制。移动终端设备可以向学习者传递教师授课时的声音或图像，也可以实现在线疑难问题解答或者在线考试。但是使用移动终端设备时糟糕的网络连接、昂贵的网络通信费用和复杂的人机交互界面，会造成影音信息传输质量差、网络登录速度慢、浏览多媒体学习资料效果差等问题，从而降低学习者的学习效果。

3. 移动教育的模式

1)点播学习——短消息服务

短消息是一种基于移动网络的通信交流手段，当前相当普及并深受用户青睐，也称短信媒介。短消息业务是各类无线增值业务中发展最早、相对成熟的业务，以低廉的价格被消费者广泛接受认可。短信媒介融合了多种媒介的优势，是一种更新、更为优异的媒介形式。短信媒介具有无线媒介的基本特点，同时又融合了书写和与互联网的交互，具有比语言和文字更为丰富的多媒体功能。

2)自主学习和协作学习——无线接入点(wireless access points，WAP)教育站点

WAP 教育站点的建设是目前移动教育研究的一个重要方面。除了应用目的和面向的对象不同，其与普通的 WAP 站点相比在技术上并没有太大的区别。WAP 实现了移动通信系统和数据通信系统的结合，符合通信领域、移动通信的发展需求。它可以使移动用户不受网络种类、网络结构、运营商承载的业务以及终端设备的限制，充分利用自己的无线终端设备——手机，通过电信的网关随时随地地接入互联网，访问教学服务器，并进行浏览、查询。支持 WAP 的手机，可以实时与 WAP 网站保持连接。

3.3.4　泛在学习

泛在学习的英文全称为 U-learning，"U"是英文 ubiquitous 的缩写，即无处不在的意思。泛在学习是泛在计算支持下的一种新的学习方式，任何人可以在任何时间、任何地点使用任何终端设备进行学习。因此泛在教育通常可以被解释为无缝教育、无处不在的教育，是一种能够随时随地获取学习资源进行学习的方式。当下，随着信息技术的发展，人们能够依靠互联网终端随时随地获取信息，这为泛在教育提供了良好的发展条件(阳建中等，2017)。

1. 泛在学习研究的发展历程

泛在学习最早衍生于泛在计算，美国 Fuji Xerox 公司帕洛阿尔托研究中心(Palo Alto Research Center，PARC)的研究人员马克·威瑟(Mark Weiser)于 1988 年率先提出泛在计算的概念。徐光裕等(2003)认为普适计算是将信息空间与物理空间融合，在这个融合的空间中人们可以随时随地和透明地获得数字化的服务；邬贺铨(2005)在展望未来 5～10 年网络通信发展趋势时提出泛在网(ubiquitous network)的概念。随后，"三网融合"、物联网的发展成熟为泛在学习提供了技术支撑。当前，在泛在学习模型构建方面，已经有较多成熟的研究模型和成果，如韩国的"U-Korea 总体政策规划"、美国的"没有围墙的图书馆项目"、日本的"情景感知语言学习支持系统"等；在泛在学习资源平台方面，国外有 Coursera，国内有网易公开课、中国大学 MOOC、中国视频公开课、翻转课堂等。

2. 泛在学习的特征

(1)持续。泛在学习对学习资源、学习过程和学习成效进行了有效整合，学习者可以一直保持学习状态，学习在不同情境下是连续、"无缝"的，学习者甚至察觉不到情境的变化。

(2)可获取。学习者可以在任何时间、任何地点采用自己喜欢的任何方式来获取自己所需的学习资料，包括文本、图片、音频、视频等，获取方便，可选择性高，具有良好的用户体验。

(3)即时。学习者可以随时从泛在网络中获取所需的信息，迅速解决问题(杨现民和余胜泉，2013)。

(4)具有交互性。学习者在学习过程中可以随时与学习伙伴、教师、专家等进行协作、互动、交流，交流过程中碰撞出思想火花并形成新知识。交流过程中形成的信息可以被资源库存储下来，作为智能推送个性化学习资源的依据。

(5)具有情境性。学习者不必局限于特定的场所，可以体验真实的学习环境。学习资源的提供者可以通过智能识别并根据学习者当时所处的特定情境(包括学习者的身份、所处的物理环境、所持的终端设备等)提供最恰当的学习支持。学习者在学习过程中可自由更换场所和设备，淡化学习环境的存在(杨玉宝和廖宏建，2013)。

3. 泛在学习的模式

学习模式是指能够使学习者达到最佳学习状态的方法。影响学习模式的因素包括学习者自身、教师、学习环境、学习目标、学习内容、学习媒介、学习过程、学习方式、学习评价、学习时间等，这些因素的不同组合会形成不同的学习模式。对泛在学习来讲，"人人、处处、时时"的学习将会有许多的学习模式，依据学习方式、学习资源可将泛在学习的模式分为三类，即非正式资源学习、准正式主题学习和正式的课程学习(杨孝堂，2011)。

1) 非正式资源学习

非正式资源学习是指完全基于数字化学习资源的非正式学习。其一般的学习过程是,学习者依据自我学习需求,查找合适的学习资源,利用学习资源进行学习,如果学习资源不能满足自己的需要,则重新查找更合适的学习资源。通过学习,学习者可能会在进行思考、分析、总结后撰写一些心得、体会,甚至编写一些新的学习资源,并放到学习资源系统中,形成生成性的共享学习资源。

2) 准正式主题学习

准正式主题学习是基于学习资源和教师的介于正式学习和非正式学习之间的一种学习模式,如培训、在线学习等。主题学习在广义上是指就社会生活或现象某一方面的内容进行学习,如某种职业需要的对知识、技能的学习,以及对某种体育、文艺或健身活动的学习等。之所以称为准正式主题学习,原因在于对于这类主题学习,一般由教育或者培训机构依据学习主题的共性需求,设计主题培训项目,创设泛在学习环境,编制泛在学习资源,设计学习过程,并在学习过程中提供教师的指导、辅导。

3) 正式的课程学习

正式的课程学习是指基于学习资源和教师的正式学习,如一个专业的课程学习或者有关证书教育的课程学习。对于正式的课程学习,专业教育机构(教师)会进行课程设计,编制教学大纲和泛在学习资源,安排教学活动,进行学习测评,并不断改进整个教学过程;学习者则需要选择想要学习的课程,明确学习目标,选择学习方式,参加学习活动和学习测评并达到测评要求。

参 考 文 献

冯玉婷, 史君华, 2015. 关于人工智能在网络教育中的应用研究[J]. 合肥师范学院学报, 33(6): 89-91.

国务院, 2017. 国务院关于印发新一代人工智能发展规划的通知[EB/OL]. [2017-7-20]. https://www.gov.cn/zhengce/content/2017-07/20/content_5211996.htm.

贾冰, 2011. 自适应学习系统中学习者模型的表示及特征值获取方法研究[D]. 长春: 东北师范大学.

罗妮曼, 2014. 浅谈网络教育中计算机技术的应用[J]. 亚太教育(3): 151, 153.

彭文辉, 杨宗凯, 黄克斌, 2006. 网络学习行为分析及其模型研究[J]. 中国电化教育(10): 31-35.

唐子雯, 2014. 以多元智能理论视角探析网络教育发展之路[J]. 当代继续教育, 32(5): 43-46.

陶丽, 2009. 移动教育的现状及发展前景研究[J]. 吉林省教育学院学报, 25(5): 26-27.

王玉芬, 2017. 网络教育中计算机技术的应用[J]. 信息与电脑(理论版)(19): 225-226.

邬贺铨, 2005. 未来五到十年网络通信发展趋势[J]. 中国集成电路(6): 1-3, 7.

徐光祐, 史元春, 谢伟凯, 2003. 普适计算[J]. 计算机学报, 26(9): 1042-1050.

徐鹏飞, 郑勤华, 陈耀华, 等, 2018. 教育数据挖掘中的学习者建模研究[J]. 中国远程教育(6): 5-11, 79.

阳建中, 熊盛楠, 陈慧蓉, 等, 2017. 移动教育平台构建和应用前景分析[J]. 科教导刊(上旬刊)(1): 4-5.

杨现民, 余胜泉, 2013. 生态学视角下的泛在学习环境设计[J]. 教育研究, 34(3): 98-105.

杨现民, 骆娇娇, 刘雅馨, 等, 2017. 数据驱动教学: 大数据时代教学范式的新走向[J]. 电化教育研究, 38(12): 13-20, 26.

杨孝堂, 2011. 泛在学习: 理论、模式与资源[J]. 中国远程教育(6): 69-73.

杨兴江, 刘家彬, 2009. 新编计算机应用基础[M]. 成都: 电子科技大学出版社.

杨玉宝, 廖宏建, 2013. 泛在学习视角下的教育云资源建设机制研究[J]. 现代教育技术, 23(4): 101-105.

张坤颖, 李晓岩, 2019. 大数据环境下的人工智能教育应用[M]. 北京: 学苑出版社.

张秀丽, 郑浩峻, 陈恳, 等, 2002. 机器人仿生学研究综述[J]. 机器人, 24(2): 188-192.

张跃, 2014. 网络技术在计算机辅助教育中的应用分析[J]. 通讯世界(20): 7-8.

郑志蕴, 郭纯一, 2000. 计算机辅助教育的研究[J]. 郑州工业大学学报(社会科学版), 18(4): 78-81.

邹霞, 2009. 现代教育技术基础[M]. 北京: 中国水利水电出版社.

Anderson A, Huttenlocher D, Kleinberg J, et al., 2014. Engaging with massive online courses[C]. in Proceedings of the 23rd International Conference on World Wide Web: 687-698.

Chrysafiadi K, Virvou M, 2013. Student modeling approaches: a literature review for the last decade[J]. Expert Systems with Applications, 40(11): 4715-4729.

Corbett A T, Anderson J R, 1994. Knowledge tracing: modeling the acquisition of procedural knowledge[J]. User Modeling and User-Adapted Interaction, 4(4): 253-278.

Dowell N M, Skrypnyk S, Joksimović S, et al., 2015. Modeling learners' social centrality and performance through language and discourse[C]. Proceedings of the 8th International Conference on Educational Data Mining: 250-257.

Ez-zaouia M, Lavoué E, 2017. Emoda: a tutor oriented multimodal and contextual emotional dashboard[C]. Proceedings of the Seventh International Learning Analytics & Knowledge Conference: 429-438.

IBM, 2019. IBM Watson[EB/OL]. (2011-2-14)[2019-1-26]. https://www.ibm.com/cn-zh/watson.

Knewton, 2019. Knewton alta[EB/OL]. [2019-5-30]. https://www.wiley.com/en-us/education/alta.

Mayo M, 2001. Bayesian student modelling and decision-theoretic selection of tutorial actions in intelligent tutoring systems[D]. IIam: University of Canterbury.

Rich E, 1979. User modeling via stereotypes[J]. Cognitive Science, 3(4): 329-354.

Sinha T, Jermann P, Li N, et al., 2014. Your click decides your fate: inferring information processing and attrition behavior from mooc video clickstream interactions[C]. Proceedings of EMNP 2014 Workshop on Analysis of Large Scale Social Interaction in MOOCs: 3-14.

Stansfield J L, Carr B P, Goldstein I P, 1976. Wumpus advisor I: a first implementation of a program that tutors logical and probabilistic reasoning skills[M]. Cambridge: Massachusetts Institute of Technology.

Veeramachaneni K, Dernoncourt F, Taylor C, et al., 2013. MOOCdb: developing data standards for MOOC data science[EB/OL]. [2013-7-13]. https://people.csail.mit.edu/zp/moocshop2013/paper_14.pdf.

第4章　人工智能支持下的教与学

随着人工智能理论与技术的发展，多种人工智能产品走进人们的生活、工作和学习中，人工智能技术在社会各个领域产生的影响越来越深刻，世界上多数国家与地区都意识到人工智能技术对社会发展的重要性，纷纷出台相关战略计划。例如，美国、英国分别发布了《为人工智能的未来做好准备》《国家人工智能研发战略计划》和《人工智能：未来决策制定的机遇与影响》等，以应对人工智能的快速发展趋势。国务院于2017年在《新一代人工智能发展规划》中指出人工智能将会成为经济发展新引擎，为社会建设带来新机遇，对教育、经济、文化和社会发展产生重大的影响。

人工智能诞生以来，人工智能技术专家以及教育工作者都认为人工智能在教育领域的应用会给学习和教学带来巨大的变化和效益。认知科学家和人工智能先驱马文·明斯基认为，借助人工智能可以开发出个性化的教学机器，其可以根据学习者面临的特定情境、困难和需求，与学习者进行对话，帮助学习者解决问题或实现某一目标(茹丽娜等，2019)。《新媒体联盟地平线报告(2017 高等教育版)》指出："随着人工智能和自然用户界面进入主流应用，很多大学正在设计学习算法和触感设备，以便能够更加真实地实现与人类的交互"(肖庆顺，2019)。例如，由北京师范大学未来教育高精尖创新中心启动的"AI Teacher"国际合作项目旨在通过建立教育大数据平台，采集学习过程数据，对青少年的知识、情感、认知、社会网络等进行全面仿真，通过数据精确了解青少年发展的一般规律以及个体特征，构建具有自然语言形态的人工智能教师。在该项目中人工智能教师将会完成自动出题与批阅、学习障碍诊断与及时反馈、问题解决能力测评、个性化教学以及精准教研等任务(余胜泉，2018)。

随着人工智能与教育的融合逐渐深入，研究人员开始意识到人工智能对教育的作用不再是简单的辅助作用，人工智能可以在一定程度上替代教师完成教育教学过程中的一些工作，实现对学生学习的精准评价，提供个性化和适应性学习方案等。由此可见，人工智能在教育中不再只是简单的辅助工具，其正在与教育深度融合。

4.1　人工智能时代的教育模式创新

翻开人类的教育史长卷，首先看到的是媒介技术的演化历史，媒介技术对教育发展进程有至关重要的影响。纵观传播媒介与媒介技术的演化过程，有几个里程碑式的代表，分别是语言、文字、印刷术、电子媒体技术(如摄影与电影技术、电报与电话技术、无线电与电视技术以及计算机技术)，它们引起了教育的巨大变革。由此可以预见，在新媒体时代，随着人工智能、虚拟现实等各种新媒体技术的出现，教育模式必将产生颠覆性变化。

4.1.1　教育模式

教育模式是对教育过程的组织方式和相应策略所做的一种模式化概括，是在一定社会条件下形成的教育的具体形式，涉及教育体制、教育体系、教育结构、教育内容和教育方法。任何教育模式都是与社会的经济、政治水平相适应的，传统教育模式过渡到现代教育模式，归根结底是由社会生产力发展水平尤其是教育技术水平决定的。

1. 传统教育模式

1964 年，德国哈根大学终身教授奥托·彼得斯 (Otto Peters) 提出用福特主义范式来分析教育模式。在传统教育模式中，教育系统由教师、学生和教学内容构成。传统教育模式的特征为机械化、统一集权化和封闭化。其中机械化特征表现为传统教育从小学到中学、大学只是简单机械地升级，无论是教学内容还是教学方式与方法都缺乏变革；统一集权化主要指在管理体制、教学计划、教学内容等方面，教育者和受教育者没有自主权，或者职权水平过低；封闭化特征主要表现为教育系统内部各构成要素之间以及教育与外界社会之间相互孤立，无法协同发挥教育系统的功能。

2. 现代教育模式

随着生产力的发展，各种信息技术的长足发展成为现代教育的最大推动力。现代教育模式中，学生作为独立的个体进行探索与协作，完成知识的意义建构。教师成为学生学习的帮助者和促进者，拥有更充分灵活的自主权，教学过程及课程内容更加灵活。因此，现代教育能够最大程度地响应受教育者及社会不断变化的需求。

4.1.2　人工智能时代的教育模式

当前，以人工智能为代表的媒体技术已经进入农业、工业、信息领域，信息传播时代已经到来。与精英传播和大众传播阶段相比，信息传播时代最大的特点是各种新媒体技术层出不穷，极具个性化传播特质的泛在自传播正在社会、经济、政治、文化等领域展开，这将带来人类教育传播史上最大的变革——后工业化模式。

1. 教学过程的变革

后工业范式的教育模式追求教学过程的变革，以人工智能与虚拟现实为代表的现代信息技术推动了教学过程的变革。从课程的制作和传授过程来说，现有的课程开发团队模式将逐渐消失，取而代之的是由专家型教师组成的工作团队开发灵活、短期的课程。教师是工作团队的一员，不仅对课程的设计和开发过程负责，而且对课程传授、评价过程负责，更重要的是对课程和学习者给予持续关注。

2. 教学内容的更新

后工业范式的教育模式同样追求教学内容等的更新。在专业开设、课程设置上,其会充分考虑学习者的需求,不会以同样的形式制作大规模、封闭、统一、一成不变的课程,即使是最小的学习者群体乃至个别学习者的需求都能被满足,同时会根据社会需求的不断变化,使专业和课程的设置都能快速得到更新。通过收集学习过程大数据,教育者可以了解受教育者的心理和个性化需求,由此可以提供不同层面、不同角度的教学内容,满足受教育者日益增长的学习需求,鼓励受教育者表达自己的观点和意见,提供个性化的服务。

3. 教育者的职权

后工业范式的教育模式不再严格遵循泰勒主义主张的劳动分工与管理控制方式,教育者被赋予高度的职权,有着充分、灵活的自主权。在以学习者为中心的分布式学习环境中,教师、学生和教学内容分布于不同的泛中心位置。因为学习以分布式形式存在,教师不再只是科学文化知识的传递者,而是真正成为了学生学习的促进者和帮助者,这改变了传统教育模式下教师和学生之间的关系。

4.1.3 人工智能对教育的支持

1. 人工智能支持教学与学习

人工智能在教学和学习中主要有智能导师系统辅助个性化教学和学习、教育数据挖掘技术进行智能化分析、学习分析与学习者数字肖像等应用形式。学习者学习数据包含学习者各种学习状态、学习经验和学习成果等信息,通过教育数据挖掘对学习数据进行处理分析,可揭示学习者的行为模式和偏好,以及对学习者未来的学习状况进行预测。因此,应以大数据为基础,结合智能分析技术,对学习过程进行结构化分析,而通过对系统反馈的学情进行分析可以更有针对性地规划教学内容和制订教学计划,制定有效的教学策略,实现精准化教学和个性化学习(Abdous et al., 2012)。例如,由北京师范大学创建的"智慧学伴"大数据分析平台,融合了学科能力分析理念,开发的智能服务可满足学生、教师和管理者的个性化需求(李晓庆等,2018)。Knewton 系统广泛融合学习资源和数据分析功能,通过分析学生学习背景、智力水平和学习表现等数据,提供个性化学习路径(郝祥军等,2019)。

2. 人工智能支持诊断与评价

利用通过人工智能技术实现的自动诊断和测评方式,能够对学习者的学习表现进行实时跟踪并进行评价,其主要涉及语音识别、文字识别、图像识别、表情识别等智能识别技术。通过语音识别技术和自然语言理解技术,可以智能化识别人类的语言,如苹果的 Siri、IBM 的 Watson 等都具备很强的自然语言理解能力。

3. 人工智能支持管理与发展

人工智能技术在提高学校教育管理与教学效率和实现动态化管理以及决策制定方面发挥了重要的作用。深入挖掘大数据和分析教育管理过程中累积的数据，并将数据分析结果与学校日常管理和服务融合，有助于教育管理者和决策者更科学、更有效地进行教育管理和决策，为向师生提供精细化与智能化服务奠定基础。利用类似于构建数字肖像的技术，可以使学习者的电子档案内容囊括学习者的特征分析、网络浏览或消费记录、图书借阅记录、课堂表现、考勤等多个方面的数据，帮助学校制定符合实际需要的具有特色的教学管理措施。另外，通过将人脸识别、情感计算等技术与智能管理系统融合，能够采集课堂或学校内的教学、学习、考试、管理、生活等场景数据，进一步丰富学习者档案内容(牟智佳，2016)。例如，科大讯飞公司研发的智能管理系统在 2016 年的实际应用效果调查结果显示，某校管理者在 AI 助手的支持下作出了相应的教育管理制度调整，并取得了良好效果(陈晓珊，2018)。该智能管理系统在很大程度上实现了将粗放式管理模式转变为精准化智能管理模式，并由此实现了有效管理。

4.2   人工智能支持人类学习的多维分析

教育人工智能(EAI)已逐渐进入教育研究者的视野。EAI 是一个将人工智能技术与学习科学相结合的新兴领域(闫志明等，2017)，是人工智能技术应用于教育时的主要形式。然而 EAI 为什么能支持人类学习、如何支持人类学习，这两个问题一直困扰着教育研究者。下面通过比较人类学习机制和机器学习机制，阐明人类和机器在学习机制上的联系，并重点讨论 EAI 对人的信息加工过程的延展效应和 EAI 对大脑神经网络结构的强化效应，以揭示 EAI 为什么能支持人类学习。

4.2.1   人类学习机制与机器学习机制的比较

1. 人类学习机制与机器学习机制的信息加工隐喻

从信息加工理论的视角来看，人类的学习建立在学习者原有的认知结构基础上，是学习者内部心理的信息加工过程，包括信息输入、信息处理、信息输出与信息反馈等多个环节，学习的发生导致认知结构产生变化，这种认知结构是一种典型的逻辑(解释、比较、概括、列举、分类)结构。学习者不断接受各种刺激，经过认知系统积极组织，认知结构得以形成和发展。

对机器学习的认识，符号主义学派的信息加工观点最具代表性。纽厄尔(Newell)和司马贺认为"符号是一切智能活动的源头，是人工智能里不容置疑的核心"(周志明，2018)。他们提倡直接从功能的角度来理解智能，利用符号抽象地表示现实世界，利用逻辑推理和搜索来替代人类大脑的思考、认知过程，认为"智能是一个形式化系统(或符号系统)，认知过程的本质是处理符号，大脑的所有思考都是通过逻辑运算完成的"。简言之，符号主义学派倡导的机器智能立足于符号学和逻辑学，将逻辑推理作为工具，模拟人的智能。因而，符号主义视界下的机器学习，其实现的关键在于知识表征(如语义网络)和推理算法(如启发式算法)，机器改进自身(即机器学习)的表现为产生推导出更多的逻辑规则(以规则来描述现实事物的属性)，并尽可能完善自己的数据库(林艳，2019)。专家系统是符号主义学派的代表性成果，机器学习的基本路径由其描述。

由此可见，符号主义对机器学习机制的解释不过是模拟了人类学习机制中的信息加工。

2. 人类学习机制与机器学习机制的认知神经联结隐喻

从认知神经科学视角来看，人类的学习是大脑神经网络系统进行信息加工的过程，是大脑对信息的感知、处理和整合。有研究表明，个体心智是一个大脑神经网络系统。个体在出生时，其大脑内的神经元便建立了联系，构成原始神经网络体系，并形成了对外界环境的固有反应机制，也为学习做好了准备(Gazzaniga et al.，2011)。随着学习者与外界的互动加强，以及积累的经验不断丰富，大脑会动态地扩展、重塑、调整神经网络，以反映新环境和新信息。大脑的神经网络系统构成了学习的生理基础，学习是大脑与外界互动的过程。

连接主义学派主张从生物结构角度出发，让机器模拟人脑构造，从中获得智能(周志明，2018)。连接主义学派认为人工智能源于对大脑的模拟，可使用概率矩阵和加权神经元来动态地识别和归纳模式，代表性产物是神经网络。麦卡洛克(McCulloch)和皮茨(Pitts)提出的 M-P 神经元模型阐明了基于连接主义的机器学习的原理，如图 4-1 所示。该模型中，一个神经元会接收多个其他神经元传递过来的输入信号，不同输入信号的重要性有差别，这种差别通过权重的大小来表示，神经元需要对接收的输入值进行加权求和运算，并将求和结果与神经元自身的"激活阈值"进行比较，以决定是否对外输出信号。因此，连接主义视界下的机器学习，其实现的关键在于神经网络的传播(如前馈传播)、权重优化[如随机梯度下降(stochastic gradient descent，SGD)优化算法]和激活(如ReLU 激活函数)。机器改进自身(即机器学习)的表现为学习的内容就是权重，通过训练使权重不断更新，最终提取出多维度特征向量(以特征来描述现实事物的属性)。

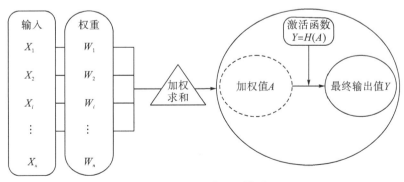

图 4-1　M-P 神经元模型

由此可见,连接主义对机器学习机制的解释不过是模拟了人类学习机制中的认知神经网络。

3. 人类学习机制与机器学习机制的一致性为 EAI 支持人类学习提供了可能

依据以上对学习机制(人类学习机制和机器学习机制)的分析,可知无论是从基于逻辑结构的学习机制(信息加工理论与符号主义理论)出发,还是从基于物理结构的学习机制(认知神经科学理论与连接主义理论)出发,人类学习机制同机器学习机制之间都存在显著的共性,EAI 能够促进人类学习。逻辑结构层次上,学习是学习主体(人或机器)对外部知识信息进行内部加工(以符号形式)的过程。物理结构层次上,学习是学习主体(人或机器)根据外部知识信息,调整、建立神经网络的过程。这就是学习机制的一般性解释。

4.2.2　EAI 对人类学习机制的两种支持性效应

1. EAI 对信息加工过程的延展效应

EAI 能够改进基于逻辑结构的人类学习机制,着重表现为 EAI 对信息加工过程具有延展效应。信息加工过程分为信息输入、信息加工、信息输出、信息反馈四个阶段,以系统论的观点来看,每个阶段实际上对应了一个符号系统,分别为输入系统、加工系统、输出系统、反馈系统。EAI 的延展效应是指,EAI 能够通过人工智能技术延展这四个系统,具体如下。

(1)延展输入系统。信息输入环节始于感觉器官受到外界环境的刺激,教学媒体理论认为,感觉器官(如眼、耳、手)是接收外界信息的媒介。这里的信息输入主要指,教师展示多媒体学习内容,学生的视听感官接受刺激。近年来,已出现可以模拟人类各种感官的人工智能产品,通过这些产品可使得多种感官同时接受刺激,提高学习效率,从而延展了输入系统。

(2)延展加工系统。加工系统能对外界信息进行处理,得到有意义的信息,然后在原有知识结构的基础上,利用这些有意义的信息,调整、优化原有的知识结构,进而产生新知识。人工智能技术可通过机器的智能解析、智能决策等关键技术,替代或部分替代原有的加工系统完成一些工作,从而延展了加工系统。

(3)延展输出系统。目前,学生在学习时输出的信息主要以交流、提问、作业、考试等形式呈现,且大多是显性学习成果,难以全方位反映学生的认知状态,以及思维框架的构建、知识深层次理解等情况。人工智能技术可通过智能识别、自然语言理解等关键技术,测评学生的隐性学习成果(如一些非结构化、复杂、过程性的数据),从而延展了输出系统。

(4)延展反馈系统。人工智能技术可通过智能诊断,鉴定学生的学习基础、学习风格和特点、学习需求等,实时监控和调整学生的元认知、理解过程等,使学生能够与机器协同解决问题,提高学生的认知水平,从而延展了反馈系统。

2. EAI 对大脑神经网络结构的强化效应

EAI 能够改进基于物理结构的人类学习机制，着重表现为 EAI 对大脑神经网络结构具有强化效应。前面提到，学习活动的顺利进行建立在大脑与内部因素(大脑、心理)和外部因素(身体、社会)相互作用的基础上，这些作用的发挥离不开大脑神经网络结构的协调与统筹管理。从基于物理结构的学习机制视角来看，机器的神经网络结构模拟了人的大脑神经网络结构，学习是一个大脑神经网络结构不断优化的过程。所谓 EAI 的强化效应，是指 EAI 近似于大脑的运作过程，分担并帮助大脑的神经活动，增强大脑神经网络结构的组建能力，这种组建主要表现为学习者对大脑神经网络结构的激发、构建、重组，具体如下。

(1)激发旧的神经网络结构。先前的知识经验存储于旧的神经网络结构中，当学习者面对一个新的问题情境时，会首先激发、回调相关联的旧的神经网络结构，提取出存放的知识，并将其与新信息进行对照。所以，学习机制的运作是从原有神经网络结构的激发开始的。

(2)构建新的神经网络结构。学习时，学习者会通过联系已有的关联性知识以领会新信息，并构建当前问题情境下的新意义，这些新意义的产生就是一个个新的神经网络结构建立并联结到一起的结果。这种变化不是连续的，更不是一步到位的，如果学习者的知识框架被重塑，旧的神经网络结构则有很大可能被重构。

(3)重组新旧神经网络结构。新的神经网络结构形成后，必须时刻处于可调用的状态。大脑会不断整理它的"存货"，实现实时、动态的结构重组。通过重组机制，大脑能不断地适应新环境，获得新知识，发展出最佳的大脑神经网络结构。

4.3　人工智能对课堂教学的支持

4.3.1　人工智能在教学领域中的典型应用

人工智能教学应用以人工智能在教学领域的场景化应用为特征，以提高教学绩效、实现教学优化为目标，是人工智能与教学深度融合的产物。闫志明等(2017)认为智能导师、智能助手、智能学伴、智能测评、智能分析是典型的人工智能教学应用。王运武等(2018)认为智能教学系统(平台)、智能测评、拍照搜索、在线答疑、智能语音识别辅助教学及测评、教学机器人、模拟和游戏化教学系统是教学领域典型的人工智能教学应用。参考戴永辉等(2018)对典型人工智能教学应用的维度划分，本书将人工智能在教学领域的典型应用进行梳理和再分类，得到教学领域中人工智能的典型应用分类(表 4-1)。

表 4-1 教学领域中人工智能的典型应用分类(戴永辉等，2018)

面向的对象	辅助功能	典型应用
教师	智能测评	语言考试：语音听说智能测试系统(科大讯飞)、"RealSkill"(东方讯飞) 试卷批改：智能阅卷系统(科大讯飞)、批改机器人、句酷批改网
	智能应答	教学机器人："小帅"机器人(海尔)、"小美"机器人(江西九江学院)、"Saya"教师(日本)
	智能教学	教学系统："睿易云"教学系统(睿易教学)、智能导师 教学机器人："未来教师"(北京师范大学)、机器人助教"沃特森"(美国)
学生	智能识别	图像识别："小猿搜题"(猿辅导)、"作业帮"(作业帮教学)、"学霸君"(谦问万答吧科技) 语音识别："沪江英语""51Talk"(大生知行科技)、"英语流利说"的英语口语识别引擎
	智能导学	智能学伴机器人：好学伴·伴教机器人(好学伴)、儿童伴读机器人"小胖"(北京航空航天大学)、学习助理机器人"爱乐优" 智能学伴系统：GameGo 游戏化学习社区(美国)、WaWaYaYa 时空港的游戏化社区(创而新)、"学雷锋"游戏(盛大网络)

4.3.2 人工智能教育应用改善教学与学习的可能途径

对表 4-1 仔细分析，可以发现人工智能在教学领域中的典型应用在以下五个方面提供了改善教学与学习的途径。

1. 智能测评

智能测评系统是以语音识别技术、图片识别技术为基础，对学生的话语及答题情况进行识别、处理、分析，并依据专家系统的评分标准和结果，自动对学生的答题情况进行评价、反馈和指导的测试系统(何屹松等，2018)。智能测评在教育领域中的应用主要体现在大规模的语言考试和试卷批改方面，目前应用得比较广泛的产品主要有科大讯飞公司开发的智能阅卷和语音听说智能测试系统，以及句酷批改网。这些智能测评产品的问世使教师的教学和学生的学习得到了极大的改善。

智能测评大致可以分为语言测评和试卷批改两大类。在语言测评方面，学生可以借助语言测评软件进行口语练习、考试模拟，找出自己的口语问题(发音、搭配、用法等方面)。在试卷批改(尤其是大规模考试的主观题阅卷)方面，自动阅卷系统的应用减轻了教师的工作负担，大大提高了阅卷效率(周伟，2014)。在搜索异常答卷(抄袭率、相似度、重复率)方面，该系统的效果十分显著(何屹松等，2018)。与教师测评相比，智能测评克服了教师测评效率低下、评卷质量不能得到保障、主观意识和情感色彩对测评标准造成影响等缺点，使测评标准更加科学化，测评过程更加系统化、精细化，大大保障了学生受教育的公平性(何屹松等，2019)。

2. 智能应答

智能应答系统是以语音识别技术、语义迁移技术为技术支撑，实现较高层次人机互动的智能化系统。在教学中人工智能机器人可以帮助教师在课前营造一种良好的班级学习氛围，提高课堂活跃度；课下与学生进行交流互动，为学生解答一些简单的学科知识问题。

应答型教学机器人在儿童早期语言学习、外语词汇学习、口语学习、语言障碍辅导等方面表现出其独特的优势，语言学习型机器人可以声情并茂地给儿童讲故事，甚至可以和听觉障碍儿童通过手语进行交流互动，它能吸引儿童的注意力，激发其学习动力，并且能够根据儿童的认知风格等特征实现自适应教学互动（许艳凤等，2019）。

3. 智能教学

智能教学系统是依据学生的认知特征和学习特点，智能地给教师推送教学资源，实时跟踪并更新学生学习状态（张剑平和陈仕品，2008），帮助教师根据学生的学习状况调整教学策略、优化教学过程的智能化系统。智能教学突出了学生的主体性地位，能帮助学生发现自己的问题，智能化地引导学生自主摸索、体验解决问题的方法和过程，使学生成为学习的主体，开发学生的思维，使学生真正享受学习的快乐。例如，"睿易云"教学系统能在课前预习和整个教学环节对学生的学习情况进行实时监控、分析、评估并给教师精准推送教学资源，帮助教师进行精准化、针对性教学。另外，该系统还能全面、精准地掌握学生的心理健康状况（季友勇，2017）。教学机器人除可以实时监测记录学生的学习状态、情绪状态等并将相关数据以可视化形式反馈给教师外，还可以帮助教师进行教学设计，使教学内容、教学重难点更具有针对性，教学目标更加多维化，学情分析更科学，教学评价更全面，教师和学生的活动更加精细化。总的来说，智能教学在学生学习活动中，可根据学生的个性特点和知识基础向学生推送优质学习资源，帮助学生解决疑难问题，实时为教师提供每个学生和整个班级的情况，为教师进行具有针对性的辅导和优化班级管理提供条件（单俊豪等，2019）。

实证研究表明，教学机器人作为教学辅助工具对学生学习成绩、创造性思维能力、技能水平和问题解决能力的提高具有积极的促进作用，特别是对儿童而言，教学机器人能提高他们的活动投入度，调动他们的学习积极性，大幅度地改善他们的学习效果。另外，教学机器人还可以帮助教师创新教育模式，改进教学方法，并且其教学效果明显优于传统教学模式（张攀峰等，2014）。

4. 智能识别

智能识别是以图像识别、语音识别、自然语言分析、自然语言理解等技术为基础来识别、理解、分析人类语言，为学习者答疑解惑、实现人机互动的技术。在智能化图像识别方面，有"小猿搜题""作业帮""学霸君"等，学生可以借助这些人工智能教育产品进行拍照答疑，与名师在线上互动交流。另外，这些人工智能教育产品还可以通过学生的搜题情况智能分析学生在知识方面的薄弱点，为每位学生生成个性化错题本，并紧贴教材精选试题，让学生进行个性化推荐练习，帮助学生理清答题思路、搞懂同类题型。在智能化语音识别方面，有"沪江英语""51Talk""英语流利说"等，学生可以通过这些人工智能教育产品进行个性化口语练习，并跟口语教师进行在线互动，甚至可以通过闯关游戏来练习英语口语。

5. 智能导学

智能导学系统是以专家系统为技术支撑，以认知科学、学习科学、教学理论为理论基础，根据学生的个性特点引导学生进行课前预习、课程学习以及练习巩固的智能学伴系统。而智能学伴系统是能引导学生在网络学习中更好地"查缺补漏"、享受学习的快乐并能记录学生成长轨迹的人工智能系统，其在学生学习和情感陪伴方面发挥了重要作用。智能学伴系统为学生提供了个性化双师服务和个性化学伴服务，学生利用个性化双师服务可以在课下根据自己的学习需求选择自己喜欢的线上教师，实现一对一的个性化在线学习。同时校内教师可以通过该系统得到学生的个性化学习报告，该报告为教师进行精准教学、教学研究提供了科学依据(李晓庆等，2018)。此外，该系统还可以根据学生的年龄、兴趣、偏好等为学生提供个性化学习服务，例如，针对低龄儿童提供一些游戏化学习服务，以吸引儿童的注意力，提高儿童的学习兴趣。学生通过个性化学习服务可以找到和自己兴趣相投的学伴，通过交流互动，学生在学习过程中的情感需求可以得到满足(刘智等，2018)。总的来说，智能学伴系统能帮助学生开展自我管理式学习，帮助教师了解每个学生的学习状况并适时调整自己的教学方式和内容，帮助家长了解学生的心理和情绪状态(张优良和尚俊杰，2019)。归纳起来，人工智能教育应用改善教学与学习的途径见表 4-2。

表 4-2　人工智能教育应用改善教学与学习的途径

面向的对象	辅助功能	改善教学与学习的途径
教师	智能测评	动态、科学地掌握全班学生在学习方面的薄弱点和每位学生在学习方面的薄弱点，帮助教师进行针对性辅导，避免重复性劳动；将各知识点掌握程度的变化趋势可视化，为教师推送针对特定知识点的教学资源；教师有更多的时间进行研学、专业化发展
	智能应答	通过自适应教学互动，给教师提供个性化教学资源
	智能教学	帮助教师进行科学化教学设计，精细化各个教学环节；对学生进行可视化分析，优化班级管理；帮助教师创新教育模式，改进教学方法
学生	智能识别	通过线下拍照答疑、线上与名师互动、智能分析知识薄弱点、紧贴教材生成个性化错题本、精选试题，进行个性化推荐练习；通过个性化口语练习、与个性化口语私教在线互动、游戏化口语练习，提高口语水平
	智能导学	引导学生进行课前预习、课程学习以及练习巩固，课下"查缺补漏"；陪伴，满足情感需要，调节心理

4.3.3　人工智能带来的教学变革

人工智能正以前所未有的强大力量带动教学环境、教学观念、教师工作量、教学模式、教学组织形式、教育模式、教学方式、教学内容、教学评价等进行一系列变革和创新，并与教育进一步融合，个性化教学和深度学习得到进一步发展。

(1)人工智能时代的教学将改变以往只拘泥于课堂、桌椅、黑板的固定式教学环境，它更多地依赖于大数据支撑下的人工智能在线学习平台，可以根据学生的兴趣、偏好为学生创设一种自适应教学环境，也可以组建在线虚拟班级，不同年龄的学生可以根据自己的兴趣及知识水平进入不同的班级进行学习(走班)，不再局限于具体的教学组织形式。在教学观念上，它更加注重学生在学习过程中的情感体验，而不仅仅是获得知识。

（2）人工智能带来的创新型教学模式改变了传统教学中的灌输式模式，它更注重学生在非智力方面的发展。通过虚拟情境教学，学生可获得对知识的真实体验，这颠覆了传统教学中理论与实践割裂的局面，使学生在参与中学习，在实践中成长。教学方式更加多样化、更加开放，教学不再受时间、地点等约束，可贴合学生的认知、知识水平以及个性特征，改变了"重教轻学"的传统教学方式，体现出自适应、智能化的特点。

（3）人工智能支持下的教学可为每位学生按照其个性特点、知识基础、知识接受程度、认知特征等量身定制个性化学习内容，教学内容更倾向于非个体经验性知识、跨学科知识、师生共创的有价值的知识。除此之外，教学内容会更贴合实际生活需要。教学评价将呈现出多元化、全面、标准化、动态更新的特点，教师能通过综合学生的认知水平、学习成绩、各种智力及非智力因素进行评价，使教学评价更具解释力、科学性，也更加理性客观。教学管理会更精细、更专业、更科学、更高效，克服传统教学管理中只能凭借经验进行静态管理的弊端(李泽林和伊娟，2019；宋岭，2018；潘小芳和郭瑞迎，2018)。

总而言之，人工智能带来的是一场技术与人对教育教学的协同改革，它并不是简单地将人工智能技术运用于教学的某个环节，而是对整个教育体系进行整改、升级(表 4-3)。其中，技术与人的自适应对教学变革的成功起到了关键性的作用。

表 4-3　人工智能带来的教学变革

	变革
教学环境	基于大数据的人工智能在线学习平台，创设自适应教学环境
教学组织形式	组建在线虚拟班级
教学观念	关注学生在学习过程中的情感体验
教师工作量	代替教师完成机械性、重复性、复杂的劳动
教学模式	更加注重培养学生的创新、实践能力
教学方式	更多样化、更开放，不受时间、地点等约束，可贴合学生的认知、知识水平及个性特征
教学内容	更倾向于非个体经验性知识、跨学科知识、师生共创的有价值的知识
教学评价	更加多元化、全面、标准化并动态更新

4.4　人工智能与教学范式变革

4.4.1　范式与教学范式

"范式"一词源于希腊语"παράδειγμα"，意为模式、范例或例子。范式是一种范例与模式，其不仅是一种哲学概念，还是一种理论框架和解决问题的模型。美国哲学家库恩(Kuhn)在其著作《科学革命的结构》中提出了科学范式的概念，他认为科学范式既包括科学共同体所共同拥有的理念与价值观，也包括在这些理念和价值观影响下共同体解决实际问题的具体模式与范例。前者是抽象范式，后者是具体范式(王文丽，2017)。在一定程度上，范式具有公认性，并为研究人员的科学研究提供了可模仿的成功范例，为研究人员研究问题及采用合适的研究方法提供了相应的模式。每一个范式都以一个新观念的形式发端并发展，随着时代的快速发展，会涌现出许多新观念，先进的新观念会逐渐取代过时的旧观念，进而产生更先进的范式。

教学范式是特定教育范式在教学层面的映射，其包括教学的基本理念、理论体系、研究方法、实践模式与教学策略等众多要素。教学范式比哲学层面的范式更加具体，其在理论的基础上，实现了范式在具体学科层面的运用。在不同教学时代，独特的文明形态和社会需求往往会造就不同的教育范式，而教学范式是对不同教学阶段教学特点的综合性概括，不仅包括哲学层面的理念与价值观，还包括教学理论、教学模式与教学方法等。

4.4.2 教学范式变革的历程

1. 阶段一：工业时代的经验模仿教学范式

美国在高等教育初步发展时出现了复述与辩论教学范式。该教学范式需要学生理解和熟记规定的课文，然后将课文大意复述给教师，教师需要为学生提供学习指导以及与其他教师和学生进行辩论。17世纪，受捷克著名教育学家夸美纽斯(Comenius)提出的班级授课制的影响，经验模仿教学快速地传播与发展。经验模仿教学的特点是注重培养学生的外显行为，但忽视了对学生创新能力的培养。19世纪末，美国引入德国的大学教学法——讲授法，即教师向学生讲授系统的知识和最新的研究成果，帮助学生系统地整理大量信息，学生只能被动地接受由教师讲授的知识。

王文丽(2017)提出工业时代的传统教学范式是以教师为中心，过分强调让学生被动地接受知识而忽视了让学生探究和发现规律，导致学生只能死记硬背书本知识，禁锢了学生的思维并严重抑制了学生对学习的兴趣和热情。杨现民和田雪松等(2018)提出经验模仿教学范式过于强调让教师利用已有的经验以及让学生被动地接受知识，教师在教学过程中处于主导地位，而学生则处于被动地位。

2. 阶段二：信息时代的计算机辅助教学范式

第三次工业革命推动人类社会进入信息时代，信息技术快速发展，社会经济结构与生活方式发生重大变化，个体发展需求和转变教学范式的诉求日益强烈。很多学者对信息时代的新型教学范式进行了理论性探索，如查尔斯·瑞格鲁斯(Charles Reigeluth)提出了"后工业时代教学范式"，该教学范式的核心理念与工业时代的相对立，具体如下。

(1)关注学习与甄别。教师在教学中既要关注学生的学习情况、学习过程和学习成果，也要注意甄别学生学习过程和学习结果的异常。

(2)以学生为中心。教师在教学中要注意关注学生的个性、认知水平、天赋、兴趣、需求、学习动机、学习成绩等，把对每个学生的关注与对学习本身的关注结合起来。

　　(3)"做中学"。瑞格鲁斯强调要让学生积极参与到活动中,动手操作,实践学习到的知识。

　　(4)基于学习成果。学生达到指定的标准后,教师应允许他们学习新的知识,这样可以有效地节约学生的学习时间。

　　(5)定制化教学。新范式强调的是定制化的教学而不是标准化的教学,在定制化教学中,所有学生都围绕一个核心进行学习。

　　(6)标准参照测试。新范式强调实施标准参照测试而不是常模参照测试,即更注重对学生进行形成性评价而不是总结性评价。

　　(7)协作学习。瑞格鲁斯认为小组协作学习的学习效果远远好于独立学习,因此,他提出在新的教学范式下要加强协作学习。

　　(8)愉快学习。在工业时代教学范式下,很多学生不喜欢学习,甚至会贬低学习好的学生,而后工业时代教学范式则强调要基于真实的问题情境和项目进行教学,由此能激发学生对学习的热情和兴趣,推动教学的开展。

　　王文丽(2017)提出信息时代的现代教学范式是以学生为中心,能够充分体现学生的主体性地位。杨现民和田雪松等(2018)提出的计算机辅助教学范式融入了信息技术,虽然这一范式没有实现教师和学生的角色转变,但与经验模仿教学范式相比,计算机辅助教学范式下的学习者已经开始具备一定的探索与创新能力。

3. 阶段三:人工智能时代的数据驱动教学范式

　　随着社会的变革和智能技术的发展,学校教育开始变革并得到发展,以人工智能技术为核心的教育信息化在推动教学范式变革过程中发挥着重要作用。随着人工智能技术与教育不断地融合和创新,未来的学校教育可以打破传统的单一教学模式和时空的限制,随时收集和分析每一位学生在学习过程中产生的数据和信息资源,进而为学生提供个性化的服务、优质的学习资源和及时的学习反馈。此外,人工智能技术和虚拟现实的有机融合,能够为学生创造基于虚拟现实的学习环境,推动学生完成学习任务,为学校教学范式的变革提供技术支撑。

　　杨现民和田雪松等(2018)提出的数据驱动教学范式强调以数字化形式记录教师和学生的各种行为数据,例如,教师的在线提问、学生的做题情况等。教师在教学过程中,通过展示图片和播放音频、视频等向学生传授知识,具备条件的学校可以帮助教师借助教育机器人、VR/AR 设备、移动终端等教学媒介进行教学,推进数据驱动的精准教学和精准学习。

4.4.3　人工智能背景下教学范式的转变

　　当前人工智能技术已经在教育领域广泛应用,教师的教学、学生的学习以及课程与教学的关系发生了系统性变革。在人工智能背景下,智适应学习、个性化学习、深度学习、人机协同学习成为主流的学习方式,逐步取代传统的以课堂和书本为主的学习方式,学习方式发生变革是教学范式发生变革的直接原因。就课程而言,课程的技术性范式逐步彰显，并在人工智能技术的支持下更加注重各学科知识之间的交叉融合；注重线上学习与线下学习相结合；课程内容更具针对性，更加注重体现因材施教的理念。就教学而言，学生软技能与核心素养的培养越来越受重视；更多地通过运用人工智能方面的新技术改变教学方式，提高教学效率；教学内容越来越倾向于与人工智能相关的新兴领域；在教学评价上，更加注重评价的过程性、精准性、数据化和个性化，过程性评价越来越重要。总体而言，人工智能的发展改变了教学范式，这可以从教学目标、教学内容、教学方式、教学评价等方面进行系统性的理解。

1. 教学目标

在教学目标上，学生软技能和核心素养的培养在人工智能时代受到重视。学生的软技能是一种隐性、普遍、能够迁移到所有场合和领域的能力，如信息素养、创造力、批判性思维、沟通能力、合作能力、时间管理能力、情商、自制力、同理心、关怀能力等。相比于特定的学习任务、专业相关的硬技能（如计算机操作能力等），对软技能的培养更有利于学生核心素养的形成。在人工智能背景下，一些通过反复练习获得的硬技能往往很容易被替代，而软技能则难以被模仿和超越。

2. 教学内容

在教学内容上，教学更加注重对人工智能技术和应用的教授。在以往的课标中，人工智能并非必修的科目和内容，主要注重学生对人工智能的了解和体验。而随着人工智能技术的不断应用及推广，将人工智能作为一门必要的课程进行教授已是一种必然的趋势。2019 年 1 月 19 日，教育部举办了"中小学人工智能教育"项目发布会，重点介绍了中小学人工智能课程指南和学生用书等，并公布了第一批试点城市，包括北京、西安、武汉、广州及深圳，将人工智能与编程课程列为 3～8 年级学生的课程。教材方面，已有不少人工智能系列教材问世，极大地促进了中小学人工智能课程的落地与实施。而在高等教育领域，已有不少大学设立人工智能学院，专门开展人工智能方面的教学及研究，如北京大学、北京科技大学、浙江大学、华南理工大学、电子科技大学等均开设了机器人工程专业，旨在培养未来面向机器人、智能制造、人工智能等领域的高端人才。同时，产学研协同育人项目对人工智能课程的设立起到了助推作用；其他专业的人工智能通识课程也正在设立。可以说，人工智能已逐渐成为教学内容的重要组成部分。

3. 教学方式

在教学方式上，教学融合了更多的人工智能新技术。①电子学习、微课、MOOC、SPOC 的兴起，使传统教学形式发生了变化，线上与线下、正式与非正式学习结合起来，这种混合式的教学与学习形式使学生从被动学习转向主动学习。②智能导学系统得到应用，通过智能导学系统中的虚拟陪练、机器学习，学生可以自主地按照系统提示从事个性化的学习活动。而 3D、VR、AR、混合现实(mixed reality，MR)技术和游戏教学、智慧教室的出现在很大程度上对传统教学方式进行了优化和补充，这些技术的应用使教学效率得到了显著的提升，一些传统讲授方式难以实现的教学效果可在 VR、AR、

MR 等媒介技术的帮助下得以实现。比如，通过 VR，学生可以实现"时空穿越"，了解世界各地的自然地貌，感受古代文明的兴盛与衰落；通过 AR，学生可以看到桥梁的内部构造，汽车的内部构造，青蛙的内部组织，甚至人的内部心理活动等。

4. 教学评价

在教学评价上，教学更加注重评价的过程性、精准性、数据化和个性化。过去的教学评价多以结果性评价为主，且大多采用纸笔测验的方式进行，这种评价方式具有简单、直接、易操作等优势，主要在教师主导下完成，但因为以结果为导向，教师和学生往往都不够重视过程，容易导致重结果而轻过程。同时，以结果为导向的评价多以分科、分主题的方式进行，评价内容多是学生对某一学科的掌握程度或某一学期的学习成果，很少涉及学生全面、整体的发展情况，因此，评价结果往往具有一定的局限性，难以反映学生的真实情况。更重要的是，过去的教学评价未能有效地结合学生学习的大数据，而多基于一种统一的评价标准、评价工具，既带有一定的主观性，又忽视了学生的个体差异。而在人工智能背景下，教学评价多采用过程性评价和个性化评价相结合的方式，评价方式更加灵活多变，教师可以结合学生学习的大数据和学生的个性化发展情况作出全面、精准的评价。例如，利用人工智能和大数据分析技术，可以随时随地采集学生的多样化数据，记录学生的所有在线学习行为；通过图像识别技术、自然语言处理技术、智能语音交互技术等人工智能技术，可以实现评价的智能化；利用基于人工智能技术的过程性评价，既可以及时地了解学生的学习情况，实时跟进并提供具有针对性的指导，又能够基于海量的学生行为数据绘制学生画像，并以可视化的方式全面地呈现学生的学习过程和成果，提供精准化的反馈和个性化的评估结果。

参 考 文 献

陈晓珊, 2018. 人工智能时代重新反思教育的本质[J]. 现代教育技术, 28(1): 31-37.

戴永辉, 徐波, 陈海建, 2018. 人工智能对混合式教学的促进及生态链构建[J]. 现代远程教育研究(2): 24-31.

高婷婷, 郭炯, 2019. 人工智能教育应用研究综述[J]. 现代教育技术, 29(1): 11-17.

郝祥军, 王帆, 祁晨诗, 2019. 教育人工智能的发展态势与未来发展机制[J]. 现代教育技术, 29(2): 12-18.

何屹松, 孙媛媛, 汪张龙, 等, 2018. 人工智能评测技术在大规模中英文作文阅卷中的应用探索[J]. 中国考试(6): 63-71.

何屹松, 徐飞, 刘惠, 等, 2019. 新一代智能网上评卷系统的技术实现及在高考网评中的应用实例分析[J]. 中国考试(1): 57-65.

季友勇, 2017. 睿易云教学: 引领教学大翻转[J]. 人民教育(12): 83.

理查德·E.迈耶, 2006. 多媒体学习[M]. 北京: 商务印书馆.

李晓庆, 余胜泉, 杨现民, 等, 2018. 基于学科能力分析的个性化教育服务研究: 以大数据分析平台"智慧学伴"为例[J]. 现代教育技术, 28(4): 20-26.

李泽林, 伊娟, 2019. 人工智能时代的学校教学生态重构[J]. 课程·教材·教法, 39(8): 34-41.

林艳, 2019. 人工智能的符号主义纲领及其困境[J]. 求索(6): 186-193.

刘智, 刘三(女牙), 康令云, 2018. 物理空间中的智能学伴系统: 感知数据驱动的学习分析技术: 访柏林洪堡大学教育技术专家 Niels Pinkwart 教授[J]. 中国电化教育(7): 67-72.

牟智佳, 2016. 学习者数据肖像支撑下的个性化学习路径破解: 学习计算的价值赋予[J]. 远程教育杂志, 34(6): 11-19.

潘小芳, 郭瑞迎, 2018. 人工智能与人: 智能教育时代理想师生关系的重塑[J]. 教学研究, 41(6): 58-64.

茹丽娜, 唐烨伟, 王伟, 等, 2019. 我国教育人工智能研究综述[J]. 中国信息技术教育(7): 90-93.

单俊豪, 宫玲玲, 李玉, 等, 2019. 教育机器人对学生学习成果的影响: 基于 49 篇实验或准实验研究论文的元分析[J]. 中国电化教育(5): 76-83.

宋岭, 2018. 人工智能时代下未来教学的系统性变革[J]. 高等理科教育(3): 8-14.

王文丽, 2017. 试论教学范式及其变革研究[J]. 东北师大学报(哲学社会科学版)(1): 179-183.

王运武, 张尧, 彭梓涵, 等, 2018. 教育人工智能: 让未来的教育真正拥有"智慧"[J]. 中国医学教育技术, 32(2): 117-125.

肖庆顺, 2019. 人工智能时代的教师角色重塑[J]. 天津市教科院学报(4): 5-11.

许艳凤, 张为忠, 连榕, 2019. 教育机器人对儿童语言学习的影响分析[J]. 教育评论(7): 8-13.

闫志明, 唐夏夏, 秦旋, 等, 2017. 教育人工智能(EAI)的内涵、关键技术与应用趋势: 美国《为人工智能的未来做好准备》和《国家人工智能研发战略规划》报告解析[J]. 远程教育杂志, 35(1): 26-35.

杨现民, 田雪松, 等, 2018. 中国基础教育大数据 2016—2017: 走向数据驱动的精准教学[M]. 北京: 科学出版社.

余胜泉, 2018. 人工智能教师的未来角色[J]. 开放教育研究, 24(1): 18-28.

张剑平, 陈仕品, 2008. 计算机辅助教学的智能化历程及其启示[J]. 教育研究(1): 76-83.

张攀峰, 寻素华, 吉丽晓, 2014. "智能学伴"在小学游戏化学习社区中的情感交互设计[J]. 中国电化教育(10): 123-128.

张优良, 尚俊杰, 2019. 人工智能时代的教师角色再造[J]. 清华大学教育研究, 40(4): 39-45.

周伟, 2014. 随机抽题任意组卷智能阅卷的无纸化考试方法研究[J]. 软件, 35(3): 11-16, 19.

周志明, 2018. 智慧的疆界: 从图灵机到人工智能[M]. 北京: 机械工业出版社.

Abdous M, He W, Yen C J, 2012. Using data mining for predicting relationships between online question theme and final grade[J]. Journal of Educational Technology & Society, 15(3): 77-88.

Gazzaniga M S, Ivry R B, Mangun G R, 2011. 认知神经科学[M]. 周晓林, 高定国, 等, 译. 北京: 中国轻工业出版社.

第5章 场景驱动的人工智能教育培养路径

人工智能历经了 60 余年的发展,对教育领域产生了重大影响。大数据、并行计算以及深度学习驱动人工智能技术飞速发展,重塑教育新形态。在历经技术驱动和数据驱动的先期阶段后,人工智能现已全面进入场景驱动阶段,深入落地到教育领域中以解决不同场景下的问题。此外,教育实践能够反过来持续影响和优化人工智能的核心算法,进而促进人工智能深入发展。

5.1 人工智能教育应用场景

5.1.1 人工智能教育应用场景概述

国务院于 2017 年印发《新一代人工智能发展规划》(以下简称《规划》),标志着将人工智能(AI)作为产业变革的核心驱动力和引领未来的技术已上升为国家战略。《规划》明确提出要加快培养人工智能高端人才,强调利用智能技术加快推动人才培养模式、教学方法变革,构建包含智能学习、交互式学习的新型教育体系。表 5-1 展示了 AI技术在教育领域的应用场景及企业发展模式。

表 5-1　AI 技术在教育领域的应用场景及企业发展模式

企业发展模式	应用场景
教育/互联网巨头布控	好未来并购 FaceThink;新东方分别投资清睿教育、爱乐奇、优学教育的"AI+教育"
	腾讯依托自身的 AI 技术发布英语教学辅助解决方案——"腾讯英语君"
	字节跳动推出少儿英语在线学习产品"aiKID",主打 AI 个性化课堂
机构转型	2013 年,猿辅导创建 AI 团队;2014 年,"小猿搜题"成为其第一个 AI 产品
	2015 年,百度分拆"作业帮",应用人工智能领域的 OCR 识别技术
	"VIPKID"使用人脸识别、情绪识别技术来赋能在线教育环节
	掌门 1 对 1 推出智能化的 ICPE 系统
	爱学习组建 AI 实验室
	哒哒英语同好未来合作,通过融入好未来的 AI 技术赋能在线课程
直接入局 AI	早在 2005 年,麦奇教育自主研发的 DCGS 动态课程生成系统就已获得专利
	松鼠 AI 人工智能中小学成立
	联想创建第一个人工智能实验室;麦奇教育成立 AI 教学研发中心
	2018~2019 年,以 AI 概念为核心的机构获得投资的案例不胜枚举,诞生了一批批 AI 入局者,如精准学、觅机科技、慧满分、先声智能、AIDAD(有爱爸爸)、火箭实验室等

　　由"AI+教育"企业和 AI 技术的结合时间节点来看，主动进行 AI 探索的企业普遍入局较早。由表 5-1 可见，2015 年是"AI+教育"企业的一个重要发展开端。其中，麦奇教育早在 2005 年便有了自主研发的动态课程生成系统(DCGS)，并申请了专利。松鼠 AI 早在 2015 年成立人工智能中小学之前就投入研发 K12 领域的 AI 教育解决方案，并直接利用 AI 技术入局教育行业。2015 年前后，作业类的 App 如"小猿搜题"等也利用 AI 领域的 OCR 识别技术入局，使广大教师、学生与家长初次领略了人工智能带来的教育变革。紧接着 2017 年国务院发布《新一代人工智能发展规划》，不少企业开始探索"AI+教育"的可能性，其中以联想、麦奇教育为首。2018 年，教育部发布《教育信息化 2.0 行动计划》，"AI+教育"的发展势如破竹。2019 年"作业盒子"在 AI 课程基础上，打造出以用户画像和个性化学习路径规划为主的 AI 教学服务产品。同年，《中国教育现代化 2035》发布，其提出加快推进信息化时代的教育变革，建设智能化校园，统筹建设一体化、智能化教学、管理与服务平台，利用现代技术加快推动人才培养模式变革。

　　总体来说，"AI+教育"的发展目前仍处于初期阶段，但布局范围却越来越广，涉及"AI+教育"的不仅有教育行业的企业，也有非教育行业的企业。2018 年末，字节跳动上线少儿英语在线学习产品"aiKID"，主打 AI 个性化课堂；腾讯则发布了"腾讯英语君"，聚焦 K12 英语教育领域。图 5-1 展示了"AI+教育"主要赋能环节的企业布局情况。

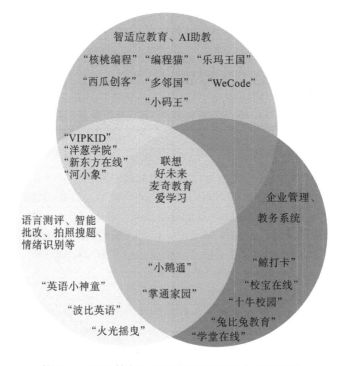

图 5-1　"AI+教育"主要赋能环节的企业布局情况

5.1.2 人工智能教育应用场景分类

人工智能教育应用场景总体上可分为三类，主要涉及教学环节、辅助教学环节以及教学管理环节，每个环节的应用侧重点不同。表 5-2 与图 5-2 详细阐述了人工智能教育应用场景的分类与 2018～2019 年人工智能教育应用场景分布情况。

表 5-2 人工智能教育应用场景分类

分类	应用	简述	企业布局
教学环节	智适应教育、AI 助教	智适应教育、AI 助教、AI 双师课堂是与课堂教学环节联系得最为紧密的应用，近年来在有关素质教育的少儿编程和思维培训方面广为受用，是多数"AI+教育"企业典型的 AI 技术落地形式，也是 K12 培训领域和语言培训领域的主要核心竞争力	"核桃编程""西瓜创客"等
辅助教学环节	语言测评、智能批改、拍照搜题、情绪识别等	在辅助教学环节，语言测评、智能批改、拍照搜题和情绪识别等 AI 技术是绝大多数带有 AI 概念的教育企业在单点技术突破方面的重心。这些企业会与相关机构或技术服务提供商合作，或者使用自研团队直接接入这些技术，并应用于自身的教学辅助技术研发工作当中	"小猿搜题""波比英语"等
教学管理环节	企业管理、教务系统	使 AI 服务于自建的"中后台"系统，"中台"基于 DCGS 系统，可为学员提供定制化的教学服务；"后台"为麦奇教育的 AI 客服系统，不仅能预测学员的使用经验和学习成果，为学员提供具有前瞻性的建议与帮助，还能抢先发现潜在问题，并及时进行处理	"学堂在线"智慧教育云平台等

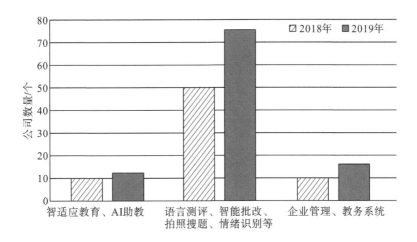

图 5-2 2018～2019 年人工智能教育应用场景分布情况

5.1.3 人工智能教育应用场景界定

本节将介绍如何利用人工智能相关技术获取系统化的领域知识，以满足高校非人工智能专业学生的学习需求，构建人工智能教育应用场景框架，把人工智能应用到具体场景中，并从智能教育环境、智能学习系统、智能教学评测以及学生智能练习四个方面

(图 5-3)，阐释人工智能环境下不同应用场景的内涵，为人工智能时代教师的发展、教学范式的变革、课程体系的建设提供依据。

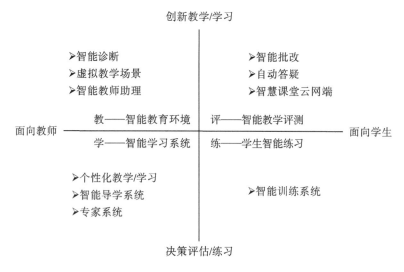

图 5-3　人工智能教育应用场景界定

人工智能教育应用场景主要围绕教与学，直接受益者是教师和学生。基于此，将人工智能教育应用场景按照教(智能教育环境)、学(智能学习系统)、评(智能教学评测)、练(学生智能练习)分为四类，其中智能教育环境主要面向教师，学生智能练习主要面向学生，智能学习系统与智能教学评测共同为教师与学生服务，由此构建的人工智能教育应用场景如图 5-4 所示。

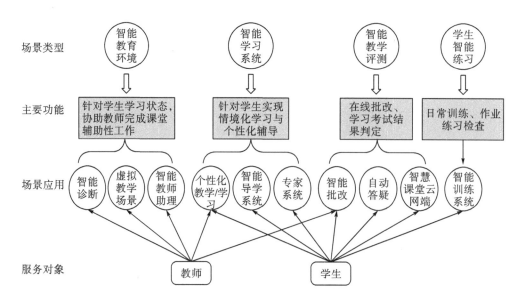

图 5-4　人工智能教育应用场景的分类

1. 智能教育环境

1）智能诊断

智能诊断系统集成了智能教育核心服务中的学情分析服务。该系统采集学生的行为数据、基础信息数据和学业数据后，通过后台的大数据分析与相关智能技术的处理，形成学生个体与全体学生的画像，然后生成可视化学情报告并提供给教师。教师可根据学情报告中的各项指标数据，准确规划教学路径，精确设计教学策略，目的是实现教学的精准化。学生通过智能诊断场景下的适应性学习系统、智能阅卷系统以及课堂智能分析，最终能获得所要求具备的信息素养、智能素养、数据素养、21 世纪核心素养等。

(1)适应性学习系统。适应性学习系统主要依托于自然语言生成技术以及部分非符号化的人工智能技术，是针对学习者在学习过程中的个体差异提供符合个体特征的学习支持的学习系统，其支持个别化智能教育环境，如个性化的学习资源、学习过程和学习策略等，是智能诊断系统的典型代表。在适应性学习系统中，学习者模型是系统的核心组件，记录了学习者的个体特征，反映了学习者的个体差异，对于构建适应性学习系统具有决定性作用(陈仕品和张剑平，2010)。学习者模型是对学习者若干特征信息的抽象描述，包括其在学习过程中呈现出来的知识水平、学习目标、学习背景、认知风格和爱好等。适应性引擎主要由一些学习策略和学习工具组成，能根据学习者的有关信息，对其认知能力和知识水平进行诊断，动态地构建合适的学习内容及其呈现方式，并能对教学进行监测和管理，不断修改和维护学习者模型。

(2)智能阅卷系统。智能阅卷系统是一套服务于各基础教育阶段的用于对学校日常作业和考试数据进行识别、采集、分析的智能系统，可以在帮助一线教师提高工作效率的同时，作为面向家庭的个性化教育平台。智能阅卷系统以常态化学业信息采集存储和集中式动态学业档案管理为基础，通过图像识别、云计算、大数据分析技术，并结合适应性教学模型来提升学校管理的物联化、互联化、智能化与移动化程度，其包括智能阅卷平台、阅卷大师(教师客户端)。随着语音识别、图像处理、手写识别等人工智能技术日臻成熟，人工智能技术支持下的阅卷系统作为考试质量监测的一部分，已多次应用于各个地区的中考和高考阅卷工作当中，保障了考试结果的公平性。智能阅卷不仅能够实现对客观题的自动打分，还可以实现对主观题的自动评分，在提高阅卷质量的同时，大幅减小了人工阅卷的工作量。

(3)课堂智能分析。基于人工智能及大数据技术，课堂智能分析能够助力教育教学实现因材施教，全方位洞悉学生的特点，激发学生的潜能，其包含的主要内容如下。首先，利用基于深度学习的计算机视觉技术感知课堂状态，并借助智能图像分析、自然语言处理、计算机视觉、生物特征识别等技术，对学生的课堂行为表现进行分析、评价，提供日常数据及报告，实现对课堂教学过程数据的伴随性采集；利用课堂教学智能分析系统的分析报告，为教师提供精准服务，指导、组织、协助研修教师进行深度学习，提升研修效果与效率。其次，智能跟踪摄像机通过智能图像分析技术，实现对教师授课画面的智能捕捉，同时为课堂督导提供全面的数据；通过在教师前端的摄像机中植入人脸识别算法模块，自动将上课的科目与排课系统进行比对；对课堂上学生的行为进行统计分析，对学生异常行为进行实时反馈；通过扫描，并结合面部表情分析出学生在课堂上的状态，为教师开展个性化教学提供参考和依据。

2) 虚拟教学场景

虚拟教学场景能够使学生直观地看到所要了解和掌握的信息，可为学生提供全面的课堂教学、练习、自由交际等条件，营造一种轻松愉快的课堂气氛，提升教学的质量和效果。基于增强现实技术与虚拟现实技术的虚拟教学具有突出的真实感和交互特性，能实现真正意义上的三维立体化交互式教学，培养学生自主探索的学习习惯。从技术角度看，它是在类比、模仿、建立模型、技术仿真等概念和方法的基础上，通过广泛运用现代管理、电子、红外、激光、计算机及软件技术发展起来的先进教学方式。

3) 智能教师助理

智能教师助理由人操控，利用了人工智能领域的任务导向型对话系统技术和基于知识图谱的推理技术、图像压缩算法、视频与音频采集技术，被应用在学生和远程教师之间以及不同教室的学生之间的远程交流方面。智能教师助理具有问题情境化解决、知识个性化辅导、知识结构化组织、知识协同进化、案例智能化推理等特征，并可基于对话系统相关技术，通过询问获取学生信息，同时可通过基于知识图谱总结的育人问题、知识及模型判定学生存在的问题及出现这些问题的原因，给出解决问题的对策，是教师在指导学生时的得力助手、家长在教育方面的专业导师和学生进行自我诊断时的贴心顾问，实现了育人的自动化与智能化。

2. 智能学习系统

智能学习系统集成了智能教育核心服务中的智能推荐服务。该系统基于学生的基础信息和学情信息进行数据挖掘，并通过学习行为建模、学习经历建模和结合学科知识点的行业建模生成学科知识图谱，为学生规划科学的学习路径，同时在自适应学习技术的助力下，为学生智能化推荐教师和系统提供微课资源、试题资源、课件资源及其他学习资源，辅助学生进行个性化学习。下面从个性化教学/学习、智能导学系统与专家系统三个方面来介绍智能学习系统的应用场景。

1) 个性化教学/学习

《中国教育现代化 2035》提出，要利用现代技术加快推动人才培养模式变革，实现规模化教育与个性化培养的有机结合。而学习分析技术正在推动网络学习空间中以个性化发展为核心的动态学习组织的发展，以及实体学校动态走班制度的建立，实体学校与网络学习空间相融合的动态学习组织的发展，将使教师实施规模化、个性化教学成为现实(周海涛等，2019)。

(1) 个性化推荐。个性化推荐系统通过表征学习者多样化的兴趣偏好和学习需求，从学习者学习风格、在线学习偏好、知识结构以及在线学习行为及成果等方面进行学习分析，并对学习资源的内容与类型、推荐时间及频次等进行个性化的推荐设置，能在一定程度上解决网络自主学习中存在的信息过载问题，有效提高学习者的学习主动性及自主学习能力。其中，群体数据、用户画像、知识链模型是其主要依托的技术，在学习过程中，学习者的创新意识得到增强，创新实践能力得到培养。

(2) 自适应学习。自适应学习致力于通过对学生教育数据的挖掘促进个性化学习，是个性化学习的重要应用场景之一。自适应学习通常是指给学习者提供相应的学习环境、实例或场域，学习者自身在学习中进行总结，最终形成理论并自主解决问题，其中涉及领域模型、学习者模型、自适应模型以及认知诊断模型。选择贴近社会、生活的建模主题，可以有效地培养学习者利用新兴技术解决实际问题的能力，让学习者在将创意转化为实物的过程中理解、完善知识体系，培养其跨学科解决问题的能力、逻辑创新思维和动手实践的能力。

(3) 分级阅读。分级阅读是指按照中小学生不同年龄段的智力和心理发育程度为学生提供科学和有针对性的图书，探索适合不同年龄段的教学方法。分级阅读是一个极有价值的能提升中小学生阅读和思维能力的教学模式，通过分级阅读读物→明确阅读能力层次→研发阅读诊断量表→实施诊断性或形成性评价的流程对改进阅读教学、提高学生的阅读质量和效率、发展青少年儿童的思维能力发挥重大作用(杨志明和吴本文，2017)。

2) 智能导学系统

智能导学系统是以人工智能、计算机科学、教育学、心理学、数学建模、脑神经科学等为基础的智能化学习系统(陈颖博和张文兰，2019)，具有教学适用性、开放性、可扩展性和人机交互友好等特点，在优化教与学方面潜能巨大。《教育信息化 2.0 行动计划》强调开展"智慧教育发展行动"，并指出要加强智能教学助手、智能导学系统、智能学伴、语言文字信息化等关键技术的研究与应用。智能导学系统依托自然语言处理与机器学习等主要技术，通过对学习大数据进行聚类分析和智能评估，预测学习水平，发现学习问题，推荐个性化学习资源和策略，进而实现个性化学习和辅导。其中，虚拟陪练是其主要的应用场景之一。虚拟陪练可以智能化地判断和理解学习者的需求，适时引导学习者进行学习并解答疑难问题；还可以监测学习者在远程学习过程中的情绪变化，舒缓由时空分离造成的负面情绪，为远程学习者提供更自然和人性化的交互方式与学习支持。其因具有学科交叉融合性和实践操作性而在科学、技术、工程和数学(science、technology、engineering、mathematics，STEM)教育学科教学中扮演重要的角色，可以帮助教师将工程设计、科学过程、技术素养和数学置于能让学生投身并理解的情境中，具有较高的教育研究与实践价值。

3) 专家系统

专家系统被定义为一种可靠的基于计算机的交互式决策系统，它使用事实和启发式方法来解决复杂的决策问题，通常由人机交互界面、知识库、推理机、解释器、综合数据库、知识获取 6 个部分构成，是当今人工智能、深度学习和机器学习系统的前身。专家系统基于从专家那里获得的知识，表达和推理某些领域知识，可以解决特定领域中最复杂的问题，其主要应用的技术是知识推理。知识推理是指在计算机或智能系统中，模拟人类的智能推理方式，依据推理控制策略，利用形式化的知识实现机器思维和求解问题。专家系统的知识推理过程通过推理机来完成，推理机是智能系统中用来实现推理的程序。智能系统的知识推理包括两个方面：①推理方法；②推理控制策略。学生通过了解推理机的基本任务、掌握推理机的基本流程、搜索知识库中可用的知识，可以解决问题、论证新的事实，提升计算思维、科技素养与数据分析能力。

3. 智能教学评测

1) 智能批改

基于计算机视觉和语义分析技术的智能批改系统作为师生进行作业交流的平台，在整个教学过程中扮演着尤为重要的角色。智能批改不仅可以评估学习者的学习情况，还可以评估学习系统和研究机构。对于客观题(如选择题)，智能批改已经比较成熟，但对于主观题，智能批改领域的研究还比较欠缺。中文作文智能批改系统是教育部国家语言文字工作委员会中国语言智能研究中心重点研发项目，旨在减轻教师批改量，提高教学效率。

2) 自动答疑

自动答疑系统属于中文信息检索领域的重要应用之一，基于图像识别、手写识别、文字识别等主要技术，是对课堂的补充和延续。与学生进行交互时，它可以消除学生紧张、害羞和恐惧的心理，帮助学生以轻松、自由的方式和积极的态度寻找问题的答案，对学生的心理发展和自主学习有至关重要的作用。自动答疑系统有效地减少了教师的工作量，使教师能将工作重心放在提高学生学习效率方面，同时促进了学生独立思考和进行个性化学习。此外，它能够促进在线网络教学的发展，通过对问题记录的分析，教师可以发现学生在学习过程中的一些薄弱环节，从而改进教学方法，制定新的教学策略。

3) 智慧课堂云-网-端

2018 年教育部发布《中小学数字校园建设规范(试行)》，提出了"云-网-端"架构模式，并针对学校的基础设施、信息化应用等方面制定了规范和要求。智慧课堂是以建构主义学习理论为依据，基于数字音像、虚拟现实、"互联网+"、大数据、云计算等新一代信息技术打造的智能高效的课堂。其实质是基于动态学习数据分析和"云-网-端"的运用，实现教学决策数据化、评价反馈及时化、交流互动立体化、资源推送智能化，创设有利于协作交流和意义建构的学习环境，通过智慧的教与学，促进全体学生实现符合个性化成长规律的智慧发展。

4. 学生智能练习

学生智能练习是教师和学生之间的一个桥梁，同时也是学生练习过程中不可或缺的一部分。基于数据挖掘、图像识别、语音识别等技术的智能训练系统应用于教育体现为智能机器人的应用，如课堂助教机器人主要用于协助教师完成课堂辅助性工作和实验等任务。钢琴智能陪练在钢琴培训方面承担着重要的作用，并且推动了在线钢琴陪练服务的诞生和发展，在线钢琴陪练师成为互联网教育时代的新职业。智能空战中虚拟陪练可通过将当前的功能需求和发展中的技术结合起来得到基于规则的决策模型，也可以用来训练参数化模型，并以模糊推理模型、神经网络模型和强化学习算法实现一个初步的智能虚拟陪练解决方案(陈斌等，2020)。未来更多的模型和算法可在智能虚拟陪练的框架中进行验证和优化。

5.2　人工智能教育应用场景的融入层次

随着智能技术的不断成熟，智能导学、自动化测评、拍照搜题、教育机器人、智能批改、个性化学习、分层排课、学情监测(杨现民等，2018)八个方面的人工智能技术应用于教育中(高婷婷和郭炯，2019)。而互联网教育、在线学习、机器学习等的出现，为学习者营造了一种随时随地可进行学习的智能化教学环境，也使得终身学习成为可能；语音识别、智能批改、自主学习平台等减轻了教师的工作负担，节省了大量时间；智能导师系统、自动化测评系统、教育游戏与教育机器人等智能教学工具的出现，改变了"多对一"课堂教学模式下教师难以兼顾学生个性化发展的现状；人工智能与教育科学、教育技术学、认知学、教育神经科学、心理学、数学等学科的融合，推动了教育人工智能与教育的双向发展(李振等，2018)。智能技术的发展以及教育领域随之发生的适应性改变都为人工智能应用于教育领域奠定了坚实的基础。

人工智能与教育融合是指，人工智能与教育系统都朝着提升"教育(合)力"这一方向努力，最终实现人工智能与教育的完美有机融合，但观察角度不同，融合层次不同。例如，徐晔(2018)将人工智能与教育的融合分为初级融合阶段(人工智能+教育)和深度融合阶段(教育+人工智能)，并探究出人工智能与教育深度融合的路径是构建"教育+人工智能"生态系统。张志祯等(2019)提出并系统阐述了人工智能与教育系统的相互作用模型，同时进一步将这种相互作用分为潜在作用、直接作用和间接作用，在人工智能与教育的"推拉"效应下，教学自动化成为可能。王亚飞和刘邦奇(2018)将已出现的智能教育应用划分为浅层、中层和较深层三个层次。张坤颖和张家年(2017)根据人工智能技术在教育领域的应用情况，将人工智能技术与教育的融合模式分为人工智能主体性融入模式、人工智能功能性嵌入模式、人工智能辅助技术手段模式三种。

5.2.1　从融入的过程来看人工智能与教育的融合

人工智能在教育领域应用的最直接的结果就是诞生了智能系统。利用人工智能技术将学校教育场景化，就形成了智能教学系统(莫赞等，2002)、智能学习系统、智能管理系统(吴晓如和王政，2018)、智能测评系统等人工智能教育应用的一般模式(图 5-5)。

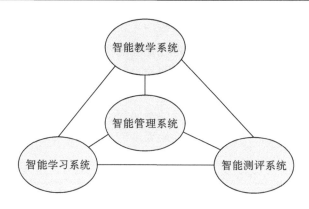

图 5-5 人工智能融入教育的一般模式

智能教学系统是以计算机辅助教学为基础兴起的，在没有人类导师指导的情况下，借助人工智能技术的优势模拟专家学者帮助学习者获取知识和技能，是一种开放式人机交互系统。一般智能教学系统由专家模型（领域知识）、教师模型（教学策略）、学生模型和智能接口四个模块组成（刘敏娜，2006）。智能教学系统是人工智能融入教育时的重要一环，它能精准推送学习资源，实时反馈学生的学习情况，为班级群体绘制画像，还可以为每一位学生绘制个性化画像。当然，智能教学系统也不是万能的，它无法完全根据学生的情况自适应调整教学方法和教学策略，且需要现实教学情境中的教师加以督导，以获取学生的学习情绪和性格品质等一些智能系统难以察觉的软素养。

智能教学系统更多关注的是教师在"教"方面的问题，而学生的"学"则依赖智能学习系统，智能学习系统能监测学生的日常练习及作业情况，记录学生的学业数据，找出知识薄弱点，生成个性化学情分析报告，然后传送回智能教学系统，由此智能教学系统可为学生规划科学的学习路径，同时在自适应学习技术的帮助下，针对学生的薄弱之处智能化推荐教师、微课资源、试题资源、课件资源和其他学习资源，辅助学生进行个性化学习。在经过一段时间的智能辅助教学与学习后，利用智能教学系统和智能学习系统生成的大数据，智能测评系统可对学生日常上课、作业、练习、考试等情况进行测评，生成学生的知识缺失图谱以及对教师教学的评价，并反馈到智能管理系统中，最终形成符合学生和教师需求的个性化学习方法与教学策略。

除了上述的一般模式，人工智能与教育的融合还涉及许多专门领域（如特殊教育、数学定理证明、语言翻译、智能语音识别等领域）。特殊教育是我国国民教育的重要组成部分，特殊教育与人工智能的结合是一个典型的例子，两者的融合必然成为教育发展的重要趋势。我国特殊教育的发展仍面临许多现实难题，这些难题比普通教育面临的问题更加突出，更加需要被关注。郭利民等（2019）尝试构建人工智能与特殊教育的深度融合框架，探讨了利用人工智能技术破解特殊教育发展困局时遇到的障碍，提出运用人工智能工具或手段解决特殊教育在发展中存在的问题，促进人工智能时代特殊教育的新发展。

不仅在国内，在国外人工智能技术融入教育领域也获得了相当大的成功，如美国的教育科技公司 Newsela 开发的个性化阅读学习平台在教育界产生了很大影响，该平台根据年级将阅读难度分为 9 个等级，学生可根据自己所处的年级选择阅读等级(徐丽芳和王莹超，2017)。

高婷婷和郭炯(2019)研究了人工智能教育应用的典型案例，如畅言智慧校园、Newsela、批改网、GradeScope、小猿搜题、Volley、51Talk、微软小冰、Saya 教师、"未来教师"机器人、治趣-临床医学病例模拟诊疗平台、Revel 等，它们大多是科技公司为迎合教育的发展而研发出来的智能产品，面向教师、学生与管理者，旨在破除传统教育的弊端，制定个性化的施教方案。

5.2.2　从融入的程度来看人工智能与教育的融合

简单来说，计算智能即为快速计算、记忆和存储的能力，是最初级的人工智能形态。在计算智能阶段，算法的发展成为推动人工智能教育应用发展的最大动力，研究者们乐此不疲地运用新的算法和计算工具解决应用题、证明几何定理⋯⋯每一次成功都进一步增强了研究者们对人工智能的信心，包括后来的语音识别、图像识别、自然语言处理等技术都受到了深度学习算法的影响。

感知智能，即视觉、听觉、触觉等方面的感知能力，涉及的技术主要有识别技术、语音合成、计算机视觉等。近年来，基于语音识别技术的语言测评与辅助学习软件层出不穷，以语音识别技术为核心的语言类教育应用能够实现口语考试评分、口语练习纠错，帮助学习者提升语言表达能力；图像识别技术在教学上的应用也颇具成效，基于该技术的拍照搜题软件被学生广泛使用；生物特征识别技术能够捕捉和感知学生在学习过程中面部表情、手势等的变化，帮助教师了解学生的课堂学习情况(蔡连玉和韩倩倩，2018)；计算机视觉用计算机代替人眼对目标进行识别、跟踪和测量，并将图像传送给系统进行检测，借助该技术，能够从图像中获取信息，达到检测学情的目的。

认知智能是在感知智能的基础上进一步发展，不仅能够感知和识别语音、图像和文字，而且拥有分析、思考、理解、判断的能力，涉及的技术主要有自然语言处理、知识表示、智能代理、情感计算等。自然语言处理技术能让机器理解人的语言，在教育领域的应用主要为机器翻译、作文批改与评价、智能问答和人机交互等方面；知识表示可用于专家系统，对教育产生了深远影响；智能代理技术将信息私人化，在教学中引入智能代理技术能使教学资源得到充分利用，并可对学生学习行为进行动态跟踪，实现个性化教育(王海芳和李锋，2008)。情感计算是指计算机能够识别、理解、表达和模拟人的情感。情感计算应用在教育领域时，可以实时捕捉学生的情感状态，在合适的时机激励和帮助学生，从而提高学生学习的积极性。

适应性智能作为近年来人工智能在教育领域的发展热点，致力于通过计算机手段检测学生当前的学习水平和状态(测试功能)，找出知识点盲区(评价功能)，据此自动调整学习内容和路径，帮助学生查漏补缺，制定个性化学习方案(学习功能)。简单来说，人工智能自适应教育的本质是可规模化的个性化教育。人工智能融入教育的四个层次如表 5-3 所示。

表 5-3　人工智能融入教育的四个层次

层次	特征	技术手段	应用实例
计算智能+教育	计算、存储和传递信息	以机器学习和深度学习为主	智能化学生信息管理系统、快速存储与传递大量学习资源
感知智能+教育	能看懂、听懂与辨识，具备感知能力并能与人进行交互	识别技术、语音合成、计算机视觉	拍照搜题、语言教学、英语口语测试
认知智能+教育	能理解、思考并采取合理行动，具备一定的意识和观念	自然语言处理、知识表示、智能代理、情感计算	教育智能机器人、智能导学、51Talk、批改网
适应性智能+教育	规划、推送、预测、检测学习情况，具备自适应性	信息论、遗传算法、人工智能算法	Newsela、K12、畅言智慧校园

5.2.3　从教学过程来看人工智能与教育的融合

人工智能应用在教育领域时主要解决的是教育应用场景中如何通过人工智能来解决教育问题，特定的教育场景如何选择合适的智能技术、产品和方案，以及如何让智能教育技术在教育实践中实现其价值这三个方面的问题(龚炜博，2018)。

教学过程是一个特殊的过程，由教师引导学生学习知识，从而认识世界。人工智能在融入教育的过程中大部分时间充当教师这个角色，为了使二者更好地融合，针对教学过程的每个环节都开发了相应的智能产品，如课前预习环节有学伴机器人、智能导学系统，一般采用录播视频课的方式，把本节课的学习任务、学习资源制作成视频，供学生随时随地观看；课堂教学过程中智能导师系统辅助个性化教与学，智能学习系统监测学生的学习状态，通过实时的课堂互动，系统利用它的数据统计功能了解学生对测试题和练习题的完成情况，据此调整课堂教学方案；课后辅导有作业帮、口语测评系统、智能答疑系统、学习分析系统，它们会根据学生对知识的掌握情况，匹配不同的学习资源，如果学生遇到问题，还可以在答疑讨论区留言，线上教师会及时答疑；关于教学评价，很少有专门设计的智能产品，但许多软件会涉及这一模块，如云班课、智能测评系统等，在某一节课结束之后，师生可以完成在线学习评价、教师评价、学生互评(表 5-4)。整个过程中除了会分析教学、作业、测评环节的数据，还会记录学生的学习状态与情感态度，以保证学生学习的积极性，及时对学生进行智能预警、提醒、跟踪和调整。

表 5-4　人工智能应用于教学的完整过程

学习环节	解决的教育问题	产品	支撑学科
课前预习	理想情况下，提供学生预习的学习内容	学伴机器人、智能导学系统	
课堂教学（核心）	通过模拟优秀教师的教学方法与策略展开教学	智能导师系统、智能学习系统、教育机器人	计算机科学、学习心理学、认知科学、教育测量学、统计学、数学、教育技术学、软件工程、信息管理学等
课后辅导	根据学情诊断结果，了解学生在认知、情感方面的个性化特征，展开个性化辅导，推送学习资源	作业帮、口语测评系统、智能答疑系统、学习分析系统	
教学评价	对学生对学习材料的掌握情况、教师满意度、学生学习积极性方面进行测评与反馈	智能批阅系统、云班课、智能测评系统、自动化测评系统	

5.2.4　从教育学段来看人工智能与教育的融合

教育部发布的《2019 年教育信息化和网络安全工作要点》指出，应在中小学阶段设置人工智能相关课程，逐步推广编程教育，推动大数据、虚拟现实、人工智能等新技术在教育教学中的深入应用。其实早在 2003 年，教育部颁布的《普通高中技术课程标准（实验）》就设置了"人工智能初步"模块（张丹和崔光佐，2020），但是自人工智能进入教育领域以来，推广对象一直以高校为主，直到近些年国内才出现一批设置了人工智能课程的中小学校，相应地，从小学到高中的人工智能教材也不断被推出，甚至出现了幼儿园版的人工智能教材（表 5-5）。

表 5-5　人工智能首套 K12 全学段教材部分出版情况

学段	教材数量	教材名称	出版服务机构
幼儿园	6	《人工智能实验教材》	河南人民出版社
小学	12	《人工智能实验教材》	河南人民出版社
		"AI 上未来智造者"系列	优必选、华东师范大学出版社
初中	6	《人工智能实验教材》	河南人民出版社
		《人工智能（初中版）》	科大讯飞、西北师范大学、北京师范大学出版社
		"AI 上未来智造者"系列	优必选、华东师范大学出版社
高中	6	《人工智能实验教材》	河南人民出版社
		《人工智能基础（高中版）》	商汤科技、华东师范大学出版社
		"AI 上未来智造者"系列	优必选、华东师范大学出版社

1. 人工智能进入幼儿课堂

把人工智能技术中的人脸识别、情绪识别、声音识别技术以及超强计算技术和智能平台应用在儿童的成长教育中后，呈现给我们的将是一个全新的幼儿智能教育场景。例如，人脸识别技术能瞬间识别出孩子的班级和学号；情绪识别技术能时刻监测小朋友的情绪状态；声音识别技术可根据孩子哭闹的声音进行分析，判断孩子哭闹的原因。

2. 人工智能进入中小学课堂

皮亚杰的认知发展阶段理论指出，小学阶段的学生可以将感知到的动作内化，凭借具体事物或从具体事物中获得的表象进行逻辑思考和群集运算，但不能进行抽象思考；中学阶段到成年以后，学生摆脱了对具体可感事物的依赖，从内容中解脱出来，能够进行抽象思考，并能进行假设和演绎推理（谢忠新等，2019），见表 5-6。基于此，小学阶段的人工智能课程应重在让学生感悟人工智能对生活和学习的影响，体验生活中的人工智能，直观地了解人工智能的特点，激发学生探究人工智能的兴趣和积极性。例如，可通过播放人工智能相关视频，让学生直观地认识人工智能是什么，动手使用智能产品，感知其用途，并适当引入 Scratch、App Inventor 等图形化编程工具，对学生进行编程及算法思想方面的启蒙。初中阶段的人工智能课程应重在让学生在亲身参与中感知人工智能技术的魅力，并在体验中基本理解人工智能的原理，培养学生对交叉学科的创新思维，让学生思考如何利用人工智能解决问题。例如，可介绍生活中常见的人工智能应用，并从技术角度让学生了解人工智能的基本原理，从人工智能的"看"（图像识别等技术）、"听"（语音识别等技术）、"说"（人机对话技术）、"想"（深度学习、学习分析等技术）等多个维度让学生体验人工智能的用途，同时让学生利用基于人工智能的图形化编程，自行设计一些简单的人工智能产品。而高中阶段的人工智能课程应偏重探索，强调人工智能基本理念与原理的应用，注重对创造力、想象力、思考能力以及动手能力的提升。例如，可让学生体验较复杂的人工智能产品，并尝试分析所涉及的人工智能技术；学习人工智能基础知识与原理，较深入地分析人工智能的相关技术（如语音识别、自然语言理解、图像识别、语音合成、机器学习、深度学习等），理解人工智能的实现方法；通过 Python 编程，设计相对较复杂的人工智能产品，相对于初中基于"点"的编程，高中阶段应注重基于"面"的系统编程。

表 5-6　中小学阶段的人工智能课程

阶段	课程内容		课程目标		课程要求
小学阶段	模块一：算法与程序入门 模块二：机器人入门	认识什么是人工智能	通过机器模拟人的感官来初步感悟人工智能的用途	通过简单的图形化编程，设计人工智能产品	重在感悟
初中阶段	模块一：算法与程序设计 模块二：机器人设计与制作	介绍生活中常见的人工智能应用，激发学生的兴趣	体验机器的"看""听""说""想"等功能，从技术角度了解人工智能基本原理	设计一些简单的人工智能产品	重在体验
高中阶段	选修模块一：算法初步 选修模块四：人工智能初步	体验较复杂的人工智能产品	深入分析各项智能技术，并感悟其对生活和学习的影响	通过编程，制作较复杂的人工智能产品，培养学生的创新能力	重在创造

3. 人工智能进入职业教育

人工智能对职业教育的影响是广泛而深刻的。传统的职业教育只注重教"技"，忽略了授"能"，而现在人工智能所表现出来的"技"优于人类，那些易于教授的技能，正在或者将要被智能化。随着自动化和机器学习的不断发展，人类本身拥有的能力或者特质应在职业教育领域体现出更高的价值，如好奇心、学习能力、创造力、多学科思维和同情心以及批判性思维、团队合作能力和解决问题的能力。就当下而言，职业教育在教学内容上应补充包括类脑学习、混合智能、跨媒体学习、个性化分析、知识图谱、包容计算等在内的人工智能相关课程。

4. 人工智能进入高等教育

随着人工智能在教育领域的融入层次越来越高，高等教育慢慢转型，除了传统的教学型、研究型以外，正在形成"政产学研用"深度融合的创业型、可提供各类教育产品的平台型和践行终身教育的开放型等多种形态的高等教育。近年来，慕课、超星、智慧树等大规模开放式在线教育越来越受到学生的喜爱，未来甚至可能会产生跨国、跨地区的云端虚拟大学综合体，其可通过科学配置、共建共享高等教育资源，为学习者提供进行个性化、体验式学习的机会。但人工智能在教育领域深入发展的目标并不是取代教师，而是协助教师使教学变得更加高效和有趣，引导教师在做"教学师傅"的同时成为能够读懂学生的"分析师"、能够重组课程的"设计师"、能够整合信息的"策划师"。人工智能引领下的高等教育以课堂教学为主要教学形态的格局可能会完全被打破，人工智能将以更高效、更均衡、更低成本的方式让优质教育资源惠及更多人，成为解决优质教育资源不足问题和推动终身教育更加广泛深入发展的手段。

王哲等(2019)认为，人工智能技术已经在幼儿教育、K12、高等教育、职业教育、在线教育等领域加速落地。高丹阳和张双梅(2019)以"人工智能"为主题在学前教育、初等教育、中等教育、高等教育、职业教育、成人教育与特殊教育等方面进行了文献检索，发现在教育领域中人工智能研究呈现从研究现象到研究本质的递进式发展。

5.3　人工智能时代的未来教师培养

习近平总书记在党的十九大报告中强调，要"建设社会主义现代化强国，对教师队伍建设提出新的更高要求，也对全党全社会尊师重教提出新的更高要求"。建设高素质、专业化的教师队伍，是为了适应时代的发展要求。随着人工智能等新技术的发展，传统的教师专业发展正面临严峻挑战。在人工智能时代，若教师只是知识的传授者，则很有可能被技术取代。年轻教师可通过网络技术更快地学习海量知识，不断缩小与资深教师之间的距离。

5.3.1　人工智能时代未来教师培养的重要性

在人工智能时代，教师的工作方式将发生巨大变化。大部分枯燥、机械化、重复的工作将由人工智能来完成，教师成为学习设计者、监督者、激励者与引导者，教师的工作更多地以"育人"为主。教师的工作重心将转变为学习设计与开发、个性化学习指导、社会网络连接指导、综合性学习活动组织、学习问题诊断与改进、信仰与价值观指导、心理健康指导、生涯规划指导、发展评价与改进、同伴互助专业成长、人机结合教育政策实施、人工智能教育服务伦理监督等(李莎，2019)。

1. 提高教师适应智能时代教育发展的能力

人工智能的发展依托于人工智能技术、互联网、物联网、大数据等的支持，在它们的支持下，人工智能与教育不断融合，并不断涌现出各种教育智能设备，如教育机器人、智能穿戴设备等。人工智能教育机器人可以收集学生课堂学习效果和表现等数据，并通过云计算和边缘计算等给出针对学生的真实学情反馈，使教师可以通过大数据和可视化图谱了解学生的学习情况，从而进行具有针对性的个性化指导，真正实现因材施教。而这需要教师具备能与人工智能教育机器人协作的能力，只有这样，教师才能与智能设备协作完成智慧课堂的教学，胜任人工智能时代教师的工作。

2. 减轻教师的负担

人工智能设备背后的技术可以将教师从烦琐、重复的工作中解放出来，使教师全身心地投入对学生的培养当中。例如，人工智能教育机器人可以帮助教师批改日常作业，使教师有更多的时间和精力研究学生的成长和教育教学的新方法，实现新时代教师的"育人"价值，减轻教师的负担。

5.3.2 智能时代未来教师的培养体系

智能时代未来教师的培养是实现新时代教育改革的关键，智能时代的到来给教师的专业发展和个人成长提出了新的要求。智能时代的教师培养与传统的教师培养在培养动机、路径等方面都有很大的差异，其目的是使教师更好地适应智能教育的要求，转变自身的角色，与人工智能技术合作完成教学任务。图 5-6 展示了智能时代未来教师的培养体系，为确定教师的发展定位、培养目标、培养内容等奠定了基础。

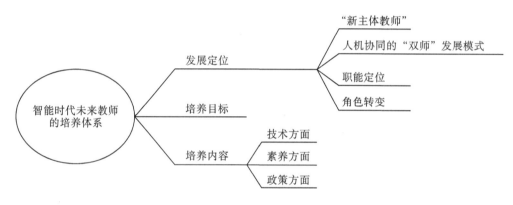

图 5-6　智能时代未来教师的培养体系

1. 发展定位

教师的传统角色是传道授业解惑者，但是智能时代下的教师角色发生了变化，教育主体和环境也不同以往。"新主体教师"融合了教师和智能导师，成为教育的新主体，教师和智能导师通过教育活动相互联系、双向赋能。人机协同的"双师课堂"通过智能设备与教师的合作完成智慧课堂的教学。教师的角色不再局限于传授知识、解答疑惑，这些工作很大一部分由人工智能承担，教师的工作重心转移到"育人"上。智能时代教师可以是全能型教师，也可以是专业型教师。人工智能的发展需要教师重新进行发展定位，并不断学习，通过相关培训提高自己的素养，适应人工智能的发展对教师提出的要求。

2. 培养目标

在人工智能时代，教师的培养目标为使教师能够在智能教育环境中与人工智能教育机器人协同工作，掌握必备的大数据分析、图像识别、自然语言处理等技术，培养自身的信息素养、道德素养、情感素养、基于批判性思维的创新素养、哲学与审美素养等，促进教师在智能时代的教育工作中更好地发展，进而促进教育的变革。

3. 培养内容

为适应智能时代教育的发展要求，教师的培养内容应符合智能时代教育的特征。教师的培养应以人工智能教师课程为中心，从技术、素养和政策层面入手，对教师的培养内容进行解释，这有助于教师了解培养内容，更好地达到培养目的。表 5-7 展示了教师培养内容的框架，其对于解读智能时代的未来教师培养有重要意义。

表 5-7 智能时代未来教师培养内容框架

	具体内容
技术层面	自然语言处理、非符号化的人工智能(如基于案例的推理、机器学习、贝叶斯模型、神经网络等)、图像识别、手写识别、文字识别、云计算、大数据分析、计算机视觉、生物特征识别、AR(增强现实)、VR(虚拟现实)、图像压缩、音视频采集、用户画像、知识模型和推理、数字音像、数据挖掘等技术
素养层面	信息素养、道德素养、情感素养、基于批判性思维的创新素养、哲学与审美素养
政策层面	第 34 个教师节上，习近平指出："坚持把教师队伍建设作为基础工作，要增强教师教书育人的责任感和荣誉感。" 2017 年 7 月，国务院印发《新一代人工智能发展规划》，提出要在中小学阶段设置人工智能相关课程；实施智能教育，利用智能技术加快推动人才培养模式、教学方法改革，开展智能校园建设，开发智能教育助理，建立以学习者为中心的教育环境，实现日常教育和终身教育定制化 2018 年 3 月，中共中央、国务院印发《关于全面深化新时代教师队伍建设改革的意见》，将"教师主动适应信息化、人工智能等新技术变革，积极有效开展教育教学"写进教师队伍建设的目标任务中 2018 年 4 月，教育部发布《高等学校人工智能创新行动计划》，提出运用人工智能开展教学过程监测、学情分析和学业水平诊断，建立基于大数据的多维度综合性智能评价体系，精准评估教与学的绩效，实现因材施教 2018 年 4 月，教育部发布《中小学数字校园建设规范(试行)》，提出了"云-网-端"架构模式，对学校的基础设施、信息化应用等方面制定了规范和要求 2018 年 10 月，教育部启动"卓越教师培养计划 2.0"。该计划的目标：到 2035 年，师范生综合素质、专业化水平和创新能力大幅提升，为培养造就数以百万计的骨干教师、数以十万计的卓越教师、数以万计的教育家型教师奠定坚实基础 2018 年 11 月，《人工智能+教育》蓝皮书发布，其指出智能机器人可以支持智能学习过程，智能教师助理将替代教师从事日常工作中重复、单调、烦琐的工作 2018 年 11 月，教育部印发《新时代高校教师职业行为十项准则》《新时代中小学教师职业行为十项准则》《新时代幼儿园教师职业行为十项准则》，根据高校、中小学、幼儿园教师队伍的不同特点，分别提出十个方面的准则，明确了新时代教师职业规范，划定了基本底线 2019 年 2 月，中共中央、国务院印发《中国教育现代化 2035》，提出坚定实施科教兴国战略、人才强国战略；提升一流人才培养与创新能力；加强创新人才特别是拔尖创新人才的培养，加大应用型、复合型、技术技能型人才培养比重；加快信息化时代教育变革；利用现代技术加快推动人才培养模式改革，实现规模化教育与个性化培养的有机结合 2019 年 2 月，中共中央办公厅、国务院办公厅印发《加快推进教育现代化实施方案(2018-2022 年)》，提出着力构建基于信息技术的新型教育教学模式、教育服务供给方式以及教育治理新模式；促进信息技术与教育教学深度融合，支持学校充分利用信息技术开展人才培养模式和教学方法改革，逐步实现信息化教与学应用师生全覆盖；加快推进智慧教育创新发展，设立"智慧教育示范区"，开展国家虚拟仿真实验教学项目等的建设，实施人工智能助推教师队伍建设行动 2019 年 6 月，中共中央、国务院印发《关于深化教育教学改革全面提高义务教育质量的意见》并明确指出，要建立以发展素质教育为导向的科学评价体系，制定县域义务教育质量、学校办学质量和学生发展质量评价标准

1) 技术层面

人工智能时代的未来教师要了解或掌握某些人工智能技术，这样才能适应智能化的教学环境。对于不同学段、不同专业的教师来说，需根据自身的工作和发展需要，选择适合自己的技术进行学习，如自然语言处理、非符号化的人工智能(如基于案例的推理、机器学习、贝叶斯模型、神经网络等)、图像识别、手写识别、文字识别、云计算、大数据分析、计算机视觉、生物特征识别、AR(增强现实)、VR(虚拟现实)、图像压缩、音视频采集、用户画像、知识模型和推理、数字音像、数据挖掘等技术。

2) 素养层面

首先，人工智能时代的未来教师必须具备信息素养，能够在海量的信息、数据中明确自己的需要，进行具有针对性的信息筛选，提升教学效率。其次，道德素养至关重要，这关乎人工智能与教育融合的伦理问题。再次，教师要具备情感素养，人工智能可以模拟人类的某些情感表现，但这些模拟都不具有社会意义。智能时代，教师必须像重视师德一样重视自身情感素养的培养和提升。从次，教师要具备基于批判性思维的创新素养，人工智能服务于人类，不可能具有独立的思维，批判性思维是更好的思维方式，基于批判性思维的创新素养对于教师运用人工智能技术实现课堂的多方位交互有很大的作用。最后，教师必须具备哲学与审美素养，哲学和审美素养是一切素养的基础，是教师拥有正确、积极向上的世界观、人生观、价值观的前提。智能时代教师必须提升自身的哲学与审美素养，树立正确的"人工智能+教育"的世界观，用积极、正确的眼光看待智能技术的利与弊。

3) 政策层面

政策作为国家宏观调控方面的一个措施，在智能时代的教师培养中显得尤为重要。国家制定的关于智能时代未来教师培养的政策是培养教师的基础，教师通过对政策的学习可以掌握教育的发展动态，及时了解国家政策的要求。

5.3.3 人工智能时代未来教师的培养路径

虽然科学技术不能代替教师，但是使用科学技术的教师可以代替不使用科学技术的教师。未来是人机协同的时代，人工智能会协助教师更好地"教"学生，如何培养未来的教师、如何让教师适应和掌握新技能，是教育稳定发展的关键。图 5-7 展示了人工智能时代未来教师专业发展模型，该模型聚焦国家、学校、教育管理者和教师四个维度，从宏观、中观、微观三个层面探索人工智能时代未来教师专业发展路径(宋灵青和许林，2018)。

在人工智能时代，应把"立德树人"作为教育的根本任务，国家应在宏观层面加强顶层设计，制定教师专业发展的相关政策。学校应在中观层面不断完善教师培养体系，建立学校之间的专业支持服务团队，同时教师培训要与时俱进，为职前职后教师提供适应时代发展需要的工作和发展支持。微观层面针对教育管理者和教师自身，教育管理者应理解智能时代的育人目标、形成自身的系统思维、重视教师的体验变化、校政协同共推案例建设，为智能时代的教师培养打好基础；在教师个人成长上，教师要认清人工智能时代自身的发展方式，塑造新的角色，注重个人的成长，通过教学方式变革不断促进自身智能素养的提升，学会与人工智能协同，以适应人工智能时代的教育要求。

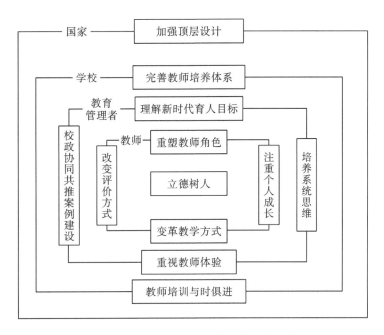

图 5-7　人工智能时代未来教师专业发展模型

1. 国家层面

人工智能在教育中得到广泛应用可能还需要数十年的时间，如何培养未来的教师、如何使教师适应和掌握新的技能，是教育稳定发展的关键。国家应积极支持和实施"人工智能+教育"与"人工智能+教师"发展规划，研究制定教师信息技术应用能力评价标准，提高教师信息素养和信息化教育能力，制定教师教育课程指导标准，培养人工智能领域的教师人才。

2. 学校层面

1) 完善教师培养体系

当前，我国的人工智能教学师资匮乏，学校要注重完善教师培养体系。人工智能是一门具有高度综合性和交叉性的学科，以往多包含在计算机、自动化、智能科学等学科中。如果继续把它割裂地留在各个学科，则很难适应时代的需求。因此，要完善人工智能的学科建设，加强人工智能与计算机、控制、量子、神经和认知科学以及数学、心理学、经济学、法学、社会学等相关学科的交叉融合，完善人工智能基础理论、计算机视觉与模式识别、数据分析与机器学习、自然语言处理、知识工程、智能系统等相关方向的建设(教育部,2018)。

要加强人工智能专业建设和人才开发,针对基础教育阶段和高等教育阶段学生及教师的不同特点制定相应的人工智能课程。《教育信息化 2.0 行动计划》提出,要推动人工智能重要方向的教材和在线开放课程建设,特别是人工智能基础、机器学习、神经网络、模式识别、计算机视觉、知识工程、自然语言处理等主干课程的建设,推动编写一批具有国际一流水平的本科生、研究生教材和国家级精品在线开放课程(教育部,2018)。在各阶段要加强教材的建设,核心教材应讲授人工智能最为核心的理论和技术,稍外围的教材应介绍与应用场景无关的数据智能技术,更外围的教材应充分体现"人工智能+N",形成一类丛书。另外,可建设产学研协同育人项目,聘请企业人才到高校任教,让他们分享一些实际项目中使用的人工智能算法,加快高校研究人工智能的进程。

2)教师培训与时俱进

人工智能时代的到来对教师来说是一个很大的挑战,教师必须适应时代需求,与时俱进地掌握必备技能,接受学校安排的相关培训。首先,培训内容要具有针对性,如提高人机交互和协作效率的培训,关于人-人、人-机、人-世界沟通能力的培训,如何对突发性问题进行处理的培训,以及关于批判性认知和思考的培训,同时应重视对教师教育观念和教学方法的培训。其次,要注意培训方式的丰富性,培训可以合理地利用 VR、AR、MR 等新兴技术,结合传统的指导、学徒制等方式,建立新的培训模式,帮助教师获取相关的培训内容;也可以为教师提供更多的基于真实问题的学习机会,提供个性化指导。最后,要制定与人工智能相适应的教育培训政策,为教育变革做好前期准备。

3. 教育管理者层面

1)理解新时代的育人目标

人工智能赋能教育的发展促使智能时代到来,计算机、互联网等信息技术的广泛应用使教育环境发生变化。在学校教育中,除了在学校层面针对教师制定培养方案外,教育管理者也应积极发挥作用,不断提升自身的管理素养,为智能时代教师的培养提供条件。智能时代要求教育管理者转变观念,理解新时代的育人目标。新加坡"21 世纪素养"框架中,把核心价值观放在核心地位,把充满自信的人、主动学习的人、积极奉献的人放在主体地位。美国"21 世纪素养"框架中,把核心科目和 21 世纪的主题放在核心地位,把学习与创新技能、生活与职业技能以及信息、媒体和技术技能放在主体地位(李希贵,2020)。在智能时代,教育管理者必须重视技能与 21 世纪核心素养,提升自身适应智能时代教育管理工作的能力。

2)培养系统思维

系统思维可以扩大人的视野,让人看问题更全面,看待人和事更客观,避免情绪化和固执。智能时代的教育管理者必须具备系统思维,这样才能在处理问题时更客观、更公正，用系统的观点审视人工智能给教育带来的种种变革，据此采取更得当的措施使教育的发展与时代的进步相契合，进而在处理教育各要素的关系时抓住重点，建立各要素间的联系，促进教育教学的变革。

3）重视教师体验

在人工智能时代，教师的角色和职能定位都发生了一定的变化，教育管理者必须高度重视教育变革过程中教师的发展动态与变化，时刻重视教师的体验。由大数据、云计算、物联网等技术支持的智能教育，与传统教育有着本质上的区别。在课堂上，人工智能教育机器人与教师协作，形成人机协作的"双师课堂"模式，这种模式在很大程度上减轻了教师的工作负担，一些烦琐、重复的工作将由教育机器人完成，教师可以专心地投入富有智慧的工作中。这种在人工智能时代由技术支持的教育变革带来的新体验是传统教育方式无法媲美的。在这个过程中，教育管理者必须重视教师的体验，时刻关注教师的情绪变化，定期对教师进行人工智能理论与实践方面的培训，助推教育变革。

4）校政协同共推案例建设

未来教育管理者是推动教育改革的主导力量，在人工智能时代，必须推进校企深度合作，确保人才培养质量和未来教师的培养路径，充分发挥校院联动和校政合作的优势，多举措推进人才共育和培养。

为促进教育变革，加快培养智能时代的未来教师，教育管理者必须重视校政协同案例建设。首先，要加强人才供需对接，重视实行校企深度合作，坚持开展人才创新培养工作。其次，应加强"双师"型教学团队的建设，培养能与人工智能协同开展教育活动的专业的、敬业的教师队伍。再次，要推动产学研协同育人项目的建设，以培养创新型人才为教学目标，以培养学生的创新思维为核心，整合与利用好各种资源，建设研究方向明确、优势互补、团结协作的跨学科创新团队。最后，教育管理者要召集各方力量建立科技合作平台，通过建立校企实验基地与科研中心，提高学校的科研能力，并培养出顶尖的创新人才，以促进企业经济快速地发展，提升企业的自主创新能力，实现双方互利共赢。

4. 教师层面

1）把立德树人作为根本任务

教师的语言和行为都具有很强的指导性、示范性，所以要时刻以德立身、以德立学、以德施教。技术的进步对人的发展提出了更高的要求，在人工智能时代，要对人的价值观进行正确的引导。人工智能改变了教育方式，但不能取代教师职能，也不能取代学生的理想、信念、情感等的作用，人与人之间的关系和交流依旧是机器无法替代的。在人工智能时代，"立德树人"作为教育的根本任务不会发生改变，这也是教师的根本任务。教师应着眼于立德树人这项根本任务，传递正确的价值观，创建凝聚力文化，倡导人文关怀，学习沟通交流的方法，同时要培养德、智、体、美、劳全面发展的社会主义建设者和接班人，用人工智能推动教育进步。

2) 重塑教师的角色

教师的角色决定了教师在教育背景下应该表现的心理和行为模式，人工智能时代的到来促进教师角色的转变：技术意图取代教师的主体地位；人工智能促进教师从以知识的传播者为主转变为以学生人生引路人为主；人工智能促进教师因材施教；教师成为人工智能的应用者和评估者等。

3) 注重个人成长

以往，教师经过系统的教育和培训，基本能够胜任本职工作。进入人工智能时代，教师只有学会学习和不断学习，才能有效应对人机协同的新时代。教师的成长和发展离不开社会和学校的支持，教师要成为实践者，积极探索"人工智能+教育"的发展路径。因此，在人工智能时代，教师要有强烈的自信心、好奇心和敢于成长、勇于尝试新事物的品质。

在人工智能时代，教师不再通过参与传统的职业培训改进教学，只需要通过人机协同方式促进教学的个性化和学生学习。同时，教师应拓展合作对象，除了与学校其他教师合作外，还可以通过人工智能技术创建学习社区、网络学习空间和社交媒体等，以"人机协作"和"人人合作"等形式提高自身的专业素养和能力。

4) 变革教学方式

在未来的社会中，教师最基本的职能不仅仅是传授知识，教师对学生个性化需求的响应同样重要。教师要不断变革和创新教学方法，与 AI 助教合作，提高教学质量，培养学生的核心素养；构建以学生为中心的个性化教学模式，借助人工智能技术实现学习过程和教学过程的个性化。而人工智能与教育的融合能够推动以自主、合作、探究为主要特征的教学方式的变革，学生能够借助教育机器人从事各种学习活动，提升沟通、协作、问题解答等能力。因此，被人工智能赋能的教学方式对于促进学生全面发展尤为重要。

5) 改变评价方式

评价学习活动是教师的工作内容之一。在教学评价方式变革的当下，学校和教师愈发重视使用将过程性评价与总结性评价相结合的评价方式对学生的学习活动等进行评价。在人工智能技术的支持下，评价被赋予新的内涵。对比传统的纸笔评价，人工智能技术支持下的评价方式能够改进以往的评价方法，减少纸笔评价质量管理所需的时间、资源，为教育管理者、教师和家长提供更真实的建议，最大限度地提高教学和学习质量。

智能测评是指通过对学习者在学习过程中表现出来的各种行为进行数据汇总和大规模自主智能评估，最终形成个性化即时反馈。大规模评估是指利用大数据分析技术对学生的学习行为和学习成果进行具有针对性的测评；个性化即时反馈是指对某位或某一群学生的学习行为和学习过程数据进行分析后给予反馈。智能测评能够对学生进行更完整、更详细的评估，帮助学生全面、细致地思考，进而调整学习方法或选择适合自己的学习方法，改善学习效果。

5.4　人工智能教育培养目标

5.4.1　人工智能时代下教育学专业培养目标

培养目标是指根据一定的教育目的和约束条件，对教育活动的预期结果(即学生的预期发展状态)所做的规定(蔡忠兵，2017)。它是根据国家的教育目的和学校自身的定位对培养对象提出的特定要求，是对各级各类人才的具体培养要求。培养目标在《教育大辞典》中的释义为："人才培养目标也称教育目标，指各级各类学校的具体培养要求"(顾明远，1990)。

在人工智能快速发展的当下，各专业的人工智能课程都应根据人工智能内容结构体系以及不同阶段学生身心发展的特点进行设计，目标是具有层次性、阶段性。人工智能课程体系面向的是高校教育学专业学生，目的是提高学生对人工智能相关政策、技术以及其与教育和其他领域融合产生的智能产品的认识水平，使学生获得信息素养、智能素养等。表 5-8 为教育学专业学生学习目标的具体分类。

表 5-8　教育学专业学生学习目标分类

目标定位		非教育技术专业				教育技术专业
		学前教育	小学教育	高等教育	心理学	
总目标		使高校教育学专业学生在相应的人工智能应用场景中了解、领会、掌握、应用相应的概念、政策和技术，获得信息素养、智能素养、计算思维、批判性思维、创新思维、科技素养、数据素养、21 世纪核心素养，在未来的工作中能够运用相关的智能应用整合课堂教学，促进教育的改革与发展				
知识掌握	了解	(1)知道人工智能技术的基本概念 (2)形成人工智能技术的学习观念 (3)明确人工智能技术的分类				
	领会	(1)理解人工智能技术应用的步骤 (2)能够转换理念，自行解释人工智能技术的工作流程 (3)理解、领悟、阐明人工智能技术的基础理论和基本原理				
	掌握	(1)精通人工智能的主要技术范畴 (2)分解人工智能技术的组成要素，了解各要素间的相互关系				
	应用	(1)熟练地分析数据 (2)运用编程，依据算法进行匹配 (3)通过建模，构建更高级的算法模型				
素养能力		(1)在学习中获得八类符合教育学专业学生特点的人工智能素养(信息素养、智能素养、计算思维、批判性思维、创新思维、科技素养、数据素养、21 世纪核心素养) (2)具有人工智能素养及终身学习的理念，随着社会的不断进步与学习需求的不断提高，动态地完善自己的人工智能素养 (3)重视人工智能素养的形成，并结合自身的发展需要，不断完善自身的素养				
身心健康	教学伦理	(1)建立技术伦理观念，关注教育的人文影响，在教育与人工智能的相互作用中辩证认识和把握人工智能教育的价值 (2)合理应用技术，以尊重人的成长、尊重个人自由、尊重个体差异等为基本原则				
	道德思想	(1)提升学术道德意识，激发学术研究兴趣，自主开展研究实践 (2)树立正确的道德观，遵守道德规范、产品标准和安全规范				

目标定位	非教育技术专业				教育技术专业
	学前教育	小学教育	高等教育	心理学	
责任担当	(1)坚定矢志不渝的理想信念 (2)增强创新创造的实干本领 (3)积极主动地服务奉献社会 (4)传承先进文化的文化素养 (5)提升国际理解的能力素养 (6)实现民族复兴的使命担当				

5.4.2 教育学专业学生培养内容

《新一代人工智能发展规划》提出，要把高端人才队伍建设作为人工智能发展的重中之重，形成我国人工智能人才高地；加强人工智能基础研究、应用研究、运行维护等方面的专业技术人才培养(国务院，2017)。培养人工智能时代所需要的高端人才，对教育学专业学生的培养内容提出了新的要求。应在国家总方针政策下明确人才培养的具体内容，通过进一步细化总目标来达到培养教育人才的目的。

1. 人工智能教育应用型人才

1)人工智能教育应用的技术架构

《人工智能+教育蓝皮书》将人工智能的关键技术分为云计算与大数据、机器学习、自然语言处理、计算机视觉、虚拟现实与增强现实、知识图谱、机器人与智能控制、人机自然交互八类(图5-8)。人工智能的这八类关键技术与教育相融合，将对教育环境、教育方式等产生巨大影响，使教育始终走在时代发展的前沿。

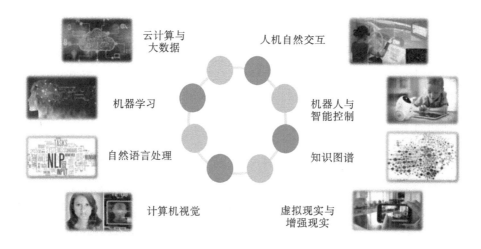

图5-8 人工智能八大关键技术

人工智能八大关键技术与教育的融合，促使产生基于人工智能技术的智能教育系统和产品，它们能够通过与教师、学生在课堂上的交互，记录并分析教师的"教"和学生的"学"的真实情况，减轻教师工作压力，增加学生学习的积极性，对未来教育的发展有积极影响。

2) 加强对人工智能教育应用相关知识的掌握

信息化教学已经融入教师的日常工作中，教育技术成为教师需具备的一项基本技术。人工智能教育应用型人才将成为推动智能教育发展的重要力量，对于还未走出校门的教育学专业学生来说，学习人工智能相关技术非常重要。

人工智能教育应用型人才是能够将人工智能技术与教育融合，并利用新技术促进教育发展的人才。教育学专业学生不仅需要对人工智能技术有一定的了解，而且需要对教育知识进行深刻的理解。针对技能方面的培养，教育学专业学生应根据具体情况达到如下要求：①掌握部分人工智能技术；②增强对教育技术理论知识的学习；③提高相关操作和技能水平；④提高教育技术应用能力；⑤熟练地将所学的技术和知识应用于实践，进而提高未来自主发展人工智能素养的能力，成为新时代人工智能教育应用型人才。

2. 具有人工智能素养的人才

1) 提升教育学专业学生的人工智能素养

人工智能素养是人工智能融合教育背景下提出的新概念。国务院印发的《新一代人工智能发展规划》明确指出，人工智能的发展将成为国际竞争的新焦点，在信息时代每个人都是"数字公民"，如何在智能时代具备核心竞争力、提高自身的智能化胜任力，具备人工智能素养至关重要。教育学专业学生作为今后的教育工作者，更应该不断提升人工智能素养，为人工智能课程体系的开发和培养学生的人工智能素养做好准备。

在人工智能时代，教育学专业学生的人工智能素养以人机协同为前提，不断提高其人工智能素养，可为人工智能通识课程的开发提供人才支持。因此，提高教育学专业学生的人工智能素养是智能时代教育的基础，同时智能时代还要关注教育学专业学生的社会竞争力和适应能力，不仅要让学生掌握人工智能技术，还要重视培养学生的高阶思维和人文素养。教育学专业学生要善于运用人机结合的思维方式解决教育问题，了解更真实的教育现象，达到不断超越个人认知能力的要求。

2) 构建对人工智能素养培养目标的要求

要把教师的人工智能素养培养内容细化，让教育学专业学生充分理解并能够对照内容提高自身的人工智能素养。根据国外的培养内容以及我国的《中小学教师教育技术能力标准(试行)》，可总结出教师的人工智能素养主要涉及三个方面：信息技术设备的操作、教学资源的开发与整合和信息化教学。应从教育学专业学生自身的特点出发，构建教育学专业学生人工智能素养标准体系。对教育学专业学生的培养要从技术层面着手，认清教育学专业学生发展的薄弱环节，提高学生的人工智能素养总体水平。

5.4.3　目标定位的依据

合理地定位人工智能时代下教育人才的培养目标是教育专业进行专业设置、课程安排和有效开展教学的前提条件，也是确保人才培养质量的重要基础。人工智能时代下教育学专业学生培养目标的定位既要考虑社会发展对人才的需求、遵循教育学专业的发展规律，也要基于具体的理论依据与政策依据。

1. 理论依据

1) 人的全面发展学说与人才培养目标定位

马克思以历史唯物主义的方法论，在对个人发展与社会发展的关系做哲学、经济学、社会学考察的基础上提出了人的全面发展学说。

在人工智能时代，教育与生产劳动相结合的规律没有改变，只是结合的内容和方式在随着科学技术的发展改变，多数人的工作和生活都与智能机器息息相关。人工智能时代对教育工作者的各项素质都提出了更高的要求，不仅要求教育工作者具备专业知识和能力，还要求教育工作者具有跨学科的知识和跨界能力以及创新意识和创新能力，能够在学习中不断创新知识、创新技术，促进教育行业的发展。为了避免人成为智能机器的附属品，现代教育必须与生产劳动相结合，与整个国民经济相结合，培养体脑结合的全面发展的人才。因此，教育人才培养目标的确立必须把促进和实现人的全面发展作为基本的理论依据，这也是教育人才培养目标的内在要求。

2) 职业带理论与人才培养目标定位

职业带理论是一个职业分布既连续又分区域的理论，也是一种能够体现人才结构、随着生产力发展而不断演进的理论，用来表示各种类型人才的知识技能构成比例，图5-9为职业带理论示意图。

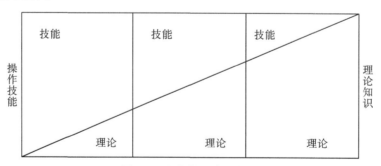

图 5-9　职业带理论示意图

人才是社会系统运行发展的推动力，社会系统对人才的需求不是单一的，而是多种层次、多种规格和多种类型的。根据职业带理论，社会系统的运行离不开应用型人才中的工程型、技术型和技能型三类，只有每类人才所占的比例合理且所具备的知识和能力与时代发展需求相契合，才能充分利用各类人才对社会的贡献，使社会系统的运行状态达到最优。而人才的发展具有动态性，人工智能时代的人才培养将会颠覆传统的职业带划分，技能和理论的掌握程度将不再是划分人才的主要标准，人工智能时代的人才培养目标将更加注重复合型、智能型人才的培养。另外，一定的产业结构要求有一定的人才结构相对应，职业带理论在新时代有了新的内涵，这为人工智能时代下教育培养高端型、复合型和智能型人才提供了理论指导。

3）责任担当意识培育理论

责任是人类社会发展史上必不可少的一种基本人性规范，其与一定的历史条件和主体能力相结合，对人类自我完善和自身价值的实现具有重要意义。

（1）中国传统文化中的责任担当思想。党的十八大以来，继承与发展中华传统文化、对中华文化进行创造性转化和创新性发展等主张不断被强调，优秀传统文化是中华民族最深沉的精神追求，是实现"两个一百年"奋斗目标的基础，是新时代开展责任担当教育时最基本的文化基础，其包括爱国思想、奉公思想、务实思想。爱国思想与中华民族悠久历史与文化密切联系在一起；奉公思想要求树立为国家、为社会、为人民服务的责任担当意识；务实思想要求踏实做事、讲求实效，务实与担当紧密相连，务实担当是指要主动承担责任，切实履行职责。

（2）教育学视野中的责任担当思想。责任担当素养与责任担当教育不仅是思想政治教育的重中之重，而且也是教育学科所一直强调的重点。责任教育的目标：①培养学生的责任意识和担当能力；②推动社会稳定发展。责任教育的目标兼具主观性与客观性，需要在不同历史时期根据不同学生的生理特点与心理特点、社会发展要求和培养目标来确定。新时代责任教育的目标是提升学生责任担当意识和能力，培养能担当民族复兴大任的时代新人（赵炎，2019）。

4）马克思技术伦理观

技术伦理的目标是使技术造福于人类及环境。技术的应用迫使人的个性逐渐丧失，伦理等人文要素迫切需要被引入技术的应用中，技术负载的伦理价值日益凸显。技术与社会伦理体系二者实现良性互动和协调发展，是技术伦理应该关注的目标。这为教育学专业伦理价值研究提供了合理的视角，人工智能教育应用的目标应关注技术对教育伦理、社会伦理等价值体系的影响，尽可能地做到技术与教学二者和谐发展（谢娟，2013）。

5）德育关怀思想

随着我国的德育理论研究日渐兴盛，道德教育的关怀思想日渐明朗。在道德教育实践层面，不少学者指出道德教育应转向生活，以学生作为道德教育的主体展开。总体而言，我国德育理论研究逐步摆脱传统德育研究的束缚，正朝科学化和人性化相结合的趋势发展，表现为反对道德灌输，提倡把生活世界视为道德教育的根基，以及逐渐确立主体性德育思想、道德关怀思想等，这些都将对我国的德育实践产生深远的影响（杜静等，2019）。

2. 政策依据

国家的教育方针政策是国家根据社会经济发展的要求对教育制定的方针和政策，是各级各类教育发展的总纲领，是制定教育人才培养目标的基本依据。关于教育人才的培养和人工智能的发展战略，国家出台了一系列政策文件，这些政策文件可以为人工智能时代下确立人才培养目标提供一定的参考。

(1) 关于教育人才培养目标的国家政策与文件。目前，我国出台了多个关于教育人才培养目标的国家政策。自 20 世纪以来，我国教育人才培养目标的定位逐渐清晰，内涵不断丰富和完善 (表 5-9)。

表 5-9 国家政策文件关于人工智能发展方面人才培养问题的表述

文件名称	发文机构	相关表述
《中国制造 2025》	国务院	推进制造过程智能化。在重点领域加快人机智能交互、工业机器人、智能物流管理等技术和装备在生产过程中的应用，实现智能管控。强化师范生教育和技能培训，鼓励企业与学校合作，培养制造业急需的科研人员、技术技能人才与复合型人才
《国务院关于积极推进"互联网+"行动的指导意见》	国务院	依托互联网平台提供人工智能公共创新服务，加快人工智能核心技术突破，充分利用现有人才引进计划和鼓励企业设立海外研发中心等多种方式，引进和培养一批"互联网+"领域高端人才
关于印发《"互联网+"人工智能三年行动实施方案》的通知	发改委	依托国家重大人才工程，加快培养引进一批高端型、复合型人才。完善高校的人工智能相关专业、课程设置，注重人工智能与其他学科专业的交叉融合，鼓励高校、科研院所与企业开展合作，建设一批人工智能实训基地
《新一代人工智能发展规划》	国务院	把高端人才队伍建设作为人工智能发展的重中之重，完善人工智能教育体系，加强人才储备和梯队建设，形成我国人工智能人才高地。培育高水平人工智能创新人才和团队。支持和培养具有发展潜力的人工智能领军人才，加强人工智能基础研究、应用研究、运行维护等方面的专业技术人才培养。重视复合型人才培养，既包括纵向复合型人才的培养，也包括横向复合型人才的培养
《促进新一代人工智能产业发展三年行动计划(2018—2020 年)》	工业和信息化部	以多种方式吸引和培养人工智能高端人才和创新创业人才，支持一批领军人才和青年拔尖人才成长。依托重大工程项目，鼓励校企合作，支持学校加强人工智能相关学科专业建设，引导职业学校培养产业发展急需的技能型人才

(2) 自 2015 年开始，国家相继出台了有关人工智能发展的政策文件，其中不乏关于人工智能教育应用的具体表述 (表 5-10)。

表 5-10 国家政策文件关于人工智能教育应用的具体表述

人工智能教育应用场景	文件名称	相关表述
智能教育环境	《新一代人工智能发展规划》	要求逐步开展全民智能教育，设置人工智能相关课程，逐步推广编程教育，建设人工智能学科，形成我国人工智能人才高地；要利用智能技术加快推动人才培养模式、教学方法改革，构建包含智能学习、交互式学习的新型教育体系
	《加快推进教育现代化实施方案(2018—2022 年)》	促进信息技术与教育教学深度融合，支持学校充分利用信息技术开展人才培养模式和教学方法改革，逐步实现信息化教与学应用师生全覆盖

人工智能教育应用场景	文件名称	相关表述
智能教育环境	《教育信息化 2.0 行动计划》	要求 2022 年基本实现"三全两高一大"的发展目标，即教学应用覆盖全体教师、学习应用覆盖全体适龄学生、数字校园建设覆盖全体学校，信息化应用水平和师生信息素养普遍提高，建成"互联网+教育"大平台
	《国务院关于印发新一代人工智能发展规划的通知》	开发智能教育助理，建立智能、快速、全面的教育分析系统。建立以学习者为中心的教育环境，提供精准推送的教育服务，实现日常教育和终身教育定制化
	《中华人民共和国国民经济和社会发展第十三个五年(2016—2020 年)规划纲要》	首次提出虚拟现实，并将虚拟现实列为未来新的经济增长点
	《智能硬件产业创新发展专项行动(2016—2018 年)》	在虚拟现实和增强现实技术领域，发展面向虚拟现实产品的新型人机交互、新型显示器件、GPU、超高速数字接口和多轴低功耗传感器，面向增强现实的动态环境建模、实时 3D 图像生成、立体显示及传感技术创新，打造虚拟/增强现实应用系统平台与开发工具研发环境
	《中国教育现代化 2035》	提出重点部署面向教育现代化的十大战略任务，其中第八条要求加快信息化时代教育变革，建设智能化校园，统筹建设一体化智能化教学、管理与服务平台
智能学习系统	《智能教育发展蓝皮书(2019)》	用人工智能、大数据等智能技术精准描绘学习者画像，按需定制个性化学习方案与策略；推荐个性化学习内容，驱动个性化学习体验；对学习者的学习行为、过程和成果进行智能测评和个性化诊断，及时掌握学生学习的全面情况，实现个性化学习改进(科大讯飞，2019)
	《高等学校人工智能创新行动计划》	运用人工智能开展教学过程监测、学情分析和学业水平诊断，建立基于大数据的多维度综合性智能评价，精准评估教与学的绩效，实现因材施教
	《教育信息化 2.0 行动计划》	强调开展"智慧教育发展行动"，指出要加强智能教学助手、教育机器人、智能学伴、语言文字信息化等关键技术的研究与应用
智能教学评测	《高等学校人工智能创新行动计划》	运用人工智能开展教学过程监测、学情分析和学业水平诊断，建立基于大数据的多维度综合性智能评价，精准评估教与学的绩效，实现因材施教
	《国务院关于印发新一代人工智能发展规划的通知》	开发智能教育助理，建立智能、快速、全面的教育分析系统。建立以学习者为中心的教育环境，提供精准推送的教育服务，实现日常教育和终身教育定制化
	《中共中央 国务院关于深化教育教学改革全面提高义务教育质量的意见》	建立以发展素质教育为导向的科学评价体系，制定县域义务教育质量、学校办学质量和学生发展质量评价标准
	《中小学数字校园建设规范(试行)》	提出"云-网-端"架构模式，对学校的基础设施、信息化应用等方面做了规范和要求
智能训练系统	《2019 全球教育机器人发展白皮书》	人机交互、机器视觉、情境感知是教育机器人研究中需大力发展的三大关键技术；教育机器人本机智能与云端智能设计的结合将为提升感知与交互能力提供新思路
	《教育信息化 2.0 行动计划》	强调开展"智慧教育发展行动"，指出要加强智能教学助手、教育机器人、智能学伴、语言文字信息化等关键技术的研究与应用

　　通过对国家出台的相关政策的梳理可以发现，我国教育人才的培养目标随着社会的发展不断调整和变化，但一直以来都突出人才在生产过程中的重要作用。而人工智能的发展要求人才培养要更加突出人才对人工智能技术的应用，因此，人工智能时代下的教育人才培养目标要突出高端性、应用性、全面性、创新性和复合性。

5.4.4 总体目标定位

人才培养目标总体上应该从培养的专业、类型和层次三方面来定位。专业定位有助于各个教育专业类型相互区分，体现出每个教育专业在教育体系中的独特地位；类型定位有助于凸显教育的时代使命，明确学校对所培养的人才的预期标准，使培养的教育学专业学生与职业岗位需求相匹配；层次定位有助于区分教育体系中各个专业内部的学习水平和程度，避免各层次交叉和重复。

1. 专业定位

在对教育学专业学生需求比较大的背景下，除了学习专业必修课以外，很多职前教师选择通过培训班或自学的方式来积极地获取教育技术知识与技能，可见教育学专业学生的人工智能素养发展方式呈现多元化特点，不能单一地局限在学习公共课上。基于此，本书把教育学专业学生划分为教育技术专业学生与非教育技术专业学生，其中非教育技术专业又包括学前教育、小学教育、高等教育与心理学专业。

2. 类型定位

1) 教育学专业学生须掌握的人工智能技术界定

教育学专业学生须掌握的人工智能技术界定及其含义见表 5-11。

表 5-11 技术界定及其含义

技术名称	含义
自然语言生成	自然语言生成是人工智能和计算语言学的分支，主要研究如何使计算机具有与人一样的表达和写作能力，即根据一些关键信息及其在机器内部的表达形式，经过一个规划过程，自动生成一段高质量的自然语言文本
图像识别	图像识别是利用计算机对图像进行处理、分析和理解，以识别各种不同模式的目标和对象的技术，应用了深度学习算法。图像的传统识别流程：图像采集→图像预处理→特征提取→图像识别
云计算	云计算又称为网格计算，是分布式计算中的一种，指的是通过网络"云"将巨大的数据计算处理程序分解成无数个小程序，然后通过多个服务器组成的系统处理和分析这些小程序得到的结果并返回给用户
大数据分析	大数据分析是指对规模巨大的数据进行分析。大数据具有 5 个特征：容量大、速度快、类型多、价值高、真实
智能图像分析	智能图像分析是指用位于前端或后端的图像分析服务器，对监控摄像机所拍摄的视频图像进行分析，将图像中的目标从背景中分离出来，并加以辨认、分析与追踪
自然语言处理	自然语言处理是计算机科学领域与人工智能领域的一个重要研究方向。它通常可进一步分为自然语言分析和自然语言生成，主要研究有关人与计算机之间用自然语言进行有效通信的各种理论和方法
计算机视觉	计算机视觉是指用摄像机和计算机代替人眼对目标进行识别、跟踪和测量等，并进行图像处理，使计算机将图像处理成更适合人眼观察或传送给仪器检测的图像
生物特征识别	生物特征识别是指让计算机利用人所固有的生理特征(指纹、虹膜、面相、DNA 等)或行为特征(步态、击键习惯等)来进行个人身份鉴定
AR(增强现实)	AR 是一种实时地计算摄影图像的位置及角度并加上相应图像的技术，包含多媒体、三维建模、实时视频显示及控制、多传感器融合、实时跟踪及注册、场景融合等新技术与新手段，它将计算机生成的虚拟物体或关于真实物体的非几何信息叠加到真实世界的场景上，实现了对真实世界的增强
VR(虚拟现实)	VR 是利用计算机模拟产生一个基于三维空间的虚拟世界的技术，提供关于视觉等感官的模拟，让使用者感觉仿佛身临其境，即时、没有限制地观察三维空间内的事物

技术名称	含　义
图像压缩算法	图像压缩算法在不影响或较少影响图像质量的前提下，通过对数字图像像素之间相关性的进一步研究，并结合人眼视觉的特性，对图像数据的冗余信息进行压缩，达到减小数据量的目的
视频采集	视频采集是指用视频采集卡把模拟视频转换成数字视频，并按数字视频文件的格式保存下来
音频采集	音频采集用于实现计算机对声音的处理。采集音频数据的常见方法有 3 种：直接获取已有的音频、利用音频处理软件捕获截取声音、用麦克风录制声音
用户画像	用户画像又称用户角色，是一种勾画目标用户、联系用户诉求与设计方向的有效工具，在各领域得到了广泛的应用。用户画像可以使产品的服务对象更加聚焦、更具针对性
知识链模型	由美国学者霍尔萨普和辛格提出，由主要活动功能和辅助活动功能两部分组成。主要活动功能由 5 个阶段组成：知识获得、知识选择、知识生成、知识内化、知识外化。辅助活动功能由 4 个层次组成：领导、合作、控制、测量。知识链模型表明知识链的"产出"是各个阶段的知识"学习"活动的结果
机器学习	机器学习是人工智能的一个重要方面，专注于算法，允许机器进行学习而不需要编程，并在增加新数据时进行更改
知识推理	知识推理是在计算机或智能系统中，通过模拟人类的智能推理方式，并依据推理控制策略，利用形式化的知识实现机器思维和求解问题的过程，智能系统的知识推理过程通过推理机来完成
语义分析	语义分析是编译过程的一个逻辑阶段，语义分析的任务是对结构上正确的源程序进行上下文有关性质的审查，同时进行类型审查。语义分析会审查源程序有无语义错误，为代码生成阶段收集类型信息
手写识别	手写识别属于文字识别和模式识别范畴，可将在手写设备上书写时产生的有序轨迹信息转换为文字，是人机交互的有效手段。一般过程为预处理→特征提取→分离出字符
文字识别	文字识别是利用计算机自动识别字符的技术，是模式识别的一个重要应用领域，一般包括文字信息的采集、信息的分析与处理、信息的分类判别等几个部分
数字音像	数字音像技术属于音像技术，通常应用于 CD、VCD、DVD 的记录与重放，以及典型 VCD 机的电路分析
数据挖掘	数据挖掘是指从数据库的大量数据中揭示出隐含的、先前未知的并有潜在价值的信息。数据挖掘是一种决策支持过程，主要基于人工智能、机器学习、模式识别、统计学、数据库、可视化技术等，能高度自动化地分析企业的数据，进行归纳性推理，从中挖掘出潜在的模式
语音识别	语音识别技术是让机器通过识别和理解过程把语音信号转换为相应的文本或命令的技术，主要包括特征提取技术、模式匹配准则及模型训练技术

2）教育学专业学生须具备的人工智能素养界定

以往对教育学专业学生的信息素养教育，是一种以培养其信息意识和信息处理能力为目标的教育。但是，教育学专业学生的信息素养教育不仅包含传统意义上的信息意识、信息技术、信息技能、信息心理和信息法治教育，还涉及用于适应信息社会的技能，以及持续学习能力、创新能力和批判性思维。表 5-12 将学生需要具备的素养划分为八类。

表 5-12　素养分类及其含义

素养	概述	分类及含义	
信息素养	信息素养的概念最早在 1974 年由时任美国信息产业协会主席的 保罗·泽考斯基（Paul Zurkowski）提出："信息素养即运用信息工具和资源来解决信息问题的技能"（陈维维和李艺，2002）	信息道德与情感	信息道德与情感是信息素养的保障，信息活动中的人文操守，与信息有关的法律、道德，在信息化教育教学资源的评价、获取、传播、利用过程中应遵守法律法规、伦理标准
		信息意识与态度	信息意识与态度是信息素养的起点。应认识信息与个人、社会发展的密切关系；明确自身对信息的独特需求；对信息的价值有敏感性和洞察力
		信息技术与能力	信息技术与能力是信息素养的核心，主要是指利用信息工具识别获取、评价判断、加工处理以及生成创造新信息的能力，包括一般能力、信息能力

素养	概述	分类及含义	
智能素养	智能素养是在人工智能时代对学生发展核心素养的时代发展，是对核心素养中的"信息意识"在人工智能时代的进一步明确、丰富和提升，它是确保学生适应并超越人工智能时代的素养(汪明，2018)	智能知识	能够科学认识、合理定位人工智能、智能化、人工智能时代的特点，正确认识人工智能的必要性与重要性和人工智能与个人、社会发展的关系，对人工智能有较强的敏感性
		智能能力	能够积极投入对人工智能的学习与使用中；合理研发人工智能，能在人机协作中与人工智能共生
		智能情感与伦理	悦纳人工智能，遵守相关人工智能伦理道德
计算思维	计算思维于2006年由美国卡内基梅隆大学的周以真教授提出，其定义为：运用计算机科学的基础概念(即思想和方法)求解问题、设计系统和理解人类行为。计算思维能够让人利用计算机的基本运行机制创造性地使用新的思想、新的方法解决问题(沈继云，2019)	问题及问题求解过程的符号化表示；逻辑思维与抽象思维	定义问题，建立数学模型。使用抽象能力，将人对实际问题的理解过程用数学语言描述出来
		建立模型；实现类计算和模型计算	完成映射，编写算法。将数学模型中的所有变量及运算规则等用相应的特定符号替换，将完整的解题思路编写成程序代码，用以指挥计算机进行计算
		利用计算机技术；形式化证明	执行算法、解模，获得符合人类习惯的答案。根据算法，计算机完成相应指令，自动求出问题的解
批判性思维	批判性思维泛指人类对某一事物或现象长短利弊、真伪对错的剖析和评断，即通过对认知对象的分析、质疑和论证，形成独立和正确的见解(贺善侃，2005)。其在本质上是一种驾驭和活用知识的思维，通过运用思维内在的结构和智能标准对思考施加影响	逻辑推导、归纳类比、批判识别、综合分析、辩证推理	包括高度技巧化的概念、推论、分析综合，或者评估收集而来或产生的信息，涉及观察、实验、沉思、推理或者交流
创新素养	创新素养是个体能够利用相关信息和资源，产生新颖且有价值的观点、方案、产品等成果(甘秋玲等，2020)。	创新人格	创新人格是指个体具有好奇心、开放心态、勇于挑战和冒险、独立自信等特质。创新人格对创新主体进行创新活动具有重要的驱动和调控作用(甘秋玲等，2020)
		创新思维	创新思维是记忆、思考、联想、理解等能力为基础，以探索性、求新性、综合性为特征的心智活动。创新思维是多种思维形式特别是发散思维、辐合思维和重组思维高度结合的结果(甘秋玲等，2020)
		创新实践	创新实践是个体参与并投入旨在产生新颖且有价值的成果的实践活动(甘秋玲等，2020)
科技素养	科技素养又称为科技素质、科学素养或科学素质，是指社会公众所应具备的对科学技术的最基本的理解能力	科技知识	了解科学知识，认识和理解一定的科学术语和概念
		科技能力	科技能力主要指个体的学习、应用、创新能力，以及进行科学推理的基本能力
		科学方法	科学方法是人们探索求知、获取知识的途径和程序，也是了解科学研究过程的方法
		科技意识	科技意识是人对科技的心理、情感、认识和观点的总和，主要指个体对科技的作用和价值的认识与重视程度，尤其是对科技对社会、个人所产生的影响的了解和重视程度
		科技品质	科技品质包括科学立场、科学态度、科学精神、科学作风等，表现为了解科学技术对社会和个人所产生的影响，理解包括科学技术内容在内的公共政策议题
数据素养	数据素养是对媒介素养、信息素养等概念的延续和扩展	数据的收集能力	会用正确的方法进行数据的收集与整理
		数据的分析处理能力	会分析处理数据、分类计算数据等
		数据的批判性思维	有批判性思维，用客观批判的眼光看待数据

续表

素养	概述	分类及含义	
21 世纪核心素养	21 世纪核心素养分为三大类：①学习与创新素养，包括批判性思维和解决问题的能力、沟通与协作能力、创造与革新能力；②数字化素养，包括信息素养、媒体素养、信息与通信技术素养；③职业和生活技能，包括灵活性与适应能力、主动性与自我导向、社交与跨文化交流能力、高效的生产力、责任感、领导力等	问题解决能力	问题解决能力是指运用观念、规则、一定的程序方法等对客观问题进行分析并提出解决方案的能力
		创造创新能力	创造创新能力是指在各种实践活动中不断提供具有经济价值、社会价值、生态价值的新思想、新理论、新方法和新发明的能力
		协作能力	协作能力是指建立在团队的基础上，发挥团队精神、互补互助以达到团队最大工作效率的能力。对于团队的成员来说，不仅要有个人能力，而且要有能在不同的位置上尽其所能、与其他成员协调合作的能力
		沟通交流能力	沟通交流能力是指个体在事实、情感、价值取向和意见观点等方面采用有效且适当的方法与对方进行沟通和交流的本领

3) 教育学专业学生身心健康目标界定

教育学专业学生身心健康目标总体可以分为教学伦理目标与道德思想目标，其中，教学伦理目标为建立技术伦理观念，关注教育的人文影响，在教育与人工智能的相互作用中辩证认识和把握人工智能教育的价值；合理应用技术，以尊重人的成长、尊重个人自由、尊重个体差异等为基本原则。道德思想目标为提升学术道德意识，激发学术研究兴趣，自主开展研究实践；树立正确的道德观，遵守道德规范、产品标准和安全规范。

4) 教育学专业学生责任担当目标界定

人工智能时代背景下的责任担当其目标实质上是提升时代责任感和历史使命感，最终实现责任观念的现代化。其主要包括六个方面的内容，这些内容综合了过去对学生责任担当的一般性要求，以及在新的时代条件下对学生责任担当的要求(表 5-13)。

表 5-13 责任担当目标及其含义

责任担当目标	含义
坚定矢志不渝的理想信念	(1)牢固树立马克思主义信仰和共产主义远大理想 (2)坚定中国特色社会主义共同理想和实现中国梦的信念
增强创新创造的实干本领	(1)树立担当民族复兴大任的责任目标，有敢于突破陈规的胆量和勇气，以及勇于克服困难与挫折的坚强意志 (2)要练就创新本领，坚持不懈地学习，学会辨识真假知识，透过现象看本质以掌握事物发展规律 (3)创新本领要从实践中来并运用到实践中去，将个人成长与国家发展需要相结合，创有用之新；立足自身的角色创新，实事求是
积极主动地服务奉献社会	(1)对志愿服务充满热情与渴望，对服务过程中存在的困难和挫折充满战胜的决心 (2)自觉以社会主义核心价值观为指导解决日常志愿服务中存在的困难与问题，在实践过程中严格遵守志愿服务的相关法律、制度和规定，执行志愿者活动的各项要求
传承先进文化的文化素养	(1)拥有良好的文化素养、渊博的文化学识与高尚的道德情操，主动接近并认真品读中华优秀传统文化 (2)激发自身的文化自觉，培养对中华优秀传统文化、我国革命文化与社会主义先进文化的自我觉醒、自我继承、自我创新的能力
提升国际理解的能力素养	(1)认同中华民族的价值观与文化传统 (2)拓宽自身的国际视野 (3)增强自身的国际沟通与交往能力
实现民族复兴的使命担当	科学认识中国梦的历史必然性，根据自身的角色和实际能力进行合理的价值和目标定位

3. 层次定位

层次是指同一类事物相承接的次第，强调在纵向发展上的差别。不同层次具有不同的性质和特征，彼此之间既有共同的规律，又有各自独特的规律。层次定位主要是指同一类教育中对不同层次学生的知识、能力以及品德具有不同要求。层次设置应具有发展性，我国教育学专业包括高中阶段师范生教育、专科层次的师范生教育、应用型本科师范生教育以及研究生层次的师范生教育四个层次（肖凤翔和董显辉，2012）。

5.5 人工智能教育课程开发

5.5.1 基于教育学专业的人工智能课程设计

人工智能赋能教育已经成为未来教育发展的必然趋势，通过人工智能技术重塑教育生态，也已经成为教育研究的热点。智能教育与传统教育最大的不同在于，智能教育是通过人工智能支持的智能技术支撑教育的发展，通过变革教学范式、人才培养模式、课堂教学方式等赋能教育的发展。可持续发展是人工智能的发展愿景，改善学习和促进教育公平是人工智能赋能教育的目的。构建面向数字化和人工智能赋能世界的课程、通过后期教育和培训增强人工智能的能力是人工智能赋能教育发展的两大途径。

1. 教育学专业人工智能课程的属性与定位

现阶段，人工智能课程多集中于计算机科学教育及计算机课程、信息技术课程等，这些课程的开展大多比较泛化。教育学专业的人工智能课程属于通识课程范围，通识教育不同于专业教育，但在高等教育中，通识教育和专业教育具有同等重要的地位，它的目的是让学生学习更多领域的知识，拓宽视野。通识教育是全面素质教育，旨在培养学生的基本技能，使学生能够获得比较全面的素质，掌握一些基本技能。此外，通识教育是思维方法教育，它的目的不是让学生掌握某一学科的系统知识，而是训练学生如何运用与分析知识和拥有特有的科学思维方法（周晓辉等，2007）。

当前非计算机类专业的学生对人工智能的基础知识储备相对薄弱，不够了解人工智能对未来科技发展的影响，对人工智能的学习需求和学习欲望较低。同时，对于学习过人工智能通识课程的学生来说，受制于传统的教学方式，其学习方式不够灵活。由于大部分教育学专业学生将来会走上教师这个工作岗位，在信息时代人工智能迅速发展的背景下，他们必须具备相应的人工智能素养，这样才能在教育教学中创新教学方法，灵活使用各种智能设备，同时为中小学 STEM 教育和创客教育的整合提供创新性意见。因此，人工智能通识课程应被设为各高校各专业学生的必修课程，特别是教育学专业学生。

2. 教育学专业人工智能课程的目标设计

课程目标的确定需要遵循以下基本环节：确定培养目标、进行需求评估、确定目标和价值取向、形成目标体系。由于人工智能课程的受众群体是广大高校教育学专业的学生，课程目标的设计要充分考虑教育学专业学生未来工作的环境以及我国对培养复合型人才的要求，将培养目标落实到教育学专业学生对人工智能相关知识的了解、领会、掌握、运用以及人工智能与其他学科的整合上，提高他们的信息素养和智能素养。通识课程总目标作为一般目标，是宏观的长期性目标；而具体目标则是个性化、短期的，是经过一定教学过程后学生所获得的、特定的学习行为与内容的结果(袁慧芳和彭虹斌，2006)。人工智能通识课程的总目标：使高校教育学专业学生在相应的人工智能应用场景中了解、领会、掌握、应用相应的概念、政策和技术，获得信息素养、智能素养、计算思维、批判性思维、创新思维、科技素养、数据素养、21 世纪核心素养，在未来的工作中能够运用相关的智能应用整合课堂教学，促进教育的改革与发展。

3. 人工智能课程的内容设计

1)人工智能通识课程的内容设计

人工智能从起步到现在的蓬勃发展，历经了 60 余年的时间，其本身的知识体系非常庞大，在针对高校教育学专业学生的人工智能课程设计中，应将人工智能的知识概括为人工智能的基本概念、人工智能的发展历程、人工智能的应用场景(教育领域)、人工智能的关键技术、人工智能在教育中的应用以及人工智能的发展趋势等方面(表 5-14)。

表 5-14　人工智能通识课程的内容体系框架

人工智能的基本概念	(1)人工智能的内涵 (2)人工智能的外延：连接主义、符号主义、行动主义 (3)人工智能的辨别：图灵测试 (4)人工智能的分类：认知智能、感知智能、计算智能 (5)人工智能的层次：超人工智能、强人工智能、弱人工智能
人工智能的发展历程	(1)起步发展期(1956 年至 20 世纪 60 年代初)：机器定理证明、跳棋程序的出现，掀起人工智能发展的第一个高潮 (2)反思发展期(20 世纪 60 年代初至 20 世纪 70 年代初)：更具挑战性的任务和不切实际的研发目标导致人工智能的发展陷入低谷 (3)应用发展期(20 世纪 70 年代初至 20 世纪 80 年代中)：专家系统通过模拟人类专家的知识和经验解决特定领域的问题，推动人工智能从理论走向实践；专家系统在医疗、化学、地质等领域取得成功，推动人工智能进入应用发展的新高潮 (4)低迷发展期(20 世纪 80 年代中至 20 世纪 90 年代中)：随着人工智能的应用规模不断扩大，专家系统存在的应用领域狭窄、推理方法单一、难以与现有数据库兼容等问题逐渐暴露出来 (5)稳步发展期(20 世纪 90 年代中至 2010 年)：互联网技术的发展，加速了人工智能的创新研究，促使人工智能技术进一步走向实用化 (6)蓬勃发展期(2011 年至今)：图像分类、语音识别、知识问答、人机对弈、无人驾驶等人工智能技术实现了从"不能用、不好用"到"可以用"的技术突破，迎来爆发式增长新高潮
人工智能的应用场景 (教育领域)	(1)智能教育环境：智能诊断、虚拟教学场景、智能教师助理 (2)智能学习系统：个性化教学/学习、智能导学系统、专家系统 (3)智能教学评测：智能批改、自动答疑、智慧课堂云网端 (4)学生智能练习：智能训练系统

续表

人工智能的关键技术	(1)云计算与大数据 (2)机器学习 (3)自然语言处理 (4)计算机视觉 (5)虚拟现实与增强现实 (6)知识图谱 (7)机器人与智能控制 (8)人机自然交互
人工智能在教育中的应用	(1)智能导师辅助个性化教与学 (2)教育机器人等智能助手 (3)居家学习的儿童伙伴 (4)实时跟踪与反馈的智能测评 (5)教育数据的挖掘与智能化分析 (6)学习分析与学习者数字肖像
人工智能的发展趋势	(1)人工智能技术要为每位学习者提供个性化学习机会 (2)人工智能技术要促进学习者对21世纪核心素养的获得 (3)人工智能技术要实现对学习环境中交互性数据的分析 (4)人工智能技术要支持全球课堂的普及 (5)人工智能技术要支持随时随地学习和终身学习

2)教育学类专业人工智能课程的内容设计

一个课程目标可以通过一个或多个课程内容来实现，而同一个课程内容或学习经验也可以与多个课程目标相对应。教育学类专业人工智能通识课程的内容设计是在通识课程内容设计的基础上，基于人工智能教育应用场景，并在对每类场景进行细致分类的情况下，以高校教育学类专业学生为中心，融合技术学习、素养获得和政策学习三个方面的具体内容。教育学类专业分为教育技术和非教育技术专业，其中非教育技术专业分为学前教育、小学教育、高等教育、心理学专业，不同专业学生的学习目标参照表 5-15 的四个维度。要实现人工智能课程的目标，需要构建一个与其相对应的课程内容框架。

5.5.2　面向场景的教育学专业人工智能课程设计图谱

教育知识图谱是符号主义理论在教育学中的应用实例。近年来，学术界研发构建了DBPedia（Lehmann et al.，2015）、ConceptNet（Speer and Havasi，2013）等知识图谱。例如，松鼠 AI 就是通过知识图谱和信息论精准定位每个学生需要掌握的知识点，针对不同的学生进行个性化学习路径的推荐。面向场景的教育学专业人工智能课程设计是基于内容设计和目标设计两个方面并以图谱形式呈现出来的，可在知识图谱提供的知识基础上，结合心理学、教育学与社会学理论，构建针对实际问题的课程体系框架，为构建教育学专业的人工智能通识课程乃至人工智能的通识课程提供依据。

表 5-16 及表 5-17 是在特定的场景中将教育学专业人工智能知识图谱进行逻辑分类，并以更直观、更系统的形式呈现出来的结果。

表 5-15　基于场景的教育教学类专业人工智能课程内容框架

课程内容	智能教育环境			智能学习系统		智能教学评测		学生智能练习
	智能诊断	虚拟教学场景	智能教师助理	个性化教学学习	智能导学系统		智慧课堂云网端	智能训练系统
	适应性学习系统　智能阅卷系统	课堂智能分析	远程监控机器人教师	个性化推荐　自适应学习　分级阅读	专家系统　虚拟陪练	智能批改　自动答疑		
技术学习	自然语言处理、非符号化的人工智能（如基于案例的推理、贝叶斯模型、神经网络等）、机器学习、图像识别、手写识别、文字识别、计算机视觉、生物特征识别、AR（增强现实）、VR（虚拟现实）、图像压缩、音视频采集、用户画像、数字音像、知识模型和推理、云计算、大数据分析、数据挖掘等技术							
素养获得	信息素养、智能素养、计算思维、批判性思维、创新思维、科技素养、数据素养、21 世纪核心素养（问题解决能力、创造创新能力、协作能力、沟通交流能力）							
政策学习	《新一代人工智能发展规划》：要求逐步开展全民智能教育，设置人工智能相关课程，逐步推广编程教育，建设人工智能学科，形成我国人工智能人才高地 《加快推进教育现代化实施方案（2018—2022 年）》：促进信息技术与教育教学深度融合，支持学校充分利用信息技术开展人才培养模式和教学方法改革，逐步实现信息化教与学应用师生全覆盖 教育部办公厅关于印发《2019 年教育信息化和网络安全工作要点》的通知：有序开展智慧教育创新发展行动 教育部印发的《教育信息化 2.0 行动计划》要求 2022 年基本实现"三全两高一大"的发展目标，即教学应用覆盖全体教师、学习应用覆盖全体适龄学生、数字校园建设覆盖全体学校，信息化应用水平和师生信息素养普遍提高，建成"互联网+教育"大平台，强调要开展"智慧教育发展行动"，指出要加强智能教育教学助手、教育机器人、智能学伴、语言文字信息化等关键技术的研究与应用 政府工作报告 60 多次提到创新，"十三五"规划纲要更首次提出发展虚拟现实，并将虚拟现实列为未来新的经济增长点 国务院印发《国家创新驱动发展战略纲要》，将虚拟现实技术提升为国家未来发展战略的重要一环 工信部、发改委联合印发《智能硬件产业创新发展专项行动（2016—2018 年）》：在虚拟现实和增强现实技术领域，发展面向虚拟现实产品的新型人机交互、新型显示器件、GPU、超高速数字接口和多轴低功耗传感器，面向增强现实的动态环境建模，实时 3D 图像生成，立体显示及传感技术创新，打造虚拟和增强现实应用系统与开发平台与工具研发环境 《中国教育现代化 2035》提出重点部署面向教育现代化的十大战略任务，其中第八条要求加快信息化时代教育变革，建设智能化校园，统筹建设一体化智能化教学、管理与服务平台。同时，《中国教育现代化 2035》提出了涉及教育现代化的八大基本理念，更加注重因材施教，更加注重知行合一，更加注重融合发展，更加注重共建共享 《2016 全球教育机器人发展白皮书》将教育机器人分为机器人教育以及教育服务机器人，并指出教育服务机器人是具有教育与学习功能的智能服务机器人 《新一代人工智能发展规划》指出，要利用智能技术加快推动人才培养模式、教学方法改革，构建包含智能学习、交互式学习的新型教育体系							

续表

课程内容	智能教育环境				智能学习系统			智能教学评测			学生智能练习
	智能诊断			虚拟教学场景	智能教师助理	个性化教学学习	智能导学系统	智能批改	自动答疑	智慧课堂云网端	智能训练系统
	适应性学习系统	智能阅卷系统	课堂智能分析		远程监控机器人教师	个性化推荐 自适应学习 分级阅读	专家系统 虚拟陪练				

政策学习

《人工智能+教育蓝皮书》分析出智能机器人可以支持智能学习过程，智能教师助理将替代教师完成日常工作中重复、单调、烦琐的工作

《2019 全球教育机器人发展白皮书》指出人机交互、机器视觉、情境感知是教育机器人研究中需大力发展的三大关键技术；教育机器人本机智能与云端智能设计的结合将为提升感知与交互能力提供新思路

《国务院关于印发新一代人工智能发展规划的通知》指出，要开发智能教育助理，建立智能、快速、全面的教育分析系统；建立以学习者为中心的教育环境，提供精准推送的教育服务，实现日常教育和终身教育定制化

《智能教育发展蓝皮书(2019)》提出用人工智能、大数据等智能技术精准描绘学习者画像，按需定制个性化学习方案与策略；推荐个性化学习内容，驱动个性化学习体验

《高等学校人工智能创新行动计划》指出，要运用人工智能开展教学过程监测、学情分析和个性化诊断，实现分析学业水平诊断，及时掌握学生学习过程的全面情况；建立基于大数据的多维度综合性智能评价，精准评估教与学的绩效，实现因材施教

《中共中央 国务院关于深化教育教学改革全面提高义务教育质量的意见》明确指出，要建立以发展素质教育为导向的科学评价体系，制定县域义务教育质量、学校办学质量和学生发展质量评价标准

表 5-16　面向场景的教育学专业人工智能知识图谱

教育中的人工智能	人工智能应用场景	场景细化	简述	技术学习	素养获得
	智能教育环境	适应性学习系统	适应性学习系统是针对学习者在学习过程中的差异性提供符合个体特征的学习支持的学习系统，涉及个性化的学习资源、学习过程和学习策略等	(1) 自然语言生成 (2) 非符号化的人工智能	(1) 信息素养 (2) 智能素养 (3) 计算思维 (4) 批判性思维 (5) 创新思维 (6) 科技素养 (7) 数据素养 (8) 21 世纪核心素养（问题解决能力、创造创新能力、协作能力、沟通交流能力）
		智能阅卷系统	智能阅卷系统是一套用于在基础教育阶段对学校日常作业和考试数据进行识别、采集、分析的智能系统	(1) 图像识别 (2) 云计算 (3) 大数据分析	
		课堂智能分析	课堂智能分析通过智能图像分析、自然语言处理、生物特征识别（语音识别、人脸识别）等技术，对学生的课堂行为表现进行分析，为家长、教师、学校提供日常成长数据报告	(1) 智能图像分析 (2) 自然语言处理 (3) 计算机视觉 (4) 生物特征识别	
	智能教学/学习场景	虚拟教学场景	基于虚拟现实技术的虚拟教学具有突出的真实感和交互特性，可实现真正意义上的三维立体化交互式教学，培养学生自主探索学习的习惯	(1) AR（增强现实） (2) VR（虚拟现实）	
	智能教师助理	远程监控机器人教师	智能教师助理具有问题情境化解决、知识个性化辅导、案例智能化推理等特征	(1) 图像压缩 (2) 视频采集 (3) 音频采集	
	个性化学习	个性化推荐	个性化推荐系统能够较好地表征学生多样化的兴趣偏好和学习需求，能对学习资源的内容、类型、推荐时间以及推荐频次等进行个性化的设置	(1) 群体数据 (2) 物品画像 (3) 用户画像 (4) 知识链模型	
		自适应学习	自适应学习是人工智能教育应用的重要技术手段之一，致力于通过对学生教育数据的挖掘促进个性化学习		
	智能学习系统	分级阅读	分级阅读是指按照中小学生不同年龄段的智力和心理发育程度为学生提供具有针对性的图书，探索适合不同年龄段的教学方法		
		虚拟陪练	智能导学系统依托自然语言处理与机器学习等技术，通过对学习大数据进行聚类分析和智能评估，预测学习水平，发现学习问题，推荐个性化学习资源和策略，进而实现个性化精准学习和辅导	(1) 自然语言处理 (2) 机器学习	
		专家系统	专家系统被定义为一种可靠的基于计算机的交互式决策系统，使用事实和启发式方法来解决复杂的决策问题	知识推理	

续表

教育中的人工智能	人工智能应用场景	场景细化	简述	技术学习	素养获得
		智能批改	基于计算机视觉语义分析技术的智能作业批改系统作为师生进行作业交流的平台，在整个教学过程中扮演着尤为重要的角色	(1) 计算机视觉 (2) 语义分析	(1) 信息素养 (2) 智能素养 (3) 计算思维 (4) 批判性思维 (5) 创新思维 (6) 科技素养 (7) 数据素养 (8) 21 世纪核心素养（问题解决能力、创造创新能力、协作能力、沟通交流能力）
智能教学评测		自动答疑	自动答疑系统是中文信息检索领域的一个重要应用，作为课堂的补充和延续	(1) 图像识别 (2) 手写识别 (3) 文字识别	
		智慧课堂云网端	智慧课堂是以建构主义学习理论为依据，用"互联网+"和大数据、云计算等新一代信息技术打造的智能高效的课堂	(1) 数字音像 (2) 虚拟现实仿真	
学生智能练习		智能训练系统	基于数据挖掘、图像识别、语音识别等技术的智能训练系统在教育中体现为智能机器人的应用，是教师和学生之间的一个桥梁，同时也是学生在练习过程中不可或缺的一部分	(1) 数据挖掘 (2) 图像识别 (3) 语音识别	

表 5-17　面向场景的教育学类专业人工智能课程目标图谱

教育中的人工智能	人工智能应用场景	场景细化	学习内容	教育技术				非教育技术																	
								学前教育				小学教育				高等教育				心理学			
				了解	领会	掌握	应用	了解	领会	掌握	应用	了解	领会	掌握	应用	了解	领会	掌握	应用	了解	领会	掌握	应用
教育中的人工智能	适应性学习应用场景	适应性学习系统	技术学习	√	√	√	√	√	√			√	√			√	√	√	√	√	√	√	√
			素养获得	√		√				√				√			√					√	
		适应性智能阅卷系统	技术学习	√	√		√	√			√	√			√	√			√	√	√		√
			素养获得	√					√				√				√				√		
	智能教育环境	课堂智能分析	技术学习	√	√	√	√	√		√		√		√		√		√		√	√	√	
			素养获得		√				√				√				√				√		
		虚拟教学场景	技术学习	√	√	√	√	√		√		√		√		√		√		√		√	
			素养获得		√	√			√				√				√				√		
		远程监控机器人	技术学习	√	√	√	√	√		√		√		√		√		√		√	√	√	√
		智能教师助理人教师	素养获得		√	√			√				√				√				√		
	智能学习系统	个性化教学/学习	个性化推荐	技术学习	√	√	√	√	√		√		√		√		√		√		√	√	√	
			素养获得		√				√				√				√				√		
		自适应学习	技术学习	√	√		√	√			√	√			√	√			√	√			√
			素养获得		√				√				√				√				√		

续表

教育中的人工智能	人工智能应用场景	场景细化	学习内容	教育技术				非教育技术																	
								学前教育				小学教育				高等教育				心理学			
				了解	领会	掌握	应用	了解	领会	掌握	应用	了解	领会	掌握	应用	了解	领会	掌握	应用	了解	领会	掌握	应用
个性化教学/学习		分级阅读	技术学习	√	√	√	√	√				√				√	√			√	√		
			素养获得			√			√				√				√				√		
智能学习导学系统	智能导学系统	虚拟陪练	技术学习	√	√	√	√	√				√				√				√	√		
			素养获得		√				√				√			√					√		
		专家系统	技术学习	√	√		√	√				√				√	√			√	√	√	
			素养获得			√			√				√				√					√	
		智能批改	技术学习	√	√		√	√				√				√	√			√	√		
			素养获得		√	√			√				√			√						√	
智能教学评测		自动答疑	技术学习	√	√		√	√				√				√	√			√	√		
			素养获得		√				√				√			√					√		
智慧课堂		云网端	技术学习	√			√	√				√				√	√			√	√		
			素养获得		√				√				√				√						√
学生智能训练习系统			技术学习	√	√		√	√				√				√	√			√	√		
			素养获得		√	√			√				√			√						√	

参 考 文 献

蔡连玉, 韩倩倩, 2018. 人工智能与教育的融合研究: 一种纲领性探索[J]. 电化教育研究, 39(10): 27-32.

蔡忠兵, 2017. 高校人才培养目标的生成机理与实现路径[J]. 中国大学教学(10): 46-49.

陈斌, 王江, 王阳, 2020. 战斗机嵌入式训练系统中的智能虚拟陪练[J]. 航空学报, 41(6): 366-380.

陈仕品, 张剑平, 2010. 适应性学习支持系统的学生模型研究[J]. 中国电化教育(5): 112-117.

陈维维, 李艺, 2002. 信息素养的内涵、层次及培养[J]. 电化教育研究(11): 7-9.

陈颖博, 张文兰, 2019. 国外教育人工智能的研究热点、趋势和启示[J]. 开放教育研究, 25(4): 43-58.

杜静, 黄荣怀, 李政璇, 等, 2019. 智能教育时代下人工智能伦理的内涵与建构原则[J]. 电化教育研究, 40(7): 21-29.

甘秋玲, 白新文, 刘坚, 等, 2020. 创新素养: 21 世纪核心素养 5C 模型之三[J]. 华东师范大学学报(教育科学版), 38(2): 57-70.

高丹阳, 张双梅, 2019. 人工智能在教育领域的研究现状与特征分析[J]. 中国教育信息化(13): 28-32.

高婷婷, 郭炯, 2019. 人工智能教育应用研究综述[J]. 现代教育技术, 29(1): 11-17.

龚炜博, 2018. 以 AI 技术在教育领域的应用浅析人工智能对未来教育的影响[J]. 中国战略新兴产业(8): 51, 53.

顾明远, 1990. 教育大辞典(第 1 卷)[M]. 上海: 上海教育出版社.

郭利明, 杨现民, 段小莲, 等, 2019. 人工智能与特殊教育的深度融合设计[J]. 中国远程教育(8): 10-19, 92-93.

贺善侃, 2005. 批判性思维与辩证思维[J]. 广州大学学报(社会科学版), 4(3): 45-49.

科大讯飞, 2019. 智能教育发展蓝皮书(2019) [EB/OL]. [2019-8-2]. https://edu.iflytek.com/views-downloads/think-tank/1.

教育部, 2018. 高等学校人工智能创新行动计划[EB/OL]. [2018-4-3]. http://www.moe.gov.cn/srcsite/A16/s7062/201804/t20180410
_332722.html.

教育部高等学校计算机科学与技术教学指导委员会, 2010. 高等学校计算机科学与技术专业人才专业能力构成与培养[M]. 北
京: 机械工业出版社.

李莎, 2019. 智能时代的未来教师: 专访北京师范大学未来教育高精尖创新中心执行主任余胜泉教授[J]. 中国教师(7): 24-28.

李希贵, 2020. 给新时代教育管理者的建议[J]. 教书育人(5): 1.

李振, 周东岱, 刘娜, 等, 2018. 人工智能应用背景下的教育人工智能研究[J]. 现代教育技术, 28(9): 19-25.

梁迎丽, 刘陈, 2018. 人工智能教育应用的现状分析、典型特征与发展趋势[J]. 中国电化教育(3): 24-30.

刘敏娜, 2006. 基于 Web 和数据挖掘的智能教学系统研究[D]. 西安: 陕西师范大学.

莫赞, 冯珊, 唐超, 2002. 智能教学系统的发展与前瞻[J]. 计算机工程与应用(6): 6-7, 25.

沈继云, 2019. 人工智能驱动下的计算思维培养探究[J]. 电脑知识与技术, 15(10): 126-127.

宋灵青, 许林, 2018. "AI" 时代未来教师专业发展途径探究[J]. 中国电化教育(7): 73-80.

汪明, 2018. 基于核心素养的学生智能素养构建及其培育[J]. 当代教育科学(2): 83-85.

王海芳, 李锋, 2008. 人工智能应用于教育的新进展[J]. 现代教育技术, 18(S1): 18-20.

王亚飞, 刘邦奇, 2018. 智能教育应用研究概述[J]. 现代教育技术, 28(1): 5-11.

王哲, 李雅琪, 冯晓辉, 等, 2019. 人工智能在教育领域的发展态势与思考展望[J]. 人工智能(3): 15-21.

吴晓如, 王政, 2018. 人工智能教育应用的发展趋势与实践案例[J]. 现代教育技术, 28(2): 5-11.

肖凤翔, 董显辉, 2012. 系统论视域下我国职业教育层次结构的优化[J]. 职业技术教育, 33(13): 10-15.

谢娟, 2013. 现代教育技术应用的伦理审视[D]. 济南: 山东师范大学.

谢忠新, 曹杨璐, 李盈, 2019. 中小学人工智能课程内容设计探究[J]. 中国电化教育(4): 17-22.

徐丽芳, 王莹超, 2017. Newsela: 探索自适应学习之路[J]. 出版参考(5): 19-22.

徐晔, 2018. 从"人工智能教育"走向"教育人工智能"的路径探究[J]. 中国电化教育(12): 81-87.

杨现民, 张昊, 郭利明, 等, 2018. 教育人工智能的发展难题与突破路径[J]. 现代远程教育研究(3): 30-38.

杨志明, 吴本文, 2017. 中文分级阅读及其形成性评价[J]. 教育测量与评价(6): 5-13.

袁慧芳, 彭虹斌, 2006. 课程组织的要素及其分类[J]. 武汉市教育科学研究院学报, 4(12): 22-26, 30.

张丹, 崔光佐, 2020. 中小学阶段的人工智能教育研究[J]. 现代教育技术, 30(1): 39-44.

张江健, 2017. 智能化浪潮: 正在爆发的第四次工业革命[M]. 北京: 化学工业出版社.

张坤颖, 张家年, 2017. 人工智能教育应用与研究中的新区、误区、盲区与禁区[J]. 远程教育杂志, 35(5): 54-63.

张志祯, 张玲玲, 李芒, 2019. 人工智能教育应用的应然分析: 教学自动化的必然与可能[J]. 中国远程教育(1): 25-35, 92.

赵炎, 2019. 新时代大学生责任担当意识培育研究[D]. 兰州: 兰州大学.

中国移动, 2020. 5G+智慧教育白皮书[EB/OL]. [2020-3-18]. https://mllab.bnu.edu.cn/docs/20200720110546415986.pdf.

周海涛, 乔刚, 廖苑伶, 等, 2019. 提升一流人才培养与创新能力: 基于《中国教育现代化 2035》的解读[J]. 中国电化教育(8): 9-17.

周晓辉, 陈舒怀, 骆少明, 2007. 通识教育的理论与实践探索[J]. 高教探索(3): 32-35.

Lehmann J, Isele R, Jakob M, et al., 2015. Dbpedia: a large-scale, multilingual knowledge base extracted from wikipedia[J]. Semantic Web, 6(2): 167-195.

Speer R, Havasi C, 2013. ConceptNet 5: a large semantic network for relational knowledge[M]. The People's Web Meets NLP. Berlin: Springer.

第6章 "人工智能+教育"创新实践

6.1 智能时代人机协同的双师模式

6.1.1 人机协同的双师模式的发展

智能技术可以加快教学方法的改革，促进学生的个性化学习，已经成为未来教育的基础。人与计算机协同的教育可以充分发挥教师和人工智能的不同优势，促进学生的个性化发展。在当下的教育环境中，教育机器人作为人工智能应用于教育的新形式，已在教育领域发挥了重要的作用，尤其是在人机协同的"双师课堂"中，人工智能展现了机器融入教育的优势。人工智能教育机器人作为课堂中的另一个"教师"，有助于形成新的人机协同的"双师课堂"教育模式。在未来的教育中，教师可以在人机协同的智能教育环境中从事"育人"工作。

1. 人机协同模式

在"人工智能+教育"时代，人工智能技术作为未来教师工作的有机组成部分，通过人机协作，辅助教师完成日常工作，实现高效教学。其中以教育机器人为主的人工智能技术与教育融合实现人机协作的"双师课堂"模式最为普遍，图 6-1 展示了人工智能教育机器人与人类教师合作完成一堂教学的流程和模式(汪时冲等，2019)。

在人工智能教育机器人与人类教师协同的"双师课堂"环境中，人类教师、教育机器人和学生处于主体地位，人类教师和教育机器人合作、双向赋能，共同对学生给予引导，学生通过"双师"的引导将学习成果反馈回来，人类教师将通过传统的方式对学生进行点评和二次引导，而在这个过程中，人工智能教育机器人将通过其背后的各种技术实现对学生的智能化、个性化辅导。首先，教育机器人收到来自学生的学习成果反馈后，通过筛选，将已处理的有价值的反馈信息上传到云计算和大数据平台；其次，云计算和大数据平台与边缘计算平台双向上传和下载已处理的数据；最后，经过云计算和边缘计算平台处理的学生反馈数据会进行实时数据处理，其中涉及数据获取及存储、发布服务请求、数据预处理、数据分析、数据呈现及可视化、数据缓存。人工智能教育机器人可以对学生反馈的数据进行实时操作，教师可以根据教育机器人反馈的数据结果和可视化图对学生进行具有针对性的指导，实现个性化教学。

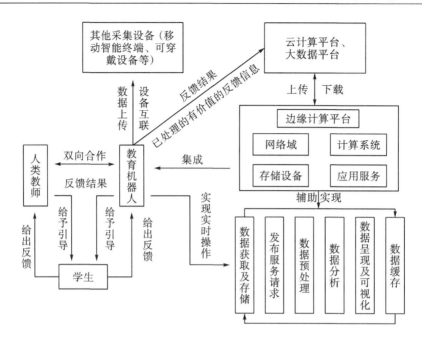

图 6-1　人工智能教育机器人与人类教师协同的双师模式

2. 人类教师角色的转变

人工智能给教育带来的是一场技术与人对教育教学的协同改革,人工智能时代的教学必将呈现出一种人机协同的景象,而实现"人机共教"的关键则是教师对技术的掌握程度以及能否进行适应性角色转型。适应性角色转型是一种人工智能教师带动下的动态角色转变,它关系着人机协同的成败。人工智能教师进入课堂辅助教学时势必会承担一定的教学角色,余胜泉(2018a,2018b)认为未来人工智能教师可能会承担十二种教学角色,它推动着传统教师教学角色的适应性转型,使教育与人工智能的融合进一步加深。

在传统教学中,教师一直担任着"知识的传授者"角色,教师按照教学目标的要求将固定的知识以统一的形式"传递"给学生,而学生则扮演着"知识接收者"角色,学生的自主性和能动性很难被激发出来。

在人工智能时代,首先,教师将从"知识的传授者"转变成学生"学习的指导者",指导学生如何搜集、利用有效信息进行自主学习,成为学习的"主人翁"。其次,教师将由"全才"角色转变成"专才"角色。传统教师上课时就像"操作工"一样控制着整个"流水线",从备课到批改作业的各个环节都需要自己亲力亲为,此外还要管理班级事务,从事家校沟通等多项工作(吴砥等,2019)。人工智能辅助教学可以将教师从繁杂的工作中解放出来,教师可以专门对教学的某一环节进行深入研究,成为专门研究教学某一环节的专家。另外,教师还能有更多的时间和精力专门研究自己的学生,并借助数据分析技术,改进自己的教学,提高自己的专业化教学水平。再次,教师将由"演员"角色转变成"观众"角色。在传统教学中,教师往往按照设定好的"剧本"(教学设计)声情并茂地按固定程序"演"给"观众"(学生)看,教师日复一日的"表演"

(程式化)导致学生产生"疲劳"(学习倦怠),对学习失去兴趣。而在人工智能时代,教师的"演员"角色和学生的"观众"角色将会实现角色互换,教师则更多地以"观众"的视角观看学生的"精彩表演"(自主学习、研究性学习、探索性学习)并给出自己的"影评"(评价),帮助学生更好地增进自己的"演技"(自主学习能力、研究性学习能力、探索性学习能力)。最后,教师将由"警察"角色转变成"导游"角色。在传统教学中教师控制着教学的各个环节,学生的创造力、自主学习能力很难被激发出来。而在人工智能时代,教师则由"警察"角色转变成"导游"角色,可最大程度激发出学生的创造力和自主能动性。

传统的教师角色将随着人工智能教育的深入发展而发生变化,实现传统教师教学角色的适应性转型,对传统教学角色进行补充、完善,而教师教学角色的适应性转型必然会使学生享受到更全面、更优质的教学服务。在人工智能时代,教师只有对自己所承担的角色进行正确的定位,在教学中对自己所承担的教学角色不断地进行调整和创新,才不会被时代、技术淘汰。人工智能技术与教育深度融合后会形成更加智能化的教育形式,在这种新的教育形式下,教师作为教育活动的一个重要因素,无论是其工作方式还是其工作内容都将发生巨大的变化(林德全,2020)。对教师而言,人工智能时代不仅是一个背景,更为教育提供了极大的便捷。教师需要去"看"世界,从工具认知、时代认知和行动认知三个维度去认识这个时代(李栋,2019)。表 6-1 展示了通过对教师传统角色进行研究得出的人工智能时代教师的新角色。

表 6-1　教师的传统角色与人工智能时代教师的新角色

教师的传统角色	人工智能时代教师的新角色
教师主体	技术与教师双主体
教书匠	设计者
知识传播者为主	学生的人生引路人为主
系统性教学为主	随机性点拨为主
重复性劳动为主	智慧型劳动为主
教师即研究者	"教师即研究者"的角色深化
	人工智能的应用者和评估者

1)技术与教师双主体

技术是支撑人工智能发展的关键要素,从技术哲学视角看,技术成为一种垄断手段会使技术与教师形成一种主体和客体的关系,进而使教师陷入主客关系之中。技术便在教育环境中成为主体,相应地,教师就成为客体。虽然技术可以取代教师的主体地位,但技术却不能代替教师成为教育的主体。技术始终是由人类操纵和掌控的,技术的出现是为了服务人类,而非替代人类。在教育中,人工智能技术作为辅助性工具发挥重要作用。

2) 人工智能改变教师的"教书匠"角色

人工智能具有增能、使能与赋能的功能，能够提升工作效率、效果和效益。教师受制于个人的精力与体力，工作效率远不及人工智能，而人工智能的工作效率极高，主要表现在两个方面：①人工智能具备快速计算和记忆存储的能力。当前，教师的工作以知识传授为主，而人工智能在快速存储和传递海量学习资源方面具有绝对优势，教师的"教书匠"角色将被取代。②人工智能不知疲倦，辛勤工作，效率极高。人工智能能改变教师的"教书匠"角色，换句话说，人工智能能促进教师从以知识的传播者为主转变为以学生的人生引路人为主，传播知识的重任由人工智能技术分担，教师有更多的时间设计符合学生发展的教学活动，从而使教学效率得到提升。

3) 人工智能助力教师"因材施教"

人工智能可以根据学生的学习情况和个性特征提供更为精准的教育，这对当前教师的教育方式来说是一种挑战。当下大多数学校采用班级授课制形式授课，这种教学组织形式有其优越性，它可以扩大教育规模，提高教学效率，充分发挥教师的主导作用，使学习活动井然有序。但是，这种形式也有其局限性，学生的主动性会受到限制，难以发挥其主体作用，学生的个性和个体差异容易被忽视，可以说是一种粗放式的教育方式。人工智能的感知智能(视觉、听觉、触觉能力)和认知智能(理解思考能力)可以为个性化教育以及个性化学习的实现提供技术保障，取代粗放式的教育方式，为学生提供符合学生自身特点的定制式教育服务。具体来说，可以根据学生特征(学习风格、认知水平、学习目标等)提供精准的学习服务；通过数据分析或智能算法，实时反馈学生的学习情况；根据学生的数字画像，改进服务存在的不足之处，提高个性化服务水平；转变学生的知识消费者的身份，使学生成为知识创造者。

4) 教师从以知识的传播者为主转变为以学生的人生引路人为主

教师作为知识分子，依赖的是人类已有的知识系统中对儿童社会化有帮助并能为自己所拥有的知识，参与知识的方式是传播知识(金美福，2003)。教师作为传道授业解惑者，最主要的工作便是教学，教学的主要内容是传播知识。但随着智慧教育时代的到来，教师的知识传播者的经典角色将发生根本性转变。人工智能相关技术在教育中的应用以及智能时代核心素养的广泛培养，使得教育形式趋向智慧性。在这种新的教育形式中，学生主要通过更智能的载体或工具获得知识，教师不再是学生获取知识的主要途径。因此，教师作为知识传播者的作用逐渐弱化，主要在精神上对学生进行引导。从以知识传播者为主转变为以学生的人生引路人为主，不仅从根本上改变了教师的工作重心，而且有助于对目前教育活动的纠偏和对传统教书育人的扬弃(林德全，2020)。

5) 教师从以系统性教学为主转变为以随机性点拨为主

教师在教学过程中从知识的完整性和系统性出发，遵照由浅入深、由易到难、由简到繁的思路依次展开的教学称为系统性教学。这种教学方法不仅以系统的教育原则为理论指导,而且结合了教学组织提供的技术保障和长期的教育实践经验,并在当前的教学实践中得以实施。系统的教学方式虽然有助于学生对知识的整体理解和掌握,但也展现出其目的性不强和不考虑个体差异等缺陷。在智能教育背景下,学生的知识学习主要是通过智能载体或设备进行的,教师在此过程中往往只起到引导性作用,而不需要像过去那样进行系统的讲授。在人工智能设备辅助的教学中,智能设备可以为教师分担一部分传授知识的任务,使教师不必再进行系统的教学,在这个过程中,教师有大量的时间和精力对学生进行个性化的随机点拨,能够更好地提高教学质量。但是以随机点拨为主并不意味着不再需要学习系统性知识,系统性知识始终贯穿学生学习的始终,教师的随机性点拨只针对过程而非全部学习内容。

6) 教师从以重复性劳动为主转变为以智慧型劳动为主

无论是生活中还是工作中,都很难避免重复性劳动,教育也不例外,但其中的一些重复性劳动又是必需的、有价值的。久而久之,教师的重复性工作会使教师产生职业倦怠心理,使其教学热情消退。在智能教育中,使用一些智能机器或智能设备,不仅可以使教师摆脱传播重复性知识的任务,而且能够使教师摆脱枯燥的劳动,进而使教师有大量的时间和精力投入智慧型工作中,为学生提供质量更好的教学,同时丰富和发展自己的职业生涯。比如,人工智能教育机器人可以帮助教师批改作业,将教师从重复性、机械性的工作中解放出来。对此,余胜泉教授在接受相关采访时非常明确地指出,教师可以根据知识图谱任意选择要考查的知识点,然后由计算机自动出题,并进行自动批阅,从而大大降低教师的工作负荷(王晓波,2018)。

7) "教师即研究者"的角色深化

在人工智能时代,"教师即研究者"的观念在人们的头脑中得到了深化,同时得到了教师的认可和实践。但由于繁重的重复性劳动和缺乏科研能力,教师对这一角色的认识相对单一。对于教师来说,思考研究和教学是必需的,但是如果教师只研究如何进行教学,那么教师就不能从更广泛、更系统的角度来考虑教育的方方面面(如对文化的认同和对教育的理解等),而如果教师的研究不够深入,那么教育水平的提高将是有限的。对于"教师即研究者"的角色定位,除了应扩大研究范围、丰富研究内容,还应将现有研究深化。智慧教育在使教师摆脱繁重的重复性工作的同时,为教师进行精细化教育和针对性指导提供了无限可能。许多智能设备和载体会留下学生学习活动的大量数据。大量的真实数据不仅为教师的研究活动提供了足够的研究资源和坚实的研究基础,而且也能帮助教师在进行对象研究时深化"教师即研究者"的角色。

8) 人工智能的应用者和评估者

人工智能提供了多种不同的手段,可以有效地帮助教师更好地进行教学,但每一项新技术进入教育领域时都会经历一个漫长的过程,许多学校和教育管理者对人工智能教育应用仍存有疑问。教师是人工智能技术的实施者和评价者,应评价人工智能教育应用的效率和效益。教师要深刻认识自身的需求和学生的需求,勇于创新,围绕人工智能的产出、教学效果、隐私保护、安全等方面进行快速、严格的评估，看人工智能是否能带来预期的教学效果。

3. 人工智能时代教师的职能定位

1) 人工智能环境下的全能型教师

教师作为传道授业解惑者，除了做好教书育人的工作外，还要为每个学生提供个性化教学服务，为整个教师群体提供教学支持，这就要求教师既要掌握学科知识，又要掌握教学法知识、技术知识，以及认知、脑科学发展、学生身心健康等方面的相关知识，还要了解各种社会属性，具有领导力、创新能力和社会协作能力，这是一般情况下教师难以胜任的。但有了人工智能技术的支持，在人机协作的双师模式下，能够对学生的身心健康和全面发展负责的全能型教师会不断涌现（余胜泉，2018a）。

2) 人工智能支持下的专业型教师

人工智能时代背景下，教育领域会出现精细的个性化分工。未来教师会在人工智能技术的辅助下成为教育某一方面的精英，如专门做教学设计的教师、做练习辅导的教师、做项目设计的教师、授课教师、疏解学生心理问题的教师等。

4. 人工智能教师的未来角色

未来，教育将进入教师与人工智能并存的时代，教师和人工智能将发挥各自的优势，共同实现个性化教育、终身教育、全纳教育和公平教育，促进人的全面发展。未来的教育，将通过人工智能教师与人类教师的合作完成教学任务。

余胜泉（2018b）将人工智能教师的未来角色划分为 12 种。人工智能教师未来将与人类教师协作完成教育教学任务，二者都将在教学环境中发挥重大作用，共同构成教育环境的新主体。人工智能教师可将正式学习环境和非正式学习环境联系起来，使教育更加开放，泛在学习将成为一种基本的学习形式。知识的获取不会只依赖于学校教师的教学，人工智能支持下的未来教师角色将发生巨大变化，即教师的智能教学功能将被人工智能取代，教师的教育功能将越来越重要。未来，人类将进入教师与人工智能合作的教育时代。

6.1.2　双师模式下的"新主体教师"

1. "新主体教师"的内涵

随着人工智能时代的到来，在教师发展过程中出现"新主体教师"这个名词，"新主体教师"通常以系统的形式存在于教育场所中，它由人类教师和技术赋能的智能导师组成，由此构成了人工智能时代教师的多样化主体，并通过各种教育活动，形成了复杂的人-机协同关系，在一定程度上构建起具有一定结构形态和功能组合的有机集合体。"新主体教师"包含两个子系统，分别为人类教师和智能导师。外部环境因素将人类的智慧和人工智能先进技术输入整个系统中，以保持系统的稳固发展。子系统不仅起到简单的功能替代作用，在同一活动中，还参与不同子系统的优势特征的决策和判断，与其他子系统共同影响教师教学活动成果。各子系统之间的合作，能为智能导师和人类教师的发展提供保障，从而增强教育力量。

2. "新主体教师"及主体间的关系

人工智能与教育之间不是一种简单的技术支撑教育的单向影响机制，而是一种双向赋能的关系。教育系统的内部作用主体有三个，分别是人类教师、智能导师和教育活动，以人类教师为主体的系统是教育系统的子系统，它与整个教育系统有着相似或相同的主体关系。根据整个教育系统中主体间的关系，建立相对应的子系统关系，如图 6-2 所示。人工智能时代的"新主体教师"是一个由人类教师和智能导师组成的复杂教师系统，它不同于传统教师，传统教师仅具有单一的学科、功能、角色、静态等属性。作为"新主体教师"的节点，人类教师和智能导师通过互联网、人工智能等新技术构成系统的网络关系。人类教师通过支持、协作、改进赋能智能导师，智能导师通过模拟、延伸、拓展赋能人类教师，"新主体教师"的双向赋能与教育活动形成稳固的关系，三者共同构成教育系统的内部作用主体。人类教师以自身的学科知识、教学能力、教育理念和教育管理等方面的特点不断促进人类教育知识的增长，智能导师在人工智能、互联网、物联网、大数据等技术的支持下，促进教育科技的进步。人类教育知识的增长和教育科技的进步共同构成"新主体教师"的外部动力主体（逯行等，2020）。

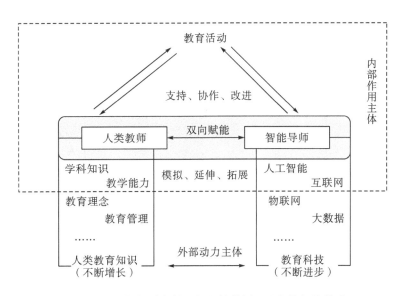

图 6-2 人工智能时代的"新主体教师"及主体间的关系

6.2　产学研合作协同育人新模式

6.2.1　产学研合作协同育人

人才是国家发展的第一资源和战略资源。随着社会经济的快速发展，国家对高层次应用型人才的需求与日俱增。产学研合作协同育人在高层次人才培养中具有重要作用。人才培养的核心目的是培养高层次应用型人才，实现人才的知识水平、能力和素质的全面提升(孙祥冬和姚纬明，2012)。智能时代的产学研合作必须抓住人才培养这条主线，积极培养创新型、应用型人才。

1. 产学研合作协同育人的概念界定

产学研合作通常是指企业、高校与科研院所在技术、知识研究等方面合作与创新，在这个过程中，高校与科研院所作为技术供给方，企业作为技术需求方，从而形成三方互联互通的合作关系。其目的是促进技术创新所需的各种生产要素的有效组合。协同育人相比产学研合作具有更加丰富而深远的意义，强调教育、科技、经济相互促进和协调发展(李正元，2000)。它不仅包括企业、高校、科研院所之间的知识交流、转化、创新等活动，还包括在合作过程中对人才的知识及适应社会、就业、创业等方面能力的培养。产学研合作协同育人是指企业、高校和科研院所三方合作，共同开展创新活动，从而达到共享资源、协同创新、协同育人的效果。积极推动企业与高校及科研院所之间的深度合作，是实现自主创新的重要途径，也是建设创新型国家的关键。

2. "人工智能+教育"领域的产学研合作协同育人

"人工智能+教育"领域的产学研合作协同育人是指，在智能理论与技术的支持下，高校、企业与科研院所在技术、前沿项目研究以及人才培养方面加强交流与合作，充分发挥高校在高水平学术研究方面的优势，结合企业与科研院所在人工智能教育机器人等智能教育产品方面的技术优势，通过资源共享、技术赋能、人才培养等多种方式开展长期持久的多层次、全方位合作，借助校企合作、产教融合，推动智能教学平台(系统)、全面智能测评、拍照搜索在线答疑、智能语音识别辅助教学及测评、教育机器人、模拟和游戏化教学平台等智能教育产品的升级和使用，促进教育教学的变革，实现对创新型人才的培养。

6.2.2　产学研合作协同育人的政策体系

随着《中国制造 2025》等国家战略的实施，深化产学研合作，培养应用型人才，已成为我国高校特别是地方应用型高校关注和研究的重要课题(洪林等，2019)。在当前的产学研协同育人过程中，已有较多相关的政策给予支持，但也存在着某些问题。例如，高校与科研院所更关注高质量的学术论文，而企业更关注研究成果能否快速转化为产品，实现经济效益，因此，存在目标导向不一致的问题；市场信息不对称和不完整导致高校、科研院所和企业在合作中出现步调不一致的问题；有关产学研合作协同育人的政策措施不够健全，没有制定专门针对产学研合作的法律法规，严重制约了产学研合作的进一步深化。

1. 产教融合的相关政策

国家宏观政策不断提出要深化产教融合，推动产学研合作协同育人的发展。2017 年12 月印发的《国务院办公厅关于深化产教融合的若干意见》强调："深化产教融合，促进教育链、人才链与产业链、创新链有机衔接，是当前推进人力资源供给侧结构性改革的迫切要求。"2019 年 10 月，发改委、教育部等六部委联合发布《国家产教融合建设试点实施方案》并指出："深化产教融合，促进教育链、人才链与产业链、创新链有机衔接，是推动教育优先发展、人才引领发展、产业创新发展、经济高质量发展相互贯通、相互协同、相互促进的战略性举措。"党的十九届四中全会审议通过的《中共中央关于坚持和完善中国特色社会主义制度、推进国家治理体系和治理能力现代化若干重大问题的决定》指出：要"建立以企业为主体、市场为导向、产学研深度融合的技术创新体系，支持大中小企业和各类主体融通创新，创新促进科技成果转化机制，积极发展新动能，强化标准引领，提升产业基础能力和产业链现代化水平"。

2. 人工智能与产学研融合的政策支持

智能时代培养创新型人才需要高校、科研院所与企业三方协同推进，人工智能的相关政策在这个过程中为产学研合作协同育人项目的开展提供了有力的保障。图 6-3 梳理了 2017 年 7 月 8 日发布的《新一代人工智能发展规划》提到的近 15 年人工智能的预期发展成果，为人工智能应用于产学研合作提供了指引。

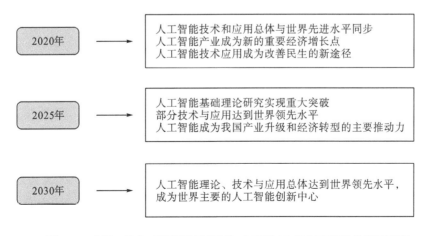

图 6-3　《新一代人工智能发展规划》中对近 15 年人工智能的发展预期

6.2.3　产学研合作协同育人新模式探究

智能时代产学研合作是我国推进创新驱动发展战略、深化创新体制改革、积极适应经济发展新常态的重要战略举措。同时，全面推进中国特色国家创新体系建设、实施创新驱动发展战略、建设创新型国家，必须以培养大量的高素质创新型人才为前提，以发挥创新型人才的创造力为核心(陈恒等，2018)。

目前，我国的科技创新工作主要由高校和科研院所负责，企业与高校之间缺少链条式的联系，不能直接实现科技创新成果转化为生产力。一般来说，高校有人才和科研资源，但资金短缺；企业拥有稳定的现金流和研发平台，但缺乏人才和智力资源。这两种资源有效连接起来，对促进传统产业转型升级与提升创业创新活力具有重要意义。在智能时代，产学研合作更倾向于与人工智能结合，以突破传统人才培养的边界，实现跨界创新，使高校与科研院所共同开展学术研究、企业提供智能技术，三方合作共同培育智能时代的创新型人才。因此，应通过产学研合作创新人才培养模式，注重人才的能力培养、科研训练和应用创新，在人工智能技术的支持下培养具有高阶思维能力和信息素养的人才，而人才培养是一项关系教育部门、企业以及科研院所的多角色、系统化工程(刘敦虎等，2013)。本节将探讨人工智能背景下的产学研合作协同育人新模式。

1. 合作教育培养模式

传统的教育模式大多以传授知识为目标，强调知识的传承，重视课堂教学以及学科自身的系统性，而合作教育则更注重培养学生的创新精神、创造能力、实践能力和综合素质。在合作教育培养模式下，高校与科研院所共同为人才培养提供学术环境和学习资源，企业将自身的技术投入人才培养中，同时为师生提供实践与实习基地。三方通过强强联合打造人才培养的新方式，这对于培养高质量人才、增强人才的创新能力有一定的促进作用；另外，产学研合作教育可通过高校、科研院所与企业的沟通与合作提升科研效率，使研究成果可以迅速转化成生产力，由此企业获取人才的效率也得以提升。目前，产学研合作教育已成为科教兴国战略的关键内容之一，产学研合作教育受到政府、高校乃至全社会的高度关注，是促进市场经济发展、培养多样化人才的有效手段(刘敦虎等，2013)。

2. 创业教育培养模式

通过创业教育实现产学研合作协同育人可以充分发挥高校、科研院所和企业各自的优势，学校可以通过系统的理论教育和实践培训，培养具有综合素质和综合能力的系统性人才，企业可以通过实训和实习等方式与高校达成合作，使学生将学到的知识运用到实践中，实现学以致用，二者相互补充，共同培养创新创业人才。同时，学校应将创业教育课程纳入选修课或必修课，为学生架设创业的知识桥梁，模拟创业实际情境，使学生从步入大学的那一刻起，就树立创新意识，培养创业能力，具备创新创业的心理素质(王秀敏和龚宇平，2011)。创业教育培养的是学生的创新创业能力，符合产学研合作协同育人的基本理念，对于培养适应智能时代的高素质创新型人才有一定的助推作用。

3. 学生个性化培养模式

无论是何种模式下的教学，都必须充分考虑学生的个性化需求，针对不同的需求制定个性化的培养方案。简单地说，学生要求的个性化程度越高，教育手段就越应该多样化，应因"才"施教，进行分层、分模块教学。学生的个性化培养方案由高校根据专业特性和学生特点拟定，在个性化培养过程中可将学生按照能力倾向分类，如按照学生探索能力、沟通能力、自我提升能力等的强弱分类，同时要考虑学生的兴趣爱好，这样可以使学生在与企业对接的实训或实习环节中更有针对性地选择进行学习和工作的部门，企业也可以更有针对性地对学生进行能力培养。智能时代的人才个性化培养必须与时俱进，融入人工智能的相关理论和技术，培养面向人工智能相关企业的实践型和应用型人才，最终促进智能教育的发展和创新型人才的培养。

4. 企业需求培养模式

随着全球经济一体化和各行业的快速发展，大多数企业更青睐于经验丰富、成熟全面的专业复合型人才。针对用人单位的多元化需求，高校在培养学生时，应注重通过多样化的培养模式培养学生的多元化能力，帮助学生在就业中形成独特的就业核心竞争力。高校和企业的产学研合作是针对某一专业领域展开的，不同专业领域的学术研究和企业类型有很大的差异，因此，高校、科研院所和企业要认清自己和合作方的定位，并根据专业特点有针对性地进行人才培养，特别是要培养合作方所需要的人才。在人工智能领域，高校必须大力开设人工智能的相关课程，科研院所要与高校合作进行有关人工智能理论与技术的学术研究，面向人工智能相关企业培养具有较高人工智能素养的人才。根据企业的需求进行人才培养，对于高校的科研进步和企业的技术发展都有一定的助推作用。

5. 大学科技园培养模式

大学科技园是高校服务社会的重要平台，由高校和企业共同参与孵化科技成果、进行联合技术开发等，同时也是创新人才的培育基地。成功的大学科技园包括美国硅谷模式和中国中关村模式等(王秀敏和龚宇平，2011)。科技园的企业可以以正式或非正式的方式与高校的教师合作，或聘用高校相关专业的在校生或毕业生(陈恒等，2018)，而高校和科研院所也可以从科技园中聘请技术型工人或专家参与相关的研究，并获得专业性指导。科技园可以使高校的学生拥有更多的实训机会和学习资源，为培养应用创新型人才提供了场所。

6.2.4 产学研合作协同育人的内容探究

产学研合作协同育人需在智能时代背景下进行，应通过人工智能技术与产学研合作协同育人模式的融合，打造人工智能支持的创新型人才培养模式。下面从育人理念、质量标准、教学范式、技术方法四个方面展开对智能时代产学研合作协同育人的内容探究。

1. 育人理念

育人理念作为一定历史时期人们对教育发展的理性认识，体现了教育的价值取向和理想追求，是教育改革发展的重要价值引领和实践导向（孙其华，2020）。《中国教育现代化 2035》提出要更加注重以德为先、更加注重全面发展、更加注重面向人人、更加注重终身学习、更加注重因材施教、更加注重知行合一、更加注重融合发展、更加注重共建共享。产学研合作协同育人也要考虑这些教育理念的育人价值，特别要重视以德为先、立德树人。产学研合作协同育人的基础是明确育人理念，把握育人方向，只有这样，高校、科研院所和企业三方才能顺利开展项目合作，培养优秀人才。

2. 质量标准

产学研合作协同育人必须注重人才培养的质量，因此，在产学研合作中，高校、科研院所及企业必须建立严格的人才培养质量标准，打造专业、高效的人才培养模式。在人工智能的校企合作中，应建立人工智能工程实践方法体系，组织核心团队，与产业界联合制定工程实践方法和内容（如建设软硬件平台），通过试训、试讲、实践、反馈等，不断优化实践内容和方式。通过这样的方式可保障质量标准的有效性，促进人才培养质量的提升。

3. 教学范式

随着人工智能技术的发展，数据驱动的教学范式受到重视。在基于产学研合作的人才培养中，要注重对数据驱动的教学范式的运用，如在人工智能课程的设计与实施中，形成一套独具特色的人工智能实践课程，在课堂上通过人工智能技术收集教师的"教"和学生的"学"的行为数据，通过数据分析进行更精准的教学。同时，数据驱动的教学范式的应用离不开对教师的数据素养的培养，应通过培养一批可以应用人工智能工程实践方法体系的合格教师，提升产学研合作的人才源头培养质量。在这样的教学范式下，在人工智能领域，学生学成后便可从事大数据分析、数据挖掘、机器学习、算法研究等领域的工作。

4. 技术方法

产学研合作中使用的技术大多来自企业，企业在技术育人中发挥着中流砥柱的作用。未来的创新型人才必须掌握自己领域内的技术方法，这样才能为企业和高校的合作提供源源不断的技术方法支持。技术方法的学习和掌握是人才培养的重要内容，产学研合作协同育人必须充分考虑有关技术方法的教学，以提升应用型人才的素质和技能。

6.2.5 产学研合作协同育人的意义

产学研合作协同育人主要针对的是"人工智能+教育"领域，无论是人才培养模式还是人才培养内容，都倾向于人工智能教育应用方向。"人工智能+教育"领域的产学研合作目前已在国内多所高校展开，涉及的合作内容丰富，合作方式多种多样，但无论是哪所高校的产学研合作，都注重对创新型人才的培养。因此，"人工智能+教育"领域的产学研合作协同育人模式必须突出工程实践特色，贯彻工程实践育人理念，面向新工科需求，与产业界深度合作，努力建设密切联系工程实际的人工智能工程实践课程，培养具有深厚工程背景的师资团队和优秀人才，并将人工智能工程实践典型案例推广至教育界及产业界。

1. 突出人工智能工程实践，推动人才升级

"人工智能+教育"领域的产学研合作协同育人融合了多个专业的理论与技术，这就要求突出专业特性。在产学研合作协同育人模式的推动下，学生能够熟练应用人工智能现有工具、框架、算法解决相关实际问题，并以实际需求为引导，在学习和实践的过程中不断推动人工智能工程技术迭代改进。产学研合作面对新企业，培养新人才；面对新学生，培养其兴趣；面对新三观，建立新模式；营造新平台，经营好时间。它能通过组建优秀的人工智能工程实践教师团队，培养一批具有人工智能工程实践能力的人才，满足市场对人工智能人才的需求。

2. 产业衔接，精准匹配行业人才需求

应高效整合校企核心技术和资源，使高校与现有人工智能领军企业深度合作，组建一套行之有效的人工智能工程实践方法体系。将企业中的案例转化为协同育人案例，使高校人工智能工程实践与产业工程技术问题无缝衔接。

3. 运用前沿技术，解决特定问题

应将高校最新的科研成果转化为人工智能工程实践案例，以应用为目标，以解决问题为核心，加强科研成果对产业的直接推动作用，拓宽产业人员前沿技术视角，不断提升企业核心竞争力。

6.3 自适应学习系统与智能教学

6.3.1 自适应学习系统

1. 人工智能支持下的自适应学习基本原理

1) 自适应学习系统的基本内涵

对于自适应学习系统的内涵，徐鹏和王以宁(2011)这样定义："针对个体在学习过程中的差异而提供的符合个体特征的支持学习的学习系统"。黄伯平等(2009)从连通性、内容、文化三个层面阐述了自适应学习系统的定义。国内学者对自适应学习系统下的定义比较简洁，强调自适应学习系统能为学习者提供个性化学习服务，即通过对学习

者学习风格、认知水平等的综合分析，提供相应的个性化学习服务。而 Brusilovsky 等（2004）提出，自适应学习系统能收集学生在学习过程中与系统交互的数据，创建学习者模型，解决以往教育中出现的"无显著差异"问题。国外学者下的定义强调自适应基于数据收集和分析，而自适应学习系统是通过对实时交互数据的收集并根据数据分析结果提供个性化的学习服务。

自适应学习系统中的个性化学习和自适应学习比较相近但又有所不同，个性化学习是针对学生个性特点和发展潜能而采取恰当的方法、手段等，促进学生各方面获得充分、自由、和谐发展的学习方式（李广和姜英杰，2005）。个性化学习的实现途径多种多样，可以是教师或学生根据自身的需要来选择合适的学习资料和策略，也可以是分析学习环境后自动为学生选择（Newman et al.，2013a）。自适应学习是一种能实现学习者个性化学习的具体方法，更多的是数据导向型，即根据实时收集的数据分析学习者的能力水平，并以此来推荐此时此刻最合适的学习材料（包括材料类型，如视频、文字等）和策略（Waters，2014）。

2) 自适应学习的科学原理

布鲁希洛夫斯基（Brusilovsky）和米兰（Milan）总结了自适应学习领域的研究，尤其是自适应超媒体系统（adaptive hypermedia systems，AHS）和自适应教育系统领域有关知识建模和用户建模的研究，他们认为这些系统能够基于系统采集和处理的数据改变每个用户在系统中的体验。自适应学习系统主要采集关于如何改变个体学习体验以及改变什么的数据，即自适应模型（adaptation model），其涉及两个方面：领域模型（domain model）和用户模型（user model）。其中，因为领域模型建模的领域是一个知识领域，所以该模型通常称为知识模型；而用户模型的用户是学生，因此通常称其为学生模型。自适应系统的开发者或者使用者需要重点考虑的是：建模对象是什么、如何建模以及如何维护这些模型。由于存在不确定性，大多数模型本质上带有概率性，最受欢迎的概率模型是贝叶斯网络。贝叶斯网络使用的知识模型由与证据要素（如反馈、行为、正确性等）关联的个人知识成分（如概念、程序、规则等）组成。可在学习者完成一系列练习、活动或者测评（而不是修完整门课程）之后更新学习者处于某种知识状态的概率，这种方法称为知识跟踪（knowledge tracing）。除了对用户知识状态建模外，自适应系统的设计者也对诸如用户目标、兴趣、解决问题的策略、情感状态以及社会心理状况的建模感兴趣。

2. 自适应学习系统的兴起与现状

学术出版物和大众媒体经常提到各种自适应学习研发公司，并详细报道了美国公立学校开展自适应学习的情况。有研究人员试图验证自适应学习是否如近二十年来一些新成立的公司所期待的那样带来利润，如 Acrobatiq（成立于 2013 年）、Knewton（成立于 2008年）、Cog Books（成立于 2006 年）、Cerego（成立于 2000 年）、Realizeit（成立于 2007 年）、Loud Cloud（成立于 2010 年）以及 Smart Sparrow（成立于 2010 年）。教育出版商或通过与自适应学习研发公司合作（如 Pearson 和 Knewton 合作），或通过购买一家自适应学习研发公司（如 McGraw-Hill 购买 ALEKS、Barnes&Noble 购买 LoudCloud）进军这个市场。

3. 自适应学习面临的挑战与前景

1) 自适应学习对网络学习者情感支持的研究有待突破

心理学研究表明，人的情绪状态及其变化对学习活动的成效有重要影响。在网络学习环境中，由于教师与学生长时间分离，学生在学习过程中容易出现沮丧、焦虑、孤独、失落等情感问题，导致学习效率低下甚至厌学，因此解决网络学习环境中学生的情感缺失问题，并提高学习效率，是自适应学习深度发展的必然要求。但是从自适应学习的研究情况来看，关于构建用户模型的研究主要聚焦于学习者的学习风格检测、认知水平诊断、认知水平表征、学习行为模式挖掘及学习兴趣识别等方面，而有关学习者情感的研究较少。

2) 为学习者提供更精准、更智能的个性化学习服务

新兴技术的涌现、原有技术的进步及多个学科之间的相互融合和渗透，为自适应学习的研究与发展带来了新的机遇与挑战。例如，利用视线追踪技术可从学习者的注视行为中提取个体特征，从而为设计更符合学习者个体特征的学习内容呈现方式、制定更符合学习者风格的学习策略提供帮助；将脉压传感、皮肤电流传感、脑电传感、面部识别、语音识别等技术与情感计算技术相结合，可对网络学习者的情感进行实时精确的监测与管理，解决网络学习者情感缺失问题。此外，大数据已成为时下的研究热点，可利用教育大数据对学习者的学习过程进行全程跟踪、全方位分析，以为学习者提供更精准、更智能的个性化学习服务，甚至全生命周期的学习服务。表 6-2 总结了自适应学习的应用前景和存在的问题。

表 6-2　自适应学习的应用前景和存在的问题

应用前景	存在的问题
阐明精通某一个领域所需的基本知识、技术以及才能	教师、学生和研究者对知识的理解受到约束
为每位学生找到个性化的学习路径	从法律、道德和经济角度看，不能妥善处理学习者数据
在提升学习效果的同时减少达成学习目标所需的时间	开发一个自适应学习系统可能会导致一家机构破产，因为从时间及资金上讲成本高昂
各种背景的学生都能够以自己想要的方式接受自己想要的教育	模型的偏见性、不透明可能会导致给某些学生贴标签，从而对他们造成歧视
赋能教师并给他们提供更好的支持，以促进高质量的学习	模型所强调的学习观可能会忽视学习的社会性和物理性特点
所采集的数据为数据领域和学习科学领域的研究开辟新的渠道	虽然系统采集了大量数据，但是其中的许多数据可能对自适应学习并不重要或者对学习分析毫无意义

4. 人工智能支持下的自适应学习技术及其应用情形

自适应学习技术是学习者在学习时自动进行调整以适应其个性化学习需求的技术（Newman et al.，2013b）。从这个意义上说，自适应学习技术是自适应学习系统中所采用的软件技术的统称。自适应学习系统最初由自适应超媒体系统（AHS）演变而来（高虎子和

周东岱，2012）。自适应超媒体系统建立了有关个人用户目标、偏好和知识的模型，并在整个交互过程中使用该模型来适应用户的需求（Brusilovsky，1996）。不同的研究者针对自适应学习技术的研究提出了不同的观点，但研究目的相同，即采用先进的信息技术，在相关理论的指导下，为学习者提供符合其个体特征的适应性学习支持，以便学习者能够更快、更有效地进行学习（图6-4）。

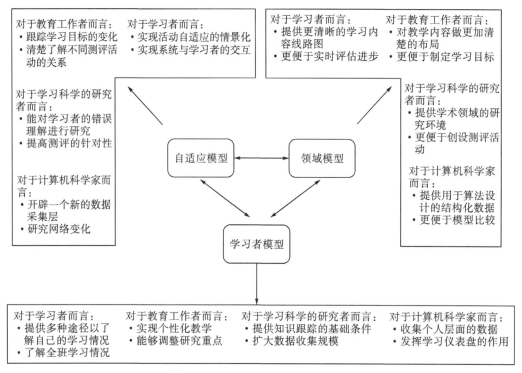

图 6-4　自适应学习系统的潜在优势

6.3.2　智慧教育体系与智能教学技术

智慧教育正在引领全国教育信息化的发展，成为技术变革教育时代教育发展的主旋律。以智慧教育引领教育信息化的创新发展，从而带动教育教学的创新发展，已成为信息时代的必然趋势。

1. 创新型学习生态系统的构建

创新教育模式，可促使学习者在灵活、资源丰富、便捷的学习环境中开展参与性高、更为主动、基于真实问题解决的学习。而智能技术的发展，为创建创新型学习生态系统提供了可能。创新型学习生态系统要具备可以支撑学习者开展创新实践的学习空间，而且必须足够灵活以支持未来的实践，教师和学习者可以自由使用所需的资源（Michael，2018）。另外，创新型学习生态系统以学习分析等技术为基础，可基于系统动态数据来调整课程设计，以实现大规模的个性化学习。

1) 创设智能化学习空间，提升创新型人才的培养质量

(1) 提高现有教室的智能化水平。创新的教育教学场所需要提高交互性，注重能动性、灵活性并支持多种设备的使用。例如，俄勒冈州立大学学习创新中心的"学生环绕式课堂"、新加坡南洋理工大学的"新学习中心"可以让师生之间的协作互动更为方便；教室中的网络会议系统和各种远程协作系统，尤其是采用无线技术的无线投影仪和移动设备，均在不同程度上拥有灵活性和易用性。

(2) 增强真实情境的模拟化。高校是支持学生未来职业发展的重要场所，有责任提供与学生未来的工作密切相关的技能训练和更好的学习体验。因此，大学学习空间的设计应更加注重对真实工作和社会环境的模拟，培养学生的创新思维和问题解决能力，以及面向未来职场所需的技能。一些创新技术的发展为这样的设计提供了可能，例如，可将扩展现实技术（即虚拟现实、增强现实和混合现实技术）集成到学习空间中，通过视觉呈现效果丰富的视觉展示墙、动态的虚拟现实学习空间，利用自然语言界面进行声音激活等，以支持个人/团队进行基于项目的学习、基于挑战的学习、探究式学习（Schaffhauser，2017）。

(3) 增加在线和面授学习的混合度。学习空间的设计不仅包括物理空间的技术升级，还包括与在线学习空间的互通。学习空间可以实现多重同步学习，将面对面、异步与同步在线交流等加以混合，以便于学生在不同地点能够参与其中。比如，一些学校在疫情期间使用思科网真（telepresence）机器人弥补了基于屏幕和远程模拟所缺乏的真实感，提供了身临其境的交互式环境，大大提升了学生的参与度，丰富了学生的学习体验（Want and Cieslowsik，2023）。

2) 构建智能学习分析系统，增强个性化学习

随着学习分析技术和自适应学习技术不断取得进步，开展个性化学习有了更多的可能性和空间。自适应学习、情感计算、人工智能、自然用户界面等重要技术，以及在线教育、移动学习和学习管理系统，共同构成了更加智能化的学习分析系统。通过采用分析和可视化软件，可以直接生成具有针对性的学习数据，以供教师在开展学习评估时使用。此外，当开展在线教学和混合式教学时，教师可以通过查看数据，随时监测学生的学习行为，及时调节教学进度并开展个性化教学。在这种背景下，未来高等教育资格认证将发生改变，传统的成绩单将被更加透明化的成绩单替代。这份新的成绩单将涵盖学习者在不同方面的成果与经验，可能涉及研究、学习、实习、出国留学和课外成就等方面（金慧等，2017）。

2. 智能技术创新应用

物联网、云计算、大数据、泛在网络是智慧教育体系的重要支撑技术。智慧教育的建设与持续发展离不开这些先进技术的创新应用，近年来，这些技术在政府、企业、科研院所等多方的努力和推动下不断成熟，在多个领域的应用取得较大进展。

1) 物联网: 提升教育环境与教学活动的感知性

物联网基于传感器和电子标签两大主要技术,可以在课堂教学、课外学习和教育管理三个方面给教育提供支持,优化教育环境,丰富教学资源,改善学习方式,节省管理成本,提高管理效率(贺志强和庄君明,2011)。智慧教室是一种基于物联网技术并集智慧教学、人员考勤、资产管理、环境智慧调节、视频监控及远程控制于一体的智能化教学环境,运用智慧技术支持智慧的教与学,实现教室的智慧管理(黄荣怀等,2012)。国内一些厂商已经纷纷推出了智慧教室,并在中小学中推广应用。

物联网技术除了可以用于构建智能化教学环境、丰富实验教学、辅助能源管理之外,还可以在以下几个方面发挥优势。

(1)学生体质健康监测。通过为学生佩戴体质监测方面的传感器,可以动态、持续地获取学生的体征数据,构建全国性或区域性的学生体质健康数据库。

(2)学习情境数据采集。通过传感器并结合定位技术,可以实时捕获学生的学习地点、时间、内容、状态、环境等学习情境信息,并据此推送相应的学习资源、活动、工具和服务。

(3)拓展课外教学活动。比如,开展基于物联网的"数字化微型气象站"在科学教育中的应用实践,将先进的测量技术、传感技术与现代教学理念相结合,支持学生的正式学习、户外学习和区域合作性学习(李卢一和郑燕林,2010),鼓励学生亲身体验、探究各种科学现象,培养其探究精神和创新能力。

(4)教育安全监控与危机快速处理。基于物联网、视频监控等技术可构建校园安防系统,实时、全面地监控校园运行情况,快速处理校园危急事件。

(5)教学设备管理。通过给物理教学设备贴上射频识别(radio frequency identification,RFID)标签或传感器,并分配专人管理,可以进行统一管理和调度,有效检测设备的工作状态(杨现民和余胜泉,2015)。

2) 云计算: 拓展教育资源与教育服务的共享性

云计算技术在高校中已经从原来的理论探讨步入实际应用。云计算技术在智慧教育体系中的应用主要集中在教育资源(硬件、平台、软件、学习资源)的共享上,可以有效解决我国在教育信息化推进过程中长期存在的重复投资、信息孤岛等问题。此外,云计算技术还可以用于打造云学习环境,学生通过电子书包等终端可以随时随地享受云端的各种学习服务。学生的学习过程数据也将及时存储到云端,由此可保证学习数据永不丢失,为学习行为分析提供数据支持。

3) 大数据: 提高教育管理、决策与评价的智慧性

当前,国际知名的大数据教育应用典型案例当属美国普渡大学的"课程信号"项目(Pistilli and Arnold,2010)。该项目通过"课程信号"平台全程采集、汇聚学生课程学习数据,教师据此进行具有针对性的交流反馈、学习资源推荐,最终提高了学生学习成功率和新生保有率。近年来,国内一些高校开始应用大数据技术辅助教育教学管理。此

外，大数据技术还可以在以下几个方面发挥优势。首先，教育信息化与现代化发展水平评估方面，可依据信息化与现代化发展水平评价指标，通过全面、动态、持续采集各方数据，对国家或地区的教育信息化与现代化发展现状进行准确评估，同时自动诊断薄弱环节，全面推进教育信息化与现代化事业的发展。其次，教育机构布局与教育经费调整方面，可通过全面采集全国或区域范围内教育机构的分布数据，调整教育机构布局、教育经费投入及分配等政策。再次，学生的发展评价方面，可通过持续跟踪、采集学生在成长过程中的各种数据，并进行全面、系统的统计分析和数据挖掘，为学生提供更加科学、全面的发展评价报告。最后，可基于大数据进行科学研究，动态采集科研所需数据，预测科研发展趋势，提高科研效率和科研成果的可信度。

3. 智能教学技术的发展与展望

技术的发展日新月异，在技术的发展过程中智能技术会渗透教学的各个方面，主要表现为软硬件技术融合、人工智能与人类智能融合，而教学环境、学习形式、教师角色三个方面的创新与变革将改变整个教育生态。

1) 以学习分析为核心的智慧学习环境

智慧学习环境是整合了智能感知、学习分析、情感计算等技术的融合体。这种融合体不再是单向的学习场所，它可以与学习者进行交互，具备情境感知、教学内容个性化适配、学习跟踪、错误诊断与评价等能力。当前，学习分析还处于初步的研究与应用阶段，更多的是小范围、被动地应用(在数据采集方面多以系统平台已有的数据为基础，而较少采取有目的和设计性的数据获取手段)。因此，深刻理解学习分析的内涵，并将学习分析技术融入学习系统与平台中，创建以学习分析为核心的智慧学习环境是智能教学技术发展的重要方向。

2) 智能教学环境下的数字教师

技术的发展是推动教育变革的外在因素，应用及创新技术是教育变革的核心，教师则是这个核心的关键要素。如何驾驭技术成为智慧学习环境下的重大挑战。杨宗凯(2013)在第十二届中国教育信息化创新与发展论坛的报告《科技支撑教育创新——先进教室、数字教师、未来教育》中提出"数字教师"，这一概念具有前瞻性，他认为数字教师应由知识的占有者转变为学习活动的组织者，由知识的传授者转变为学习的引导者，由课程的执行者转变为课程的开发者，从"教"教材转变为"用"教材，从"教书匠"转变为教育研究者，从知识固守者转变为终身学习者。同时，必须认识到智慧学习环境对教师提出了挑战：大量分析数据的汇聚会对教师决策能力提出极高的挑战。如何针对多样化的需求选择适宜的资源和组织灵活、多变的学习活动是数字教师需要关注的重要课题。而帮助教师快速适应智慧学习环境，需要依靠多种渠道，要为教师提供技术培训，提高教师的信息素养。

3) 以资源推荐与社会联通技术为支撑的自适应学习

自适应学习是由数据驱动的，很多时候以非线性方法对学习提供支持。它根据学习者的表现进行调整，并随之预测学习者在某个特定时间点需要借助哪些学习资源才能取得进步（Newman et al.，2013b）。根据不同的学习要求，选择不同类型的自适应学习技术，可以实现不同形式的自适应学习，包括以资源推荐为主的自适应学习和以社会联通技术为主的自适应学习（德勤，2019）。

6.3.3 自适应平台助力数据驱动的教与学

1. 自适应技术覆盖教学全流程

人工智能技术正在推动教育信息化快速发展，人工智能教育是人工智能技术对教育产业赋能的结果，可通过人工智能技术在教育领域的运用来实现其辅助甚至替代作用。未来人工智能教育应用的发展将由数据驱动、应用深化、创新优化服务等方式来持续推动（图6-5）。

图6-5 中国教育行业智慧化趋势

1）线上线下融合机制

教育企业的产品链不断拓展和融合，线下、线上教育的融合可能会进一步加强，二者将协同发展且各有侧重。

2）智能测评产品

智能测评根据不同的学习类型分为语音和作文测评等类别。语音测评类的代表企业包括科大讯飞、先声、流利说等；作文测评类的代表企业则包括科大讯飞、词网等。语音识别是较早实现商业化应用的人工智能技术，目前语音识别技术与教育行业的结合集中于口语学习中的语音测评，即利用语音识别技术对用户的发音、语义以及表达等进行自动评估。语音测评技术已经从最初的跟读后评估升级到开放题型的评估，这对应用范围的拓展至关重要。语音测评产品的评估准确率不仅与算法密切相关，同时也与数据库中语料的翔实程度与多样性密切相关。

3)智适应学习系统的效果

人工智能技术与学习信息管理系统是智适应教育产品的重要组成部分。通过云计算和人工智能的深度学习功能,可实现作业、测评、课程的自动适配和科学评估。该功能已被引进校园和部分教育企业,主要用于记录追踪学习状况、统计学习数据、进行能力评估与学情管理、实现家校互通。该功能与开放的大数据相结合,可使教学更具有针对性,并使得学生的学情资料得以量化和可视化,提升了教与学的质量。

目前,智适应学习系统主要发挥教学辅助作用,并不能完全取代教师的作用。例如,在教与学环节,利用智适应学习系统,可针对知识点提炼、学习方法归纳等主要教学难点,基于大数据和算法形成一套高效、标准化的系统课程,以让不同学习程度的学习者适应不同类别的课程。

2. 增强智适应教育应用

教育智能化趋势下,智适应学习技术以其能够贯穿学习全过程的独特优势成为人工智能技术中在学习各环节应用得最为广泛的技术,并逐步成为主流。此外,人工智能技术在教育领域的应用还包括图像识别产品与语音识别产品。

1)计算机辅助教学

计算机辅助教学(CAI)是指用计算机帮助或代替教师执行部分教学任务,传递教学信息,向学生传授知识和技能(张剑平,2003)。随着计算机网络技术、虚拟现实技术等的发展,计算机辅助教学的深度和广度不断拓展。

计算机辅助教学模式也称信息化教学模式。我国学者从认识论和价值观两个维度来考察教学模式,提出了信息化教学模式分类框架。从计算机辅助教学新的定义来看,这个模式是一个合理的模式(张剑平,2003)。借助一个二维坐标系,将个体化-集体化、以教师为中心-以学生为中心分别作为描述不同教育文化差别的维度,得到如图 6-6 所示的计算机辅助教学模式分类框架。

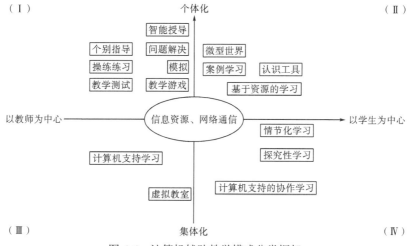

图 6-6 计算机辅助教学模式分类框架

2) 智能感知技术

传统的计算机技术存在着一定的缺陷，例如，无法对不同的学生进行具有针对性的教育，系统无法提供具有选择性的作业模式等。智能感知技术的运用使以上问题得到了很好的解决，这一技术运用到教学中可使学生的学习更直观、更形象、更具有交互性。智能感知是代码视图中的功能，它可以自动插入代码并实现对代码超链接的跟踪，对于提高学生的学习兴趣有着重要的意义。例如，在作业平台上，计算机把文字、图片和声音、动画结合到一起，把作业和游戏结合在一起，学生可以通过计算机登录平台并查看教师布置的作业，从而减轻教师的课业负担。

3) 情感计算技术

情感计算的概念由美国的 Picard 教授提出，其著有《情感计算》一书（Yu and Fang，2007）。该书给情感计算下了这样一个定义：情感计算是与情绪有关的计算，或对能够影响情绪的因素的计算。可以看出，这个定义涵盖的内容非常广泛，它几乎包括了所有与情绪相关的计算。许多不同类型的研究都可以划归到这个领域，例如，让计算机模拟情绪影响人类解决问题或制定决策的过程（Yu et al.，2008，2009）。情感计算研究试图建立一种能感知、识别和理解人的情感，并能针对人的情感做出智能、灵敏、友好反应的计算机系统（于冬梅和方建安，2007）。情感计算主要强调三个部分，即情感识别、情感发生和情感表达。

综上，情感计算试图赋予计算机像人一样的能观察、理解和生成各种情感特征的能力（于冬梅，2008）。图 6-7 为基于情感计算技术，对学习者的面部表情、客观行为（如眼动、手势）以及声音等特征进行监测与预警。

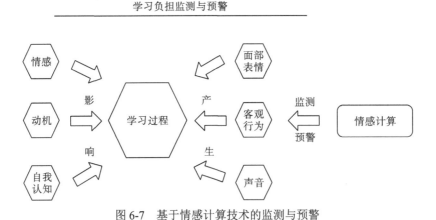

图 6-7　基于情感计算技术的监测与预警

4) 基于大数据的个性化推荐技术

由于现代网络技术的快速发展及应用，以大数据为基础的个性化推荐服务研究逐渐兴起。大数据时代下，各大教育类网站借助个性化推荐服务能快速而主动地为教师与学生推荐其所偏好的服务（图 6-8）。

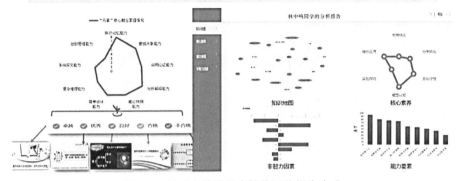

图 6-8 基于大数据的个性化评价报告生成

大数据下应用个性化推荐技术的主要方法有数据挖掘、协同过滤以及 RSS，表 6-3 是几种 Web 数据挖掘方法的对比。

表 6-3 Web 数据挖掘方法的对比

数据类型	数据特点	挖掘方法
文本、超文本、图像、音频和视频	异化半结构化或者非结构化数据	文本挖掘、多媒体挖掘及数据挖掘
页面间和页面内部的超链接	链接结构和层次架构	结构挖掘
Web 服务器日志、代理服务器日志、浏览器日志	HITS 和 PageRank 数据挖掘	站点自适应用户建模

3. 人工智能支持下的自适应学习案例

1）Knewton

Knewton 是一种通用的自适应学习平台，能够支持跨学科、跨年级的自适应学习。在大数据分析技术和推荐系统基础上，Knewton 能够实时根据学生的知识现状、学习兴趣、学习目标等给学生推荐学习活动，通过数据收集、推断及建议来提供个性化教学。除此之外，Knewton 还可为教师提供学习分析服务，为内容提供商提供学习内容分析服务，支持教师和内容提供商参与优化学习的过程。图 6-9 为基于教师视角的学生特征分析结果，左侧的饼图是根据学生前期的课程数据分析得到的学生技能水平评估结果，从不熟悉到精通分成多个等级，各等级的学生将根据其等级划分获得不同的课程与练习推送。

Knewton 采用知识图谱、持续自适应、融合记忆曲线和建立终身学习档案等技术来实现个性化学习。知识图谱包含课程内容中概念和概念间的关系，系统将根据学习者在知识图谱中已经掌握的知识和学习者的学习方式来自动生成学习路径。Knewton 具有的一大机制是持续自适应，即通过持续挖掘学习者的成绩数据，对学习者的学习活动进行实时反馈。基于该机制，学习者完成一个给定的学习活动后，系统会指导学习者执行下一个学习活动。此外，Knewton 还可通过融合记忆曲线、为学习者建立终身学习档案的方式，成为个人学习情况和课堂教学质量的分析工具，实现可视化学习过程，进而实现不同水平学习者的自适应。

图 6-9　Knewton 自适应分析界面

Knewton 基于项目反应理论把学生的能力表征为问题表现水平，而不是测验表现水平。Knewton 的内容推荐系统可以满足具有不同兴趣和不同学习风格的学生的需求，并可以根据学习的顺序和进度不断进行调整。不同学生的 Knewton 教材会因为他们的使用习惯不同而存在差异，同一篇文章篇幅的长短取决于学生的具体表现。如果某位学生的注意力在开课 15 分钟后持续下降，那么下次上课的时候，Knewton 会在第 14 分钟时停止推送该主题内容。同样地，如果某位学生对视频教学的反馈良好，那么系统会持续推送视频内容而不是文本和音频内容。

2）ALEKS

知识空间中的评估与学习（assessment and learning in knowledge spaces，ALEKS）由来自美国纽约大学和加利福尼亚大学欧文分校的研究团队联合研发，是以世界知名数学家和认知科学家的知识空间理论为基础，通过吸收一系列研究成果开发而成。ALEKS 的核心是人工智能引擎，能够对每个学生进行连续不断的测试。ALEKS 使用适应性提问快速准确地确定学生的知识掌握情况，提供了关于主题的若干练习题，这些题具有足够的可变性，学生只有在深入理解知识的基础上才能正确作答。当学生学习新主题时，ALEKS 会更新学生的知识地图。

为了确保学习内容能够保留在长时记忆中，ALEKS 会定期重新评估学生，并根据评估结果调整学生的课程网络。学生必须通过即时产生的多种问题的测试，通过 ALEKS 的课程测试则说明学生真正地掌握了课程。ALEKS 避免了多项选择题，使用类似于纸和笔的答案输入工具，灵活且易于使用。在学习主题的过程中，ALEKS 还为学生提供了配套的练习题。当完成主题学习后，ALEKS 会及时更新学生的知识结构和学习状态。

如图 6-10 所示,当学生完成评估时,ALEKS 已经准确地描绘出学生对课程的掌握情况与解答路径,生成学生的课程多色网络图。图中各题目知识点的相似程度用不同颜色表示,色谱图从浅色到深色代表非常相似到非常不相似,相同的知识点不具有连接性,连接箭头代表某个知识点在学习中的题目解答路径。

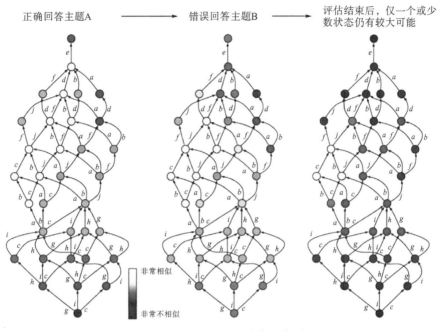

图 6-10 ALEKS 课程多色网络图

6.4 "人工智能+教育"创客课程

6.4.1 基于创客素养的人工智能教学法

1. 创客与创客教育

创新是 21 世纪学习者必备的技能,世界各国都开始注重培养创新型人才,培养学生的创新能力也成了教学改革的重点。党的十九大报告明确指出,要坚定实施科教兴国战略、人才强国战略、创新驱动发展战略,跻身创新型国家前列。十二届全国人大三次会议的政府工作报告首次提出"互联网+"行动计划,指出要推动云计算、大数据、物联网、移动互联网等与现代制造业结合,促进电子商务、工业互联网和互联网金融健康有序发展,引导互联网企业拓展国际市场(李克强,2015)。由此可见,如何培养具有创新思维的人才已经成为我国在战略层面高度重视的问题。

1)创客的内涵

创客源自英语单词"maker",原意是"制造者"或"创造者"。学术界对创客的分析有着不同视角，创客没有得到公认的学术界定。一种视角认为，创客文化是一种非主流文化。另一种视角认为，创客与自己动手制作(do it yoursef，DIY)有密切联系(杨晓哲和任友群，2015)。率先提出 Web 2.0 概念的戴尔·多尔蒂(Dale Dougherty)将愿意通过动手实践，努力将各种不同想法变成现实的群体称为创客(徐思彦和李正风，2014)。近年来，创客专门用于指代利用互联网、3D 打印机和各种桌面设备与工具将自身的创意转变为实际产品的勇于创新的一群人(Anderson，2012)。

2)创客活动与教育

创客活动也称创客行动，最早由《连线》杂志前主编克里斯·安德森(Chris Anderson)在其著作《创客：新工业革命》中提出，其具体内涵是人们利用身边的各种材料和相关设备(如 3D 打印机)、程序及其他技术性资源(如互联网上的开源软件)，通过自己动手或与他人合作制造出独创性产品(Anderson，2012)。也有研究者认为，创客活动源于美国麻省理工学院比特与原子中心在 2001 年启动的 Fab Lab(fabrication laboratory，制作实验室)创新项目(Halverson and Sheridan，2014)。

3)创客教育的内涵

创客教育以信息技术的融合为基础，传承了体验教育、项目学习法、创新教育、DIY 理念的思想(祝智庭和孙妍妍，2015)；提倡基于创造的学习，强调学习者融入创造情境、投入创造过程(郑燕林和李卢一，2014)。

关于创客教育，我国学者和西方学者均强调"在创造中学习"或"基于创造学习"，认为这是学习者真正需要的学习方式；主张创客教育的实施方式和基于项目的学习要以一个特定的任务为中心，使学生能在完成任务的过程中进行学习，从而培养学生解决实际问题的能力；倡导在创客教育实施过程中通过协作、交流与共享深化对知识的意义建构；关注培养学生的动手能力和解决实际问题的能力(何克抗，2016)。

2. 人工智能课程中创客教育模式的作用

国际组织(如美国教育技术 CEO 论坛、21 世纪技能联盟等)对 21 世纪的能力素质进行了调查研究，提出了不同的能力模型。然而，无论何种能力模型，创新都是其必备要素(杨现民和李冀红，2015)。创客活动为培养 21 世纪的创新人才提供了新的契机，创客教育具有无限的价值和潜能，将对教学模式、个体发展、教师的教学技能产生重大影响。

1)促进教学模式的变革

创客教育为新课程理念的落地提供了新的抓手和路径。通过动手操作、协同探究、项目合作等多种基于创造的学习方式，每个学生都将在课程学习中找到乐趣，激发自身的创造潜能，进而提高教学水平。创客教育除鼓励培养学生的创新意识和团队合作精神之外，也提倡创设一个自由、开放的创客空间，其能够显著地发挥学生的创新潜力。

2)促进个体发展

Jia 等(2021)认为创客课程可以全面培养学生的知识、能力和素养,其通过实验研究证实,课程实施后学生的学习动机和自我效能感发生了积极变化。创客教育的人工智能课程有助于改变学生的学习方式,培养学生的自主探究和学习能力。创客教育能够更好地解放学生的天性,通过创客活动,学生可以接触到更多最新的技术,借助技术慢慢将自己的创意和想法实现,不断激发自己对创造的兴趣。此外,学生动手探索的过程也是对知识的运用过程,有助于增强学生对抽象学科知识的理解。

3)提高教师的教学技能

采用自由、开放的创客教育模式并不代表教师的责任减少,教师不仅需要掌握扎实的学科专业知识,还需要熟练地掌握最前沿的信息技术,以便在学生遇到不能自行解决的问题时对学生进行正确合理的指导。创客教育模式不仅可以促进教师角色的转变,而且能够促进教师综合能力的提高。

从国家的人才战略来讲,基于创客教育的人工智能课程不仅有助于推动我国的人才培养模式由单一化向多元化转型、由标准化向个性化转型,还有助于培养一大批科技创新人才,从而为建设创新型国家提供人才支撑。

6.4.2 构建基于创客素养的人工智能课程教学模式

随着智能技术的发展,社会对创新型人才的需求越来越大。随着创客教育的盛行,部分高校开始尝试将人工智能教育与创客教育融合,提出了基于创客素养的人工智能课程教学模式。图 6-11 为基于创客素养的人工智能课程教学模式。

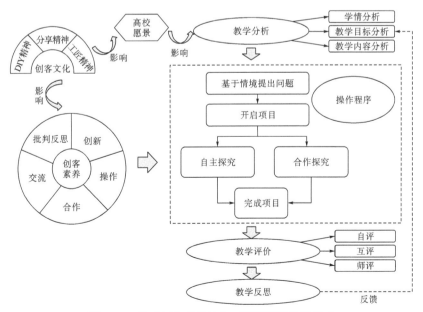

图 6-11 基于创客素养的人工智能课程教学模式

如图 6-11 所示，DIY 精神、分享精神、工匠精神是支撑创客文化发展的三种重要创客精神。DIY 精神强调自己动手制作，没有专业限制，想做就做；分享精神则强调资源共享、合作与交流；工匠精神强调敬业、精益、专注、创新。基于 DIY 精神、分享精神、工匠精神的创客文化不仅影响着创客素养的培养，还影响着高校愿景的建立。在创客文化的影响下，学生需要具备创新、操作、合作、交流、批判反思五种创客素养，而培养顶尖的创新型人工智能人才也逐渐成为各所高校的愿景。创客素养的培养和高校愿景的建立将对现行的人工智能课程教学模式产生深远影响，在教学过程中，通过引入黑胡桃领航者轻便版小车(以下简称领航者小车)项目并融入创客素养，可构建基于创客素养的人工智能课程教学模式。

1. 人工智能小车方案设计

1)功能设计

用于辅助高校人工智能课程教学的黑胡桃领航者轻便版小车，需要具备图像识别、图形化编程和机器学习三种技术。

2)硬件实现

人工智能在高校的推广普及需要具有一定的软件、硬件基础。随着可编程硬件技术的进步，出现了大量适合高校学生的低成本可编程开源硬件，而随着人工智能技术的发展，越来越多的公司开源了各种人工智能软件工具及平台，如 Arduino、Raspberry Pi、mBot、乐高等，这些软件和硬件具有成本低、易调用、功能实用等优点，为人工智能课程的普及提供了条件。

领航者小车整体外观为固定的底座加上各种软硬件，呈小车造型，小车零件主要由螺丝包、龙骨、自由角度摄像头包、动力全向轮包、边缘计算赋能包、Wi-Fi 模块、充电器、工具盒组成。小车拥有三个轮子，可以实现流畅移动效果；USB 摄像头充当"眼睛"，用来进行交通标志识别。领航者小车的外观设计如图 6-12 所示。

3)关键软件技术的设计与实现

图像识别系统利用 face_recognition 库实现图像识别功能。其是以 Python 为基础的开源库，其户外检测准确率高达 99.38%。

4)小车的组成模块及其功能

黑胡桃领航者轻便版小车由超参数调整(车标图像分类)、迁移学习(交通标志识别)、分类时尚品、用 tf.keras 构建并分类影评文本、预测房价模型、Eager Mode、使用 TensorFlow Hub 执行中文单词相似度预测、TensorFlow Serving-QuickDraw、NLI 领航者轻便版启动篇、LKA 车道保持辅助、TSR 交通标志识别、IPA 智能泊车 12 个模块组成，每个模块对应不同的功能(表 6-4)。通过将小车与 AIBuddy 人工智能搭档客户端相连，实现机器学习。在计算机网页的控制下，领航者小车可以进行 12 个模块的学习。

图 6-12　黑胡桃领航者小车的外观设计图

表 6-4　黑胡桃领航者小车模块及其功能

模块	功能
超参数调整(车标图像分类)	收集并分类车标图像；使用 MobileNet_v1_128 模型；训练模型并评估结果；调整 Learning Rate；调整训练分辨率；执行预测
迁移学习(交通标志识别)	收集交通标志图片；使用 LabelImg 作为图像添加标签；将图像和标签转换为 TFRecord；选择模型；训练；预测
分类时尚品	收集 Fashion-MNIST 数据集；数据预处理；构建模型；训练模型；评估训练结果；超参数调整(可选)；使用测试图片执行预测
用 tf.keras 构建并分类影评文本	收集 IMDB 数据集；数据预处理；构建模型；训练模型；评估训练结果；超参数调整(可选)；添加 Drop 层；预测
预测房价模型	收集波士顿房价数据集；数据预处理；构建模型；训练模型；评估训练结果；超参数调整(可选)；使用测试图片执行预测
Eager Mode	Eager Execution 读取数据集；构建一个卷积神经网络；训练并使用 metrics 评估神经网络；存储和恢复模型
使用 TensorFlow Hub 执行中文单词相似度预测	使用 NNLM 模型；从 TF-Hub 中获取模型；探索模型；判断词语的相似度
TensorFlow Serving-QuickDraw	使用 tf.keras 训练 LeNet-5 模型；将模型保存为 saved_model 格式；调试并部署 TensorFlow Serving；用 Python Flask 管理 API
NLI 领航者轻便版启动篇	认识开发环境；熟悉开车技巧；使用高级 API；复杂动作组合
LKA 车道保持辅助	获取摄像头；车道线颜色识别；去除图像中的无效或干扰内容；拟合车道线；辅助控制领航者小车
TSR 交通标志识别	根据实景选择合适的模型；收集模拟交通标志数据集并打标签；将图像和标签打包；训练模型；超参数调整(可选)；使用测试图片执行预测
IPA 智能泊车	将模型转换为 TensorRT 模型；TensorRT 推理；识别停车位；停入停车位；各功能点的集成测试

2. 基于创客素养的高校人工智能教学设计与实践

1) 教学分析

(1) 学情分析。对于学情,主要从初始能力、学习风格、信息素养三个方面展开说明。在初始能力方面,大学生在日常生活、学习中都曾了解或接触过人工智能,但他们对人工智能背后的算法知之甚少,所以教师需要根据学生的初始能力设计项目的难易程度。在学习风格方面,大学生的思维相比中学生更加活跃、开放,他们更喜欢自由、灵活的教学形式,喜欢通过小组合作开展协作探究,所以教师需要根据学生学习的倾向性和风格决定项目的实施环境。在信息素养方面,大学生经过长期正规、系统的信息技术学习,已经学会基本的操作技巧,能够在有需要的时候使用适当的搜索引擎,具备一定的信息获取、加工和处理能力。

(2) 教学目标分析。对于教学目标,主要从知识与技能、过程与方法、情感态度与价值观三个方面展开说明。《普通高中信息技术课程标准(2017 年版)》中"人工智能初步"模块的内容包括人工智能的核心算法、智能技术基本应用过程和实现原理、人工智能应用系统的开发工具和开发平台等。其中人工智能核心算法的开发和实现需要具有一定的高数基础及编程基础,这是大部分教育类专业学生难以具备的,并且大部分学生不具备创客素养,因此教学的总目标是普及人工智能的原理与技术,培养具有创客素养的人工智能人才。在知识与技能方面,根据不同专业的特点和相应的人工智能应用场景将对知识的掌握程度划分为了解、领会、掌握、应用四个层次。针对高校教育学专业学生,人工智能课程的目标如下:①了解人工智能技术的基本概念与分类;②领会人工智能技术的基础理论、基本原理和操作程序;③掌握人工智能技术的组成要素;④能够依据程序和算法熟练地进行人工智能技术操作。在过程与方法方面,人工智能课程的目标如下:①采用项目教学法和探究式教学法,并融入创客素养,让学生通过动手操作和探究洞悉小车的智能泊车原理;②让学生体验人工智能技术给人们的生活带来的巨大变化,从而让学生意识到人工智能技术的应用价值。在情感态度与价值观方面,人工智能课程的目标如下:①建立技术伦理观念,关注教育的人文影响,在教育与人工智能的相互作用过程中辩证认识和把握人工智能教育的价值;②提高学生对人工智能课程的兴趣;③鼓励学生建立学习信息技术学科的信心;④培养学生的信息素养、智能素养、计算思维、批判性思维、创新思维、科技素养、数据素养、21 世纪核心素养,并提高学生的问题解决能力和协作探究能力及创新能力。

(3) 教学内容分析。对于教学内容,主要从教材内容、相关联的内容、内容整合三个方面展开说明。基于创客素养的人工智能课程教学模式并不会改变原有的教学内容,它是一种面向信息、数据、科技、智能等素养和"4C 能力"(批判性思维与问题解决能力、创新能力、沟通能力、协作能力)以及计算思维培养的教学模式。首先,教师需要分析人工智能课程的教学内容,梳理教材涵盖的要点;其次,教师需要找出创客素养与人工智能课程相关联的内容,例如,二者都强调培养学生的"4C 能力";最后,教师需要将相关联的内容进行整合。

2)操作程序

(1)基于情境,提出问题。基于真实情境的项目,更有利于学生进行学习迁移,因此,教师在操作程序环节可以设置"领航者小车停入停车位"这一真实情境。教师在导入环节先播放领航者小车停入停车位的动画和图片(图 6-13)以吸引学生的注意力,然后再抛出课题与学习任务,最后提出问题"小车是如何停入停车位的",让学生积极地进行思考。

图 6-13 领航者小车停入停车位

(2)开启项目。学生在明确项目内容和问题后便可以开启项目了。学生在开启项目前需要具备以下前置技能:熟练地掌握 Jetson Nano 工具、熟悉 Python 语法、熟悉 NumPy 使用技巧。学生在掌握这些前置技能后可以按下面的步骤操作:第一步,领航者小车开机后,使用 USB 数据线连接小车与操作者的 AIBuddy 人工智能搭档客户端,然后打开 Chrome 浏览器并输入 192.168.55.1:8888 即可进入领航者轻便版小车编程登录界面,登录密码为 123abc456d。第二步,开启学习之旅。在"程锦(探索版)"中,学生可以初步学习 Navigator Lite 涉及的人工智能相关项目,学生需要选中"领航者小车停入停车位"实践项目,在页面中,学生可以详细了解该项目的任务目标、学习时间、前置知识点和硬件信息等,然后点击"开始体验"即可开启项目。

(3)自主探究与合作探究。"领航者小车停入停车位"项目的核心是小车如何在识别停车位后判断是否可停泊。教师可以选择探究式教学法的教学策略,探究式教学法又称为"做中学""发现法",即在教师给予学生一些学习案例和问题后,让学生通过实验、观察、探索、思考、质疑、讨论等多种方式解决问题,进而培养学生的动手能力和问题解决能力。其核心要素是问题,其实质上是一个提出问题并解决问题的过程。根据教师的指导程度和学生的探究能力,探究性学习可分为三类:引导探究学习、自主探究学习、合作探究学习。在领航者小车停入停车位项目中,采用的是学生自主探究与合作探究相结合的探究方法。基于自主探究的项目能够让学生积极思考,充分体现学生的主体性地位,学生可以通过结合自身的生活经验或借助网络渠道寻找问题的答案。

　　在学生开始探究前，教师需要将领航者小车停入停车位的详细过程展示给学生，即第一步，领航者小车寻找车位；第二步，领航者小车找到车位后微调车身；第三步，领航者小车停车，同时驾驶员下车；第四步，领航者小车自主驶入车位并在车位停止线前停车(图6-14)。

图6-14　黑胡桃领航者小车停入停车位

　　在分析问题和解决问题的过程中，学生会有一些问题无法自行解决，这就要求作为引导者的教师具备广阔的人工智能知识面与扎实的专业技能。例如，领航者小车在识别停车场的标志"P"后，始终在停车场门口转圈，无法停入停车位，学生在经过自主探究、合作探究后仍无法解决问题，最终向教师寻求帮助，教师需要敏锐地认识到是小车的逻辑代码出现了问题，进而提出优化逻辑的代码，这间接地考验了教师的能力。优化小车的逻辑代码后，小车可以顺利地执行如下步骤。

　　步骤一：领航者小车寻找车位。需要定义全局变量：车辆状态变量、入库动作分解状态变量、时间变量。其中，车辆状态有"straight"和"parking"，将下列代码添加到项目依赖代码块之后的全局定义代码块中(图6-15)。

```
Cap=cv.VideoCapture(0)
maxWidth=640
maxHeight=480
cap.set(3,maxWidth)
cap.set(4,maxHeight)
#以下需增加，保留前面的代码
carState='straight'
subState=' '
currentTime4SubStep=time.time()
```

图6-15　领航者小车寻找车位逻辑代码

步骤二：领航者小车找到车位后微调车身。完成车位寻找后，进入"领航者小车找到车位后微调车身"环节。由于识别出车位右侧的边界线时，小车只能达到车头基本对准车位的效果，因此必须对车身进行微调，可以尝试调用 detectParking()函数让领航者小车稍微行进一小段距离，以达到调整车身的目的。该步骤实际上在真实场景中极其复杂，但领航者小车是在模拟环境中行进，因此复杂问题简单化：在 5~10s 内，领航者小车行进的距离相对于车位长度而言可以忽略不计，于是设定车身微调时间 adjustTime 为 5s，当然也可以设置更长的时间。完成车身微调后，车辆状态需要从"领航者小车找到车位后微调车身"更新为"领航者小车停车且驾驶员下车"，即从 2-FindedParking-Space 更新为 3-StopAndDriverGettingOff(图 6-16)。

```
#以下需增加，保留前面的代码
adjustTime=5
while 1:
ret,frame=cap.read()
if(ret):
  imshow('frame',frame)
  rgbImg=cv.cvtColor(frame,cv.COLOR_BGR2RGB)
if(carState=='parking'):
  #领航者小车寻找车位
    if(subState==' '):
      controlTricar('keepAround')
      subState='1-LookingForParkingSpace'
      currentTime4SubStep=time.time()
    elif(subState=='1-LookingForParkingSpace':
      if(isFindEntrance(laneRgbImg)):
        subState='2-FindedParkingSpace'
        currentTime4SubStep=time.time()
      else:
        controlTricar('keepAround')
    #领航者小车找到车位后微调车身
    elif(subState=='2-FindedParkingSpace')
      if(time.time()-currentTime4SubStep>ajustTime):
        subState='3-StopAndDriverGettingOff'
        currentTime4SubStep=tim.time()
      eise:
        command=detectParking(laneRgbImg)#straight
        controlTricar(command)
```

图 6-16 领航者小车找到车位后微调车身逻辑代码

步骤三：领航者小车停车且驾驶员下车。完成车身微调后，进入"领航者小车自主驶入车位并在车位停止线前停车"环节。通过观察停车场可以发现，停车场终点有一条黄线，可以将这条黄线作为停止线。寻找停止线的步骤较为复杂，这里假设已有 isFindEndingLine()函数，该函数可以判断领航者小车是否到达车位停止线前。待领航者小车到达车位停止线后，车辆状态需要从"领航者小车自主驶入车位"更新为"领航者小车在车位停止线前停车"，即从 4-DriveIntoTheParkingSpace 更新为 5-StopInFrontOfThe-ParkingLine（图 6-17）。

```
#以下需增加，保留前面的代码
#领航者小车停车且驾驶员下车
        elif(subState=='3-StopAndDriverGettingOff'):
            if(time.time()-currentTime4SubState>stopTime):
                subState='4-DriveIntoTheParkingSpace'
                currentTime4SubStep=time.time()
            else:
                controlTricar('stop')
```
图 6-17　领航者小车停车且驾驶员下车逻辑代码

步骤四：领航者小车自主驶入车位并在车位停止线前停车（图 6-18）。

```
#领航者小车自主驶入车位并在车位停止线前停车
        elif(subState=='4-DriveIntoTheParkingSpace')
            if(isFindEndingLine(LaneRgbImg)):
                subState='5-StopInFrontOfTheParkingLine'
                controlTricar('stop')
                currentTime4SubStep=time.time()
            else:
                command=detectParking(laneRghImg)#stiaight
                controlTricar(command)
```
图 6-18　领航者小车自主驶入车位并在车位停止线前停车逻辑代码

接下来，需要对逻辑代码中假设已有的 isFindEntrance() 和 isFindEndingLine() 函数进行编写。对 inference.ipynb 文件进行编辑，在摄像头获取图像的代码块（while 循环）之前新建代码块，定义为 isFindEntrance() 函数，该函数会接收一个 image 类型的变量，返回是否从图像中识别出黄线的结果，该函数的原理与车道线识别类似，唯一的不同之处在于 ROI（region of interest，感兴趣区域）的面积（图 6-19）。

```
def isFindEntrance(rgbImg):
    roiPoints=np.array([[0,maxHeight),
                        [maxWidth,maxHeight],
                        [maxWidth,maxHeight/2],
                        [0,maxHeight/2]],np.int32],

lowerBlue=np.array([78,threshold1,threshold2])
upperBlue=np.array([124,255,255])

lowerGreen=np.array([35,threshold1,threshold2])
upperGreen=np.array([77,255,255])

blueBottomX,blueKAvg,greenBottomX,greenKAvg=detectParking(rgbImg)
```
图 6-19　定义 isFindEntrance() 函数

继续对 inference.ipynb 文件进行编辑，在摄像头获取图像的代码块 (while 循环) 之前新建代码块，定义为 isFindEndingLine () 函数，该函数会接收一个 image 类型的变量，返回是否从图像中识别出黄色停车线的结果 (图 6-20)。

```
def isFindEndingLine(image):
maxHeight=image.shape[0]
maxWidth=image.shape[1]
kernel=np.ones((5,5),np.uint8)

lowerYellow=np.array([11,threshold1,threshold2])
upperYellow=np.array([35,255,255])

#init
hsvImg=cv.cvtColor(image,cv.COLOR_RGB2HSV)

#color shlit
maskYellow=cv.inRange(hsvImg,lowerYellow,upperYellow)
maskYellow=cv.morphologyEx(maskYellow,cv.MORPH_OPEN,kernel)

roiPoints=np.array([[0,maxHeight),
                    [maxWidth,marHeight],
                    [maxWidth,marHeight/2+maxHeight/6],
                    [0,maxHeight/2+maxHeight/6]],np.int32)
```

图 6-20　定义 isFindEndingLine () 函数

至此，已经编写完领航者小车停入停车位的全部逻辑代码。

(4) 完成项目。学生通过一系列探究后，最终完成了项目，并洞悉了领航者小车停入停车位的原理，即领航者小车开机后，通过 USB 数据线将小车与 AlBuddy 人工智能搭档客户端相连接，并通过网页操作，让小车学习"识别交通标志"和"停入停车位"的代码，最终停入停车位。

3) 教学评价

教学评价是教学过程中至关重要的一个环节，它贯穿整个教学过程。教学评价分为过程性评价和总结性评价，应注重评价方式的多元化，即自我评价、学生互评和教师评价相结合。本书通过开启智能泊车项目，让学生动手操作，探究小车停入停车位的原理，体会人工智能技术的应用价值。要求学生先对自己的探究过程进行自我评价，激发学生的内在驱动力；然后让学生之间互相评价，培养学生的合作精神和分享精神；最后由教师对学生的探究过程进行评价，加强教师与学生的互动，提高教师的能力。

4) 教学反思

教学反思由教师反思与学生反思两部分组成。教师在课程结束后需要对整个教学过程进行反思,具体的反思内容如下:①设置的问题情境与实际生活的联系程度;②开启项目后学生的参与度与探究程度;③教师在学生操作项目过程中的引导程度;④项目的完成率。学生反思分为两部分进行:①由教师为学生布置几项作业,让学生对学习内容进行反思;②由教师设计调查问卷,以了解学生学习情况。教师可以通过学生的作业完成情况和问卷调查结果分析出教学效果,并进行相应的教学调整。教学反思结果将反馈到下一阶段教学目标的制定中。

参 考 文 献

陈恒, 初国刚, 侯建, 2018. 国内外产学研合作培养创新型人才模式比较分析[J]. 中国科技论坛(1): 164-172.

德勤. AI 加速全行业变革, 赋能新时代[EB/OL]. [2019-9-19]. https://www2.deloitte.com/cn/zh/pages/about-deloitte/articles/pr-global-ai-development-white-paper.html.

高虎子, 周东岱, 2012. 自适应学习系统学习者学习风格模型的研究现状与展望[J]. 电化教育研究(2): 32-38.

何克抗, 2016. 论创客教育与创新教育[J]. 教育研究, 37(4): 12-24, 40.

贺志强, 庄君明, 2011. 物联网在教育中的应用及发展趋势[J]. 现代远程教育研究(2): 77-83.

洪林, 夏宏奎, 汪福俊, 等, 2019. 产学研协同创新的政策体系与保障机制: 基于"中国制造 2025"的思考[J]. 中国高校科技(4): 74-76.

黄伯平, 赵蔚, 余延冬, 2009. 自适应学习系统参考模型比较分析研究[J]. 中国电化教育(8): 97-101.

黄荣怀, 胡永斌, 杨俊锋, 等, 2012. 智慧教室的概念及特征[J]. 开放教育研究, 18(2): 22-27.

金慧, 胡盈滢, 宋蕾, 2017. 技术促进教育创新: 新媒体联盟《地平线报告》(2017 高等教育版)解读[J]. 远程教育杂志, 35(2): 3-8.

金美福, 2003. 知识人: 教师角色的知识社会学研究视角: 知识人的社会角色分类方法及其应用价值[J]. 外国教育研究, 30(4): 19-23.

李栋, 2019. 人工智能时代教师的"行动哲学"[J]. 电化教育研究, 40(10): 12-18, 34.

李广, 姜英杰, 2005. 个性化学习的理论建构与特征分析[J]. 东北师大学报(哲学社会科学版)(3): 152-156.

李克强, 2015. 十二届全国人大三次会议政府工作报告[EB/OL]. [2015-3-5]. https://www.gov.cn/guowuyuan/2015-03/16/content_2835101.htm.

李卢一, 郑燕林, 2010. 物联网在教育中的应用[J]. 现代教育技术, 20(2): 8-10.

李正元, 2000. 产学研结合的历史回顾及发展对策[J]. 教育与经济(S1): 78-81.

林德全, 2020. 智慧教育背景下教师角色的重构[J]. 中国教育学刊(2): 78-82.

刘敦虎, 陶若铭, 杨力, 2013. 多元化人才培养模式研究: 基于产学研合作教育背景[J]. 软科学, 27(9): 107-109, 126.

逯行, 沈阳, 曾海军, 等, 2020. 人工智能时代的教师: 本体、认识与价值[J]. 电化教育研究, 41(4): 21-27.

孙其华, 2020. 新时代需要什么样的教育理念: 以《中国教育现代化 2035》为据[J]. 江苏教育(18): 6-11.

孙祥冬, 姚纬明, 2012. 双三螺旋模型理论与人才培养模式的创新[J]. 南京社会科学(12): 124-130.

汪时冲, 方海光, 张鸽, 等, 2019. 人工智能教育机器人支持下的新型"双师课堂"研究: 兼论"人机协同"教学设计与未来展望[J]. 远程教育杂志, 37(2): 25-32.

王晓波, 2018. 迈向教师与人工智能协作的未来教育时代[J]. 中小学信息技术教育(1): 10-12.

王秀敏, 龚宇平, 2011. 基于产学研战略联盟的高校人才培养模式探析[J]. 教育发展研究, 31(23): 66-69.

吴砥, 饶景阳, 王美倩, 2019. 智能教育: 人工智能时代的教育变革[J]. 人工智能(3): 119-124.

徐鹏, 王以宁, 2011. 国内自适应学习系统的研究现状与反思[J]. 现代远距离教育(1): 25-27.

徐思彦, 李正风, 2014. 公众参与创新的社会网络: 创客运动与创客空间[J]. 科学学研究, 32(12): 1789-1796.

杨现民, 李冀红, 2015a. 创客教育的价值潜能及其争议[J]. 现代远程教育研究(2): 23-34.

杨现民, 余胜泉, 2015b. 智慧教育体系架构与关键支撑技术[J]. 中国电化教育(1): 77-84, 130.

杨晓哲, 任友群, 2015. 数字化时代的 STEM 教育与创客教育[J]. 开放教育研究, 21(5): 35-40.

杨宗凯, 2013. 科技支撑教育创新: 先进教室、数字教师、未来教育[J]. 中国教育信息化(1): 12-13.

于冬梅, 2008. 情感计算关键技术研究[D]. 上海: 东华大学.

于冬梅, 方建安, 2007. 基于动态 Q 学习算法的情感自动机模型研究[J]. 计算机科学, 35(5): 172-173, 176.

余胜泉, 2018a. 人工智能教师的未来角色[J]. 开放教育研究, 24(1): 16-28.

余胜泉, 2018b. 人机协作: 人工智能时代教师角色与思维的转变[J]. 中小学数字化教学(3): 24-26.

张剑平, 2003. 现代教育技术: 理论与应用[M]. 北京: 高等教育出版社.

郑燕林, 李卢一, 2014. 技术支持的基于创造的学习: 美国中小学创客教育的内涵、特征与实施路径[J]. 开放教育研究, 20(6): 42-49.

中国信息通信研究院, 2022. 人工智能白皮书 [EB/OL]. [2022-4-12]. http://www.caict.ac.cn/kxyj/qwfb/bps/202204/P020220412613255124271.pdf.

祝智庭, 孙妍妍, 2015. 创客教育: 信息技术使能的创新教育实践场[J]. 中国电化教育(1): 14-21.

Anderson C, 2012. Makers: the new industrial revolution[M]. New York: Random House.

Brusilovsky P, 1996. Methods and techniques of adaptive hypermedia[J]. User Modeling and User Adapted Interaction, 6(2): 87-129.

Brusilovsky P, Karagiannidis C, Sampson D, 2004. Layered evaluation of adaptive learning systems[J]. International Journal of Continuing Engineering Education and Life-Long Learning, 14(4-5): 402-421.

Halverson E R, Sheridan K, 2014. The maker movement in education[J]. Harvard Educational Review, 84(4): 495-504.

Jia Y Y, Zhou B, Zheng X D, 2021. A curriculum integrating STEAM and maker education promotes pupils' learning motivation, self-efficacy, and interdisciplinary knowledge acquisition[J]. Frontiers in Psychology(12): 725525.

Michael H, 2018. Innovative learning spaces affect student attitudesat ballstate[EB/OL]. [2018-8-30]. https://campustechnology.com/articles/2014/12/19/innovative-learning-spaces-affect-student-atti-tudes-at-ball-state.aspx.

Newman A, Bryant G, Stokes P, et al., 2013a. Learning to adapt: understanding the adaptive learning supplier landscape[EB/OL]. [2013-4-15]. https://silo.tips/download/learning-to-adapt-understanding-the-adaptive-learning-supplier-landscape.

Newman A, Stokes P, Bryant G, 2013b. Learning to adapt: a case for accelerating adaptive learning in higher education[EB/OL]. [2020-5-18]. https://cdn.ymaws.com/georgiacolleges.org/resource/collection/8B0B3C8B-1C51-499C-9852-5B72D9370890/Adaptive_Learning_Report.pdf.

Pistilli M D, Arnold K E, 2010. Purdue signals: mining real-time academic data to enhance student success[J]. About Campus, 15(3): 22-24.

Schaffhauser D, 2015. Designing learning spaces for both online and on-campus delivery[EB/OL]. [2015-6-24]. https://campustechnology.com/articles/2015/06/24/designing-learning-spaces-for-both-online-and-on-campus-delivery.aspx.

Schaffhauser D, 2017. 5 Big trends(and 3 little ones)in higher Ed AV[EB/OL]. [2017-3-22]. https://campustechnology.com/articles/2017/03/22/5-big-trends-and-3-little-ones-in-higher-ed-av.aspx.

Want　D R, Cieslowski B J, 2023. Telepresence: an innovative teaching modality to enrich simulation and remote learning[J]. Nursing Education Perspective, 44(6): 378-379.

Waters J K, 2014. Adaptive learning: are we there yet[J]. The Journal Technological Horizons in Education, 41(4): 12.

Yu D M, Fang J A, 2007. Research on a methodology to model speech emotion[C]//2007 International Conference on Wavelet Analysis and Pattern Recognition. IEEE, 2: 825-830.

Yu D M, Tang Y, Fang J A, et al., 2008. Homogeneous markov chain for modeling emotional interactions[C]. 2008 10th International Conference on Advanced Communication Technology. IEEE, 1: 265-269.

Yu D M, Zhou Y P, Zhao P Y, 2009. A model of emotional interactions based on affective cognitive algorithm[C]//2009 11th International Conference on Advanced Communication Technology. IEEE, 3: 2149-2154.

第 7 章　人工智能教育应用伦理

进入 21 世纪后，伴随着人工智能技术发展的巨大潜力，"互联网+教育"逐步升级为"人工智能+教育"，尤其是近十年来，人工智能教育应用成为国际教育领域关注的热点。2019 年 3 月联合国教科文组织发布《教育中的人工智能：可持续发展的挑战与机遇》(UNESCO，2020)，它既是对人工智能教育应用前期研究和实践成果的总结，也是未来各国人工智能教育应用发展的方向指南。习近平总书记在 2019 年向国际人工智能与教育大会的贺词信中提到，要高度重视人工智能对教育的深刻影响，积极推动人工智能和教育深度融合，促进教育变革创新(新华网，2020)。虽然目前人工智能并未对教育系统产生整体性、颠覆性的影响，但一些小范围的应用案例(如 2019 年 BrainCo 公司生产的"赋思头环"在某小学的应用)已引起人们对人工智能教育应用伦理的担忧，因而有必要加强对人工智能教育应用伦理的研究，以使人工智能更好地使能、增能、赋能教育。

7.1　人工智能教育应用伦理旨趣与原则

7.1.1　研究范畴及其内容

伦理学可分为理论伦理学和应用伦理学。显然，人工智能教育应用伦理属于应用伦理学的研究范畴。作为交叉学科，伦理学在不同领域应用时形成了不同的分支学科，如技术伦理学、信息伦理学、医学伦理学以及教育伦理学等。

1. 人工智能应用伦理的两种研究范畴

自"阿尔法狗"在与人类的围棋大战中获胜后，人们意识到人工智能的强大，同时也陷入对生存危机的想象中。诚如英国物理学家史蒂芬·霍金(Stephen Hawking)发出的警告："人工智能的崛起意味着人类可能即将走向灭亡"。比尔·盖茨(Bill Gates)同样发出警告："在未来几十年，要警惕人工智能，以免为时已晚"(CNET，2020)。可以说，如何让人与人工智能和谐共处已成为人工智能应用伦理研究的重要议题。对于这一议题，因对"人"和"人工智能"各有侧重而形成两种不同的研究范畴。一种研究范畴是对人工智能进行伦理规约，可归为技术伦理或工程伦理范畴，即在人工智能的设计、开发和应用过程中，以人工智能自身为出发点和落脚点提出伦理要求。这一研究路径的代表是 2019 年 4 月由欧盟委员会(European Commission)人工智能高级别专家组(High-

Level Expert Group on Artificial Intelligence，AI HLEG）制定的《可信赖人工智能的伦理准则》。该准则从人的能动性与监督，技术稳健性与安全性，隐私与数据管理，社会与环境福祉，多样性、非歧视性与公平性，透明性，以及问责制度七个方面提出可信赖的人工智能伦理规约（European Commission，2020），对让人与人工智能和谐共处具有一定的指导和引领作用。另一种研究范畴是对人进行伦理规约，即对人工智能应用领域的主体提出伦理要求。若人工智能应用于医学，则对医生等主体提出伦理要求，即归属于医学伦理范畴。罗芳和陈敏（2020）曾就人工智能给医疗行业带来的伦理问题（如道德的主体性地位、医生的主体性地位、责任认定、病人自主性、保障隐私权、医疗负担、算法监管等）进行了探讨。

当然，要真正让人与人工智能和谐相处、共存共生，仅开展某一范畴的研究是不够的，需要"用两条腿走路"。在具体的研究和实践中，二者必须各有侧重。归属于技术伦理范畴的研究应由人工智能的设计者、开发者完成，而人工智能在不同领域的应用则应由应用领域的主体完成研究。正如刘易斯·芒福德（2009）所言："它（技术）只是人类文化中的一个元素，它产生的影响的好坏，取决于社会集体对其利用的好坏。机器本身不提出任何要求，也不保证做到什么。提出要求和保证做到什么，是人类的精神任务。"

2. 人工智能教育应用伦理的研究范畴

自欧盟委员会发布《可信赖人工智能的伦理准则》后，人工智能教育应用伦理的相关研究便进入新的发展阶段。2019 年 5 月国际人工智能与教育会议通过成果文件《北京共识——人工智能与教育》，其明确提出要促进人工智能教育应用的公平与包容、促进性别平等以及确保教育数据和算法的使用合乎伦理、透明且可审核等（联合国教育科学及文化组织，2019）。此后诸多学者据此展开研究，如沈苑和汪琼（2019）基于欧盟委员会提出的伦理框架分析了人工智能教育应用面临的伦理困境及应采取的措施，如使用伦理嵌入设计、包容性测试等技术手段和建立多层责任分配制度、完善认证系统等非技术手段；杜静等（2019）结合人工智能在教育领域的应用现状和伦理关键要素，提出人工智能教育应用需遵循问责原则、隐私原则、平等原则、透明原则、不伤害原则、非独立原则、预警原则与稳定原则等伦理原则；邓国民和李梅（2020）通过萃取一般的人工智能伦理原则和教育伦理原则的核心交集，提出福祉、是非善恶、公平正义、人权和尊严、自由自治、责任和问责等伦理原则。从这些研究中可以看出，目前人工智能教育应用伦理研究中的两个研究范畴并未各行其是，而是杂糅交错、你中有我。因而有必要明晰人工智能教育应用伦理的研究范畴，这不仅有利于促进人工智能在教育领域中发挥其拥有的价值，而且也有利于教育在人工智能的支持下更高效地达到教育目的、促进学生发展。本书主要聚焦于第二种研究范畴。

人工智能教育应用伦理研究是应用伦理学的研究分支之一，同时也属于教育伦理学研究范畴，研究的是教育教学过程中人与人工智能间的道德关系，即为达到一定的教育目的，教育主体与人工智能按照一定的道德规范形成的并通过道德活动和行为表现出来的关系。需要注意的是，与普遍意义上教育伦理研究主体间的道德关系不同，人工智能教育应用伦理研究研究的是教育主体与具有一定主体属性的人工智能间的道德关系。人工智能同时具有人和物的属性：一方面它没有自我意识，属于人造物；另一方面，它已经具有人的一部分属性和能力，尤其在算法上，其能力甚至比人更强（何怀宏，2018）。因而，应将人工智能与教育主体并列，并充分考虑人工智能的复杂性，而不是简单地将主客体对立，这将有助于把握人工智能教育应用的本质，探究其伦理意蕴。

3. 人工智能教育应用伦理研究的研究内容

从人工智能教育应用伦理的内涵可以看出，其研究主要围绕以下三个方面的内容：①人工智能教育应用的伦理旨趣，即研究人与人工智能间道德关系的目的，主要解决教育主体应用人工智能的伦理意图问题；②人工智能教育应用的伦理原则，即研究人与人工智能间道德关系的依据，是教育主体在应用人工智能达到教育目的的过程中所应遵循的道德规范；③人工智能教育应用的伦理实践，即研究人与人工智能间道德关系的结果，主要探索教育主体应用人工智能时为达到教育目的而开展的道德活动或表现出来的道德行为。

7.1.2 人工智能教育应用的伦理旨趣

1. 人工智能教育应用的伦理旨趣在于"助"

本书在前期研究中已对人工智能教育应用的内涵加以界定，即在先进教育理念引领和现代教育理论指导下，将人工智能技术融入教育系统或教育过程中，以支持或帮助实现教育目的，促进问题得到解决，优化教育过程和推动教育的创新发展（李福华等，2020）。由此可以看出，人工智能教育应用的伦理旨趣在于"助"。

"助"凸显了人的主体地位，彰显了人工智能的价值追求，也体现了教育的本质。虽然人工智能与人可能会形成教师-机器人-学生新型交互关系（苏明和陈·巴特尔，2019），但二者在教育意义上并不是平等的关系。德国著名教育家卡尔·雅斯贝尔斯（1991）曾说："教育是对人的灵魂的教育，而非理智知识和认识的堆积。"人工智能虽然具有人的部分属性，但并不具有人的意识。教育始于"人"并终于"人"，这就决定了人工智能只能在效率、效益、效果上提供助力。

研究人工智能对教育之"助"时，首先要回答两个问题，即"助什么"和"如何助"。第一个问题"助什么"，即人工智能所"助"内容，依据人工智能教育应用领域可分为助学、助教、助管；第二个问题"如何助"，即人工智能所"助"方式与手段，依据人工智能应用层次可分为促进、优化、创新。由此可知，人工智能可对不同教育对象提供不同层次的助力，由此形成了其完整的伦理旨趣，如图 7-1 所示。

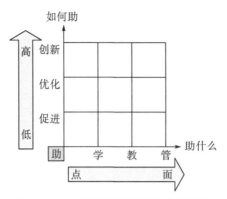

图 7-1　人工智能教育应用的伦理旨趣

2. 助力内容：由点到面

由图 7-1 可以看出，在横向上，人工智能对教育之"助"是由点到面的。

（1）助学，即人工智能学习应用，指人工智能助力学习者的学习。由于学习是个体行为且具有相对持久的变化，是学习者改变自己原有观念的过程，每个学习者可以被具象为一个个的点，因而在作用范围上助学可被看作人工智能在教育领域某一"点"上的应用。例如，目前已得到较多应用的自适应学习平台以及智适应学习平台等，主要通过学习分析、模式识别等技术，动态记录学习者自身的学习过程和学习状态，进而诊断并分析学习者在学习中存在的"漏洞"，给出解决方案，提供自动化反馈，填补"漏洞"，以提高学习者的学习成绩；又如，智能学伴是一个能与学习者进行交流、互动和沟通的虚拟伙伴，能帮助和引导学习者进行学习，记录学习者的学习进度、成长经历等（张攀峰等，2014）。

（2）助教，即人工智能教学应用，指人工智能助力教师的教学。在现有教育制度下，班级集体授课和小组教学仍是主流教学组织形式，因此人工智能助力教师教学的范围由"点"（学生个体）扩大到"线"（教师引领的班级和小组学生群体）。例如，云班课、雨课堂、慕课堂等各类智慧教学工具或平台，其功能贯穿于教学前的预习、教学中的互动讨论以及教学后的测试全过程，在学习分析技术、语义识别技术以及模式识别技术的支持下，可充分调动学生的学习积极性，实施精准教学，提高教学效率；又如，自动化短文评价系统、自动化口语评测系统、信息通信技术（information communications technology，ICT）技能与程序作业的自动化测评系统以及智能测试系统等，其依赖自然语言处理与机器学习等技术（张坤颖和李晓岩，2019）提供及时反馈，在极大地减轻教师工作负担的同时，也为教学决策提供了更加真实可靠的依据。

（3）助管，即人工智能管理应用，指人工智能助力教育教学管理。管理不是指对教师和学生个体的管理，而是指对学校所有教育教学活动的管理，因而人工智能的作用范围扩大到"面"（学校）。作为数字校园高端形态的智慧校园，是人工智能管理应用的典型代表，其通过模式识别技术、自然语言处理技术、机器学习技术以及大数据技术实现对教师与学生活动的动态管理、精准管理，不仅提高了管理效率，而且为更好地服务教师和学生提供了决策依据。以高校学生普遍使用的一卡通为例，其管理涉及图书管理系统、打印复印系统、缴费管理系统、身份识别系统、机房管理系统、课堂管理系统等，以及基于系统数据的师生行为轨迹分析和消费特征分析(田丽，2015)。

3. 助力方式：由低阶到高阶

由图 7-1 可以看出，在纵向上，人工智能对教育的助力是由低阶到高阶的。

(1)促进，即人工智能的应用旨在解决目前由教育制度不完备、教育资源不均衡、优质师资不充足等因素引起的教育问题。可以说，"促进"这一层面的人工智能应用是围绕教育教学问题[如因材施教问题(或称个性化教育问题)]的解决展开的，是人工智能"使能"教育的表现。因材施教这一在孔子时代便已倡导的教学理念在班级授课制下很难真正实现，而人工智能可以通过学习分析技术和大数据技术构建高维学习者分析模型，诊断每位学习者的知识结构、认知特征、学习风格等，从而为不同的学习者提供不同的学习支持，在一定程度上实现因材施教。

(2)优化，即在原有基础上应用人工智能进一步优化教育教学，提高其效率。"优化"主要面向通过日常教育教学可以达到预期的目标，而应用人工智能可以更快、更好地达到目标，是人工智能"增能"教育的表现，如智能教学系统或平台。以 AI 助教为例(北极星，2020)，其利用人工智能深度学习算法，精准定位每个学习者的知识掌握程度，形成"学情画像"，教师基于此可以更准确地把握学习者特征，从而设计出更具有针对性的教学内容；在教学过程中，AI 助教可以提供海量优质教育资源，实现智能组卷阅卷、课件制作、协同教研、资源共享、学情监测等，自动生成多维度考试数据统计报告和考情分析报告，从而减少了教师的机械性、重复性工作，大大提升了教师的教学绩效；在管理过程中，基于"学情画像"，并从多个维度对教学行为数据进行挖掘与分析，可以为学校教育教学管理提供决策依据，在一定程度上提高决策的科学性、可行性，同时也可帮助家长了解学情，配合学校教学。

(3)创新，即随着人工智能的应用产生和形成新的教育教学和管理模式，是人工智能"赋能"教育的表现。人工智能作为一个"类人体"，在进入学校和课堂场域后，必然会创造新的价值，如使教育从"批量灌溉"转变为"精准投放"、从"固定教材"转变为"生成内容"、从"流程繁复"转变为"过程消减"、从"总结评价"转变为"形成评价"(于英姿和胡凡刚，2020)。这就使得教育教学和管理必须进行改革，构建创造新的模式以更充分地发挥其价值，2019 年联合国教科文组织发布的《教育中的人工智能：可持续发展的挑战与机遇》提出的"双师课堂"便可被看作其创新成果之一(Pedró et al.，2019)。"双师课堂"是指人工智能教育机器人和教师共同在课堂中承担教学工作，是一种由人工智能教育机器人承担教师的部分教学任务，并提供个性化学习服务的新型课堂模式(汪时冲等，2019)。人工智能教育机器人承担部分教学任务后，教师的角色和职能、师生关系等必然会进行相应的调整，这些调整为新模式的构建提供了空间。

7.1.3　人工智能教育应用的伦理原则

如前所述，人工智能教育应用的伦理原则探讨的是教育主体在通过应用人工智能达到教育目的的过程中所应遵循的道德规范。不同的教育主体因应用人工智能的目的不同而需要遵循不同的伦理原则。这里的教育主体包括教育管理者、教师和学习者[①]，因而伦理原则的探讨将围绕这三个主体分别展开。

1. 权力规约原则

权力规约原则主要针对教育管理者，作为权力主体，在应用人工智能的过程中需要明确其权力范围，保护被管理者的权益和尊严。这一伦理原则主要体现在教育管理者对教育相关数据进行收集、处理、利用的过程中，除大多数学者强调的数据隐私保护原则外，其还包括数据收集的尊重原则、数据处理的理解原则和数据利用的边界原则。

(1) 数据收集的尊重原则。人工智能的数据收集程度有限，对于收集哪些数据，应用主体具有一定的决定权。教育管理者应用人工智能收集相关数据时，应在尊重原则的基础上实施其决定权，即教育管理者在收集数据时，教师和学生等数据被收集者有权知道自己的哪些数据被收集、何时被收集以及收集的数据将作何用途。对于非必要数据，须给予教师和学生等主体一定的选择权，由他们来决定这些数据是否允许被收集，以及收集的数据在何种范围内使用。概言之，尊重原则是教育管理者在应用人工智能时需要遵循的首要原则，是对其权力进行规约的道德力量，也是以人为本的管理理念的体现。

(2) 数据处理的理解原则。2020 年在第三届世界顶尖科学家论坛上，图灵奖获得者约瑟夫·斯发基斯(Joseph Sifakis)在演讲时谈到人与人工智能要相互理解，人类应该充分理解机器传达的信息(Sifakis，2020)。在人工智能应用过程中，这种理解指要理解数据的产生机制以及其背后的理论机理，由此教育管理者才能进行正确的分析，从而减少片面臆断的影响。

(3) 数据利用的边界原则。在获得数据后，如何利用这些数据与教育管理者应用人工智能的目的直接相关。作为权力主体，教育管理者有权决定何时、何地、如何利用数据，或者说教育管理者对数据有着绝对的使用权。但有必要对其数据使用权设置边界，使其在既定范围内使用数据，防止数据被滥用。一方面，数据利用的边界应体现"理"而不在于"管"，不能单纯用数据"管"(监管)教师、学生乃至学校，而应以此了解需求、"理"清问题，以更好地服务教师和学生、促进学校发展为目的；另一方面，数据利用的边界应体现"发展"而不在于"评价"，不能以数据分析结果作为评价教师、学生乃至学校好坏等级的依据，而应以此为基础提出改进策略，最终促进教师、学生、学校的发展。

2. 和谐共生原则

和谐共生原则主要针对教师。教师直面学生，是学生发展和成长的直接影响者，而人工智能这一"类人体"的加入，会影响教师和学生在课堂中的关系。和谐共生原则主要体现为教师如何协调教师、学生、人工智能三者在课堂中的关系，确保三者之间和谐

[①] 人工智能教育应用是一个多个学科融合的领域，其主体还包括人工智能教育应用系统的开发者(包括设计者)、运营者等，但这些属于第一个研究范畴——技术伦理或工程伦理研究范畴，本书并不涉及。

相处、共存共生，各行其是而不逾矩，以更高效地达到预期教学目标，促进学生发展。其具体包括如下伦理原则。

（1）人本原则，即以学生为中心原则，是教师在应用人工智能进行课堂教学时所需要遵循的基本原则，也是处理教师、学生、人工智能三者关系的首要原则。澳大利亚学者塞尔温（Selwyn，2016）曾指出："危险在于把数据和编码看成能提供指导和支持的权威而非相对的依据。教育如此复杂，远非可以仅被简化为数据分析和算法。"教师通过人工智能获取的学生学习的相关数据，只能作为教学设计、实施与评价的参考数据。一方面，人工智能本身获取的数据有限，其不可能全方位获取学生的所有信息；另一方面，学生作为一个完整的个体，其自身所呈现出来的特征远远不是数据所能涵盖的。因而，教师在应用人工智能进行教学时，不能只看"数据"不看"人"，而要从数据中看到一个/群正在发展的人为何呈现这样的数据，要看到数据背后鲜活的生命、活跃的思维和灵动的气息。学生才是学习的主体，教师要在学生学习过程中将焦点放在学生身上，而非冰冷的数据。

（2）适度原则，即教师要适度应用人工智能进行教学，包括适时和适量。适时是指教师要选择恰当的时机应用人工智能，不能因为人工智能功能强大而过度使用，以免人工智能成为学生发展的障碍。Zawacki-Richter 等（2019）在对 2007～2018 年发表的关于人工智能在高等教育领域应用情况的文献进行研究后发现，目前相关研究与教学理论的联系不紧密，提出要超越工具层面，重新关注学习和教学层面。人工智能的应用要遵循教育教学规律和原则，要从学生的发展需求出发，在学生有需要的时候恰当使用人工智能。而只有在教学理论和学习理论的指导下，教师才能真正做到适时应用人工智能。适量是指教师要控制使用人工智能的频率，不能频繁地使用，不能为了使用而使用，更不能过于依赖人工智能，以免忽视学生的发展和目标的达成。更为重要的是，作为正在发展的学生，在大脑发育的关键期过度使用认知技术，将可能带来不可逆转的严重后果，这对他们发展更高水平的认知技能和创新能力非常不利（Tuomi，2019）。

（3）关怀原则，即教师在应用人工智能进行教学的过程中要给予学生足够的关注和关怀，其是处理教师、学生、人工智能之间关系时的润滑剂和催化剂。内尔·诺丁斯（2011）提出关怀伦理的最基本思想是对每一个个体的需要给予恰当的反应，目的是建立并且维护关心关系。一方面，教师要真正"看到"学生，通过人工智能、现实课堂，看到学生的需求，并给予恰当的反应。另一方面，作为完整的个体，学生的发展不仅是认知和思维的发展，还涉及社会性交往、情感、态度和价值观等，而目前人工智能在培养和发展人的这些方面还取代不了教师（唐汉卫，2018）。人类具有多元智能，人工智能可以超越其理性化的智能，但是却难以超越其人化的情感，人工智能更多拥有的是"智"而不是"情"（刘悦笛，2019）。教师需要在教学过程中消弭学生与机器交互的冰冷感，以人格魅力影响学生，以实际行为关怀学生，如此才能促进学生健康发展。

3. 形塑自我原则

形塑自我原则针对学习者。作为被教育者，学生是一类特殊的主体。顾建军（2000）曾指出学生的主体性主要体现在对教师的主体性作用、属性、功能进行主体性选择，对教师的主体性作用信息的破译与转化，以及对教师主体性作用的借鉴、创造与超越上。可见，学生主体性的体现依赖于教师主体性作用的发挥。而人工智能在加入课堂后，作为类主体，其主体性作用的发挥有限。在利用人工智能进行学习时，学生占据主动地位，可以充分发挥其主观能动性。但由于学生是正在发展的个体，其认知、情感、行为处于形成过程中，尚不完善，因而其应用人工智能旨在形塑自我，促进自身的发展，形塑自我原则具体如下。

(1)良善原则。自然语言处理技术可方便学习者与人工智能的交互，深度学习技术可使人工智能具备一定的学习能力，在与学习者交互的过程中，人工智能可学会学习者的语言表达模式。但学习者尤其是未成年学习者，由于其道德水平尚处于提高过程中，容易在好奇心的驱使下使人工智能习得不良的语言表达。例如，2016 年微软聊天机器人"Tay"在上线后不久便发布了辱骂用户、带有种族歧视和性别歧视的言论，微软将其紧急下线并进行改进(新浪，2020)。因而，学习者在与人工智能进行交互的过程中，要遵循良善原则，将人工智能作为共同学习的伙伴，以积极、平等的方式与其交互，使其真正成为学习助手。

(2)诚信原则。目前人工智能在许多领域已经能与人类相媲美甚至超越人类，甚至是一些我们曾经认为是人类所独有的领域，如作诗、绘画、唱歌等。当学生将家庭作业交由人工智能完成时，教师是否能够清晰准确地判断该作业的真实性？要解决这类问题，应让学生作为第一责任人，教师予以正确的引导和规约。对自己负责，诚信为学，认真完成各类作业，是学生的本职，也是学生了解自己的学习成果和提升自身的学习能力的主要途径。

(3)节制原则。一方面，人工智能具有类人性，易导致交往客体主体化，不利于学生认知、情感的发展，因而学生应适度使用人工智能。并且人工智能不是万能的，尤其是对于正在发展的学生而言。另一方面，学生应节制应用人工智能，这是由于其自制力较差、心智尚不健全，容易在应用人工智能的过程中迷失自己，甚至沉迷于与人工智能的交互。互联网时代的网络成瘾便是最好的例证，对于更加智能、更加个性化的人工智能，学生将更加缺乏抵抗力。

7.1.4　人工智能教育应用的伦理实践

伦理学是一门实践哲学，它不仅涉及纯粹理性的认知，还涉及实践理性的认知，尤其涉及借助意志使认知走向生活的实践活动(李志祥，2020)。人工智能教育应用伦理只有转化为个体的德行、行为和伦理制度，才能发挥其作用，实现其意义。人工智能教育应用伦理实践的具体过程为：首先教育主体形成"由外而内"的伦理认知，然后在认知的基础上实施"由内而外"的伦理行为，最后对伦理行为按照伦理制度进行规约，而伦理制度是教育主体伦理德行的主要内容。伦理实践由个体走向社会，又由社会反作用于个体，二者互利共生，相互促进。

1. 发轫于教育主体的伦理认知

人工智能教育应用伦理要想在实践中落地，融入日常教育教学活动，首先需要教育主体形成伦理认知，即教育主体要对人工智能教育应用过程中出现的伦理问题、要达到的伦理目标、应该遵循的伦理规范以及涉及的伦理关系有清晰的认识和进行准确的把握。伦理认知是一个"由外而内"的过程，其中"外"主要指位于教育主体之外客观存在的行为规范，这些规范可以是成文的、显性的(如伦理规章等)，也可以是不成文的、隐性的(如某些约定俗成的规约)。目前人工智能教育应用尚处于初级阶段，相关的伦理规范并不健全，教育主体在应用人工智能的过程中只能以其他教育伦理为参照，这也折射出人工智能教育应用伦理研究的必要性和紧迫性。"内"则是指教育主体将外部的行为规范内化。这一内化过程主要包括两个层面：①教育主体要意识到并了解在应用人工智能的过程中应该遵循怎样的伦理规范，明晰人工智能教育应用伦理规范的重要性和必要性，因为人工智能是教育系统中的新生物，对其伦理规范有清醒的认识是非常必要的；②教育主体要从内心接纳这些伦理规范，认同它们，并将它们融入自己已有的认知体系中，主动并发自内心地遵循这些伦理规范。

2. 形成于教育主体的伦理行为

人工智能教育应用伦理形成于教育主体应用人工智能进行教育教学活动的过程中，即在这一过程中表现出来的伦理行为是教育主体伦理认知的体现，也是遵循既定的行为规范的结果。伦理行为具有一个"由内而外"的过程，即内在的伦理认知在理性和意志的协助下，在特定的人工智能教育应用情境中激发出具体行为。人工智能教育应用的伦理行为具有：①主动性，即教育主体在应用人工智能进行教育教学时，能自觉、主动地遵循伦理规范，按伦理制度办事；②情境性，即在面对特定的伦理困境时，教育主体能够依据伦理规范提出公平、正义的解决方案；③一致性，即教育主体能够坚持伦理规范的合道德性，在面临任何教育情境时都能够始终如一地遵循伦理规范。

3. 稳定于社会的教育伦理制度

教育主体在应用人工智能过程中呈现的伦理行为需要受到伦理制度的规约，尤其是正式的、成文的伦理制度，一方面便于教育主体进行自我省察，即省察自己的行为是否符合道德；另一方面便于对教育主体表现的伦理行为进行审查，判断其行为是否符合伦理规范，对于不符合伦理规范的行为给予一定的惩罚。人工智能教育应用伦理制度在现实生活中可以有两种表现形式：一种是制度伦理化，即在现有的教育制度中加入人工智能教育应用伦理的相关行为规范，使其与教育制度融为一体。这可以看作人工智能教育应用伦理在初级阶段的表现形式，因为人工智能教育应用伦理的相关研究和实践尚不成熟，在原有教育制度的基础上增补行为规范更易被教育主体接受。另一种是伦理制度化，即建立专门的人工智能教育应用伦理制度，以制度的形式对人工智能教育应用伦理实践过程进行规约，这更加具有针对性和约束力，是人工智能教育应用伦理发展到较高阶段的表现形式。但目前，我国人工智能教育应用还未形成系统的、体系化的伦理规范，人工智能教育应用伦理制度化还有很长的路要走。只有实现人工智能教育应用伦理制度化，人工智能教育应用伦理才能真正进行实践，融入现实生活，成为教育主体日常教育教学活动的准则和规约。

7.2　数据安全与隐私保护

随着信息技术革命浪潮袭来和信息技术在各行各业的应用，大数据已经影响教育、医疗等众多行业。为理解大数据这一概念，有必要对其进行溯源。1980 年阿尔文·托夫勒在其著作《第三次浪潮》中提出大数据这一概念并且称颂它是"人类发展史上第三次浪潮的华彩乐章"（阿尔文·托夫勒，2018）。然而由于当时科学技术的制约，大数据仅停留于概念上。随着互联网、云计算、人工智能、移动互联网等技术的兴起，大数据开始从概念走向应用。为促进大数据的发展和应用，国家相继出台《2006—2020 年国家信息化发展战略》《促进大数据发展行动纲要》《国家信息化发展战略纲要》《中共中央关于制定国民经济和社会发展第十四个五年规划和二〇三五年远景目标的建议》等政策文件，以保障信息技术的发展和大数据合乎伦理的应用。

7.2.1　大数据的伦理争议

21 世纪的人类无时无刻不在生产数据，数据也在影响着人们生活、学习和工作的方方面面。面对以海量数据为核心的大数据时代，我们在享受大数据技术发展和变革为生活带来的便捷的同时，也要正视其带来的数据安全问题、隐私保护问题、算法公平问题等一系列伦理问题。

美国的"窃听门"和斯诺登事件发生后，数据安全问题和隐私保护问题成为各个国家都不容忽视的问题（陈旸，2014）。各个国家和地区相继制定了相关的法律法规以保障数据安全，比如，美国制定了《联邦数据战略》《隐私权法》等，欧盟制定了《通用数据保护条例》等，日本、俄罗斯等国家也制定了相关的法律法规。而我国相继发布《中华人民共和国网络安全法》《中华人民共和国个人信息保护法》《中华人民共和国数据安全法》等，以保障数据安全和个人隐私安全。

（1）数据安全。对于数据安全，应理解为数据应用全过程安全，包括数据的收集、存储、传输、处理和应用安全，应通过建立内部控制制度，防止数据丢失和毁坏，保障数据的真实性、安全性、完整性和可用性。《中华人民共和国数据安全法》规定应当维护数据安全，坚持总体国家安全观，建立健全数据安全治理体系，提高数据安全保障能力，明确数据处理者的基本义务，以保障数据在生产和应用过程中的真实性。目前，用于数据安全保护的基本技术包括数字加密、数字签名、数据公证、数据完整性保障和身份鉴别等技术。随着信息技术的发展，为保障数据在生产、流通和融合的过程中"可用不可见"，使数据无法被篡改，还用到了区块链技术，其可对数据的生产源头进行保护。

(2)隐私保护。自 2020 年 4 月发布的《中共中央　国务院关于构建更加完善的要素市场化配置体制机制的意见》首次将数据明确为生产要素以来，数据与各行业的融合越来越紧密，大数据的应用正在改变人们的生活和思维方式，通过对既往大数据的挖掘和分析，企业能够对客户的深层次特征和需求进行诊断和预测，进而获取更大的利益（Statista，2021）。然而数据的广泛应用也造成了虚假数据泛滥、信息异化蔓延、未经用户授权的数据被过度追踪和记忆，进而被持续地泄露和滥用等问题。而共享、挖掘、预测和监控过程中的数据获取行为已经侵犯个人隐私，造成个人隐私数据泄露和个人对自身信息控制的丧失，由此陷入了关于隐私保护的一系列伦理困境。

7.2.2　数据开放与隐私保护的伦理困境

在数据成为生产要素的 21 世纪，国家为促进数字经济的繁荣发展，建议各行各业进行数字资源的共享，鼓励公众在政务、经济、生活等各方面积极参与，提高信息的透明度并打造生活阳光的和谐社会。然而，信息数据的公开和透明化导致部分企业或管理部门过度收集信息、滥用信息并造成个人隐私泄露。

1. 数据垄断对公平正义提出挑战的伦理困境

大数据技术发展和应用的内在需求是开放和共享，然而大数据的收集、分析和应用被少数互联网巨头把控和垄断，大数据资源的垄断导致信息红利分配不均，影响了市场公平并对公众隐私信息安全造成巨大风险。

2. 数据责任主体权利和义务失衡的伦理困境

数据的管理部门作为管理数据的义务主体，只拥有数据的管理权，数据的生产者才是数据的权利主体。当数据的义务主体和权利主体迸发矛盾和争议时，如何处理涉及矛盾的隐私数据，从法理层面看还没有具体的法律法规，从而导致在挖掘、预测、共享数据时发生隐私泄露且无法追责。

7.2.3　解决数据安全和隐私保护问题的基本思路

依据当前数据安全与隐私保护面临的伦理困境，应从大数据技术本身、法律制度的完善及明确责任主体几个方面给予具有针对性的解决方案。

1. 加强大数据应用外部环境治理

以往对数据安全及个人隐私等的保护一般依靠其他法律法规，如《中华人民共和国网络安全法》《中华人民共和国民法典》等，即未针对数据安全和个人隐私专门制定法律法规。虽然《中华人民共和国数据安全法》的颁布改变了这一现状，但是其并未全面地对技术、制度和责任主体进行规约，因此有必要对大数据应用的外部环境进行治理，使大数据技术在安全、健康的环境下进行合乎伦理的发展。

2. 从技术和制度层面加强数据安全及隐私保护

大数据带来的隐私保护问题不仅与技术紧密相关，还跟制度和法律法规息息相关。目前我国针对隐私保护、数据安全等问题的法律法规尚处在逐步完善的阶段，相关保护条文相对于技术发展具有滞后性。因此，解决数据安全和隐私保护问题的关键在于技术。政府与企业应共同探索制定行业技术标准和构建产品审查体系，在法律约束的基础上辅以技术规范和伦理准则；制定统一的数据脱敏和加密方案，以保护用户隐私信息的安全；使用基于去中心化分布式存储的区块链技术对用户数据进行加密，通过分离用户身份和用户数据降低数据泄露风险，对数据进行信息安全及隐私保护。

3. 明确责任伦理，构建权利与义务的统一

大数据技术给人们的生活、学习、工作和社会经济带来积极影响，但也导致利益相关者过于追求技术带来的便捷，忽视了在运用技术的过程中所需担当的责任。要想破解大数据时代隐私保护的伦理困境，必须明确责任伦理，构建权利与义务的统一。明确责任伦理是指在大数据产生和使用过程中要体现权利和义务的对等与平衡，各责任主体在享受权益的同时必须履行确保数据安全和保护用户隐私的义务。数据的生产者在享受数据带来的便利的同时，必须承担提供数据源的义务；数据的搜集者在获取利益的同时，必须履行保护数据、防止数据泄露和不滥用数据的义务；数据的使用者在享受数据诊断、预测服务的同时，必须保护数据隐私，将数据利益链转化为数据责任链，为社会发展和人类福祉做贡献。

4. 加强数据安全及隐私保护意识与伦理意识培养

人类经历了五次科技革命，科技发展有其正面影响，但也不可避免地产生了诸如数据泛滥、隐私泄露等问题，要解决这些问题，除了要关注科技本身，还要加强人的数据安全和隐私保护意识，而培养数据安全及隐私保护意识、树立良好的道德伦理意识离不开教育。各中小学及高校要发挥其教育优势，制定符合学生学习年龄和认知结构的学习大纲，各学校之间应积极沟通、相互探讨和借鉴，发挥区域教育优势，通过形成完整的课程周期来解决学生的隐私保护意识薄弱、数据伦理意识不强的问题，培养具有能够适应大数据时代的数据思维和良好数据伦理意识的复合型人才，以满足个人发展和社会发展需求。

7.3　人工智能技术发展视角下教育伦理新生态构建

2020 年 3 月，中共中央政治局常务委员会召开会议，提出要发力于科技端的基础设施建设。2021 年 7 月，教育部等六部门联合发布《教育部等六部门关于推进教育新型基础设施建设构建高质量教育支撑体系的指导意见》（以下简称《意见》），《意见》明确了教育新基建的新内涵、新技术和新机制：教育新基建区别于传统基建，以 5G、人工智

能、云计算、区块链等为支撑,人工智能技术作为"新基建"七大版块中的重要一项,渗透并重构教育活动的各个环节,促使教育领域形成智能化新需求和新业态,深刻改变人类教育方式及教育结构。教育伦理新生态体现了人类社会伦理与教育教学实践的深度融合,培育了伦理发展的新动能,是新网络、新平台、新资源、新校园、新应用、新安全六位一体多方协同的教育伦理生态(教育部,2021)。对教育伦理新生态的研究能够服务于教育改革发展,完善高质量教育伦理体系,应在遵守教育伦理规范的基础上加快推进教育现代化,将我国建设成教育强国。

生态理论认为,教育生态是运用生态学原理,遵循教育资源内部和外部的物质循环和能量流动规律,实现教育和社会的可持续发展。宣仕钱(2006)则认为,教育生态是指教育措施的实行和教育过程中诸多环节的协调。教育生态是一个整体,是教育中利益相关者与教育的外部条件之间所建立的稳定状态。良好的教育生态能够促进教育教学健康发展,有利于教育内部各利益相关者之间处于稳定平衡状态。对比教育生态的概念,本书认为教育伦理新生态是指在新兴技术的支持下,教育主体与教育各要素之间建立的相对稳定、平衡的现实伦理状态。

7.3.1　教育伦理新生态

技术可赋能教育新基建,构建教育伦理新生态既要从技术入手,研究技术发展对伦理研究增能、使能、赋能的要素,又要跳出技术逻辑,从构建教育伦理新生态的角度认识教育,在实现教育教学全要素、过程链、价值链全面链接的基础上,实现建设与发展的价值。人工智能技术的应用推进了教育信息化的深度发展,促使教育发展模式转变、教育结构重组、教育流程再造及教育文化重构,在模式转变、结构重组、流程再造和文化重构的过程中涉及教育伦理重塑,它为教育伦理新生态的构建提供了支撑。同时教育新形态在复杂的应用过程中促使技术不断集成、数据充分融合、学习者及教学者的能力提升,为构建教育伦理新生态提供了技术和人力支撑。

1. 智能教育模式发展促进对教育伦理问题的思考与探究

智能技术的应用改进了教育生产工具,促进了教育生产力和生产关系的发展,从而可以教育的技术革命推动教育本身的革命,而以人工智能、虚拟现实、大数据、云计算为代表的技术的变革为教育变革奠定了技术基础,催生出新型的教育生产方式(郑旭东和周子荷,2021)。这种生产方式改变了传统教育的组织方式和呈现方式,使大规模工业化教学与个性化的精准教学同时呈现,实现了教育教学的规模化和精准化同频共振。

虚实融合的智能工具在教育中的使用为学习者提供了强感知、高交互、宽泛在的学习环境,在具身认知条件下可实现身心结合的学习新范式和教学新模式,这些学习新范式和教学新模式统称为智能教育模式。智能教育模式在以学生为中心的基础上以"素养为基、能力为本",通过人机协同,实现关注个体特征、个人需求的学习者个性化发展,它颠覆了以教师为中心的知识生产和传授方式,以智能环境下"人人皆师、处处可学"的组织方式重塑教师、学生、学习资源和学习环境等教学要素之间的关系,为创新型智能教育模式的发展和运用提供了更加广阔的空间。而基于"人机双师"的新型师生关系，开放的数字化学习资源，以及强感知、高交互的混合式学习环境也促使研究者对教育中人机共存的合理性、价值，获取学习资源的公平性，以及混合式学习环境中网络安全隐患等伦理问题进行思考与探究。

2. 融合、创新和优化教育服务供给新模式，促进教育伦理"范式转换"

新兴技术的赋能在改变教育生产方式的同时也在悄然改变教育实践和教育服务供给方式，促进教育伦理研究由道德规范伦理向教育服务伦理的"范式转换"。而高新技术的应用促使自然科学、人文科学和社会科学融合发展，促进教育伦理在跨学科、跨领域条件下从以解释为主的道德范式向数据驱动的服务范式转变。教育伦理服务范式既表现为教育空间的延展和变迁，也表现为展现自主空间建构的内在要求。教育空间的延展表现为虚实融合，多学科交叉融合为技术领域的跨学科联动；教育空间的变迁表现为多个领域的数据与知识为教育伦理服务供给提供巨大的空间迁移可能；自主空间建构表现为以智能感知、场景感知为主的自主学习与多样化场景教学之间的互动，以及在此基础上满足教育主体的差异性服务、教学需求的多样性服务和教学资源获取的公平性服务。技术在改变生产实践和教育服务的同时不断影响教育伦理范式的发展，因此应正视技术的作用，在新的研究范式下考虑教育各要素之间的关系，构建教育权利与教育义务的新伦理。

3. 智能技术促进教与学新生态的构建，以及良好知识生态的形成

伦理生态主要涉及教育中的人文关怀和道德关切等问题（孙长虹，2016），人文关怀主要体现在文化输出过程中。智能时代教与学新生态不仅体现在外在的技术手段上，更渗透到人类的学习制度、行为、理念和意识之中。教育变革的核心是制度转型，制度转型的重点是转变核心思想、价值观念、结构流程、行为模式、文化氛围等（徐晔，2018），教与学新生态处于教育体系和教育生态的核心地位，教与学新生态的构建集中展现了新技术给教育方式带来的深刻变革。

应发展教育新基建，进一步强调技术在教育中的地位和作用，为构建技术支撑的教与学新生态奠定坚实的技术基础。但应注意技术的应用不是教育的核心，教育的核心依然是为学习者创造美好的学习与发展体验，培养智能时代的创造型人才，技术革新应用的理论形态依然是教与学新生态关注的焦点。教与学新生态的构建有助于应用新方法、新理论进行以文育人，应深入开展中华优秀传统文化教育、社会主义先进文化教育，推动中国特色社会主义文化繁荣兴盛，同时应牢牢掌握教育意识形态工作领导权，践行和维护社会主义核心价值观，在文化自信的道路上越走越远。

4. 智能技术促进教育实践生态和教育价值生态的重构，以及教育伦理新生态的构建

教育实践生态和教育价值生态作为教育伦理生态的重要组成部分，具有占有性、个人主体性等特点，而教育促进伦理生态健康发展的关键在于培养类主体和公共性，从而

实现教育内部各要素的稳定和平衡。智能技术的最新成果体现在元宇宙概念的提出上，元宇宙被认为是视觉沉浸技术的最新发展成果，是平行于现实世界的在线数字空间。元宇宙在网络环境、区块链技术、数字孪生技术及 VR/AR/MR 的支持下能重塑在线教育虚实共生新形态，构建教育学习空间的公共性，变革在线教育的环境构建、教学模式及评价方式，促进线上和线下教育一体化，模糊虚拟与现实的界限。元宇宙的用户可通过唯一的身份标识和相应设备随时进入元宇宙空间学习和生活，从而形成了全新的师生及社交关系，构建起教育实践新形态。元宇宙中近似处于真实环境的沉浸式体验和具身交互能够加深用户思维的表象化，从而规避媒体干扰造成的思维侵害，促进知识构建的专注性发展，能够提供更加个性化和服务化的在线学习实践新形态(刘革平等，2021)。元宇宙通过整合各种资源、关注学习者的意向，最终利用智能工具及可视化的学习工具和对数据的分析和挖掘，实现对个体的成长性评价、过程性评价和总结性评价，构建起智能技术支持的具身学习、多元学习和精准教学模式，建立基于"深知、生慧、普学、实践"的新型教育价值生态。

总体上看，智能技术的应用为开发新型资源工具、优化资源供给体系、提高资源监管效率、利用互联网思维革新资源共建共享、推动技术创新与资源建设融合发展、利用技术对资源进行智能化精准化管理、发展人技结合的动态实施资源监管体系(柯清超等，2021)，以及改变传统数字教育资源的建立、管理、供给和监管方式提供了新方向。智能技术以技术先行的形式促进教育伦理新生态的形成，通过改变资源供给、教学服务、在线学习等形式，构建服务社会、面向西部、走向国际的具有中国特色的教育实践和教育价值新生态。

5. 智能技术的发展进一步开启全新的智能教育伦理新时代

智能技术的使用使教育者更多地关注教育主体，以及技术背后人的道德判断和价值诉求，应正确处理教育各要素之间的伦理生态位，树立人机协同的伦理教育观，助推基于立德树人和全人发展的伦理教育观的形成。

智能技术的使用旨在营造高度网络化、数字化、智能化、个性化、终身化的教育教学环境(陈琳等，2018)，应通过创新教育新基建的建设、财政投入、资源供给及服务选用机制，打造平台互通和资源共享的良性资源供给生态，推进教育体系深层次、系统性、全方位变革，建立规模化和个性化的资源服务机制，推进线上与线下教育教学深度融合，实现日常教育和终身教育定制化，促进人的智能发展和培养良好的品性，构建终身学习体系，建设学习型社会，培养具有良好价值取向、较高思维品质和较好思维能力的新型人才，以教育伦理新范式推动实现最终将我国建设成教育强国的目标。

7.3.2　未来发展中需要注意的伦理问题

技术的发展变革正在推动教育的变革，而智能技术的发展为教育提供了全新的工具，促使教育者运用新的教育理念，促进教育的制度变革。教育理念的革新和教育工具的使用使教育变得更加多元化、多样化和终身化，学习越来越个性化和泛在化。面对这些新变化，教育工作者需要准确把握信息化伦理新动态，运用新兴技术传递学习信息和经验，以新技术为基础统筹推进伦理生态应用与教育融合发展，以构建"均衡、优质、创新、永续"的高质量教育伦理体系，满足学习者日益多样化、个性化的学习需求。

7.3.3 未来需应对的伦理挑战

教育新基建的发展可促进教育数字化，在数字化转型过程中机会与挑战并存，应在"新网络、新平台、新资源、新校园、新应用、新安全"六位一体多方协同的教育新生态发展理念指导下，结合时代发展的脉搏和技术变革的浪潮构建学校育人全过程和全民终身学习，在重视机会的同时迎接诸如元宇宙等新技术对教育应用发起的挑战。同时要思考如何确保新技术在应用时的全纳性和公平性、如何应对新技术给教育生态带来的潜在负面影响、如何以创新的政策观促进教育的"均衡、优质、创新、永续"发展、如何统一各方力量进行有效协同等方面的问题，只有使用好、管理好各方力量，才能将教育新基建的效用最大化，创建更加稳定、协同、健康的教育新生态。

7.4 立德树人与全人发展

2016 年 12 月教育部修订通过的《普通高等学校学生管理规定》要求现代化教育要适应社会发展要求，坚持以立德树人为根本，在保障学生合法权益的基础上培养学生德智体美劳全面发展。2019 年全国高校思想政治工作会议确立坚持把立德树人作为教育的中心环节，把德育、智育、体育、美育和劳动教育贯穿于教育教学的全过程，以实现全程育人、全方位育人。党的十九大报告强调要使用互联网技术和信息化手段开展工作，不断贯彻新发展理念，开创发展新局面。而人工智能技术作为信息技术发展新阶段的核心成果，在立德树人和促进全人发展方面发挥着重要的作用。

7.4.1 人工智能与德育教育

"德育"这一名词在 19 世纪末至 20 世纪初传入我国，一般指教育者按照一定的社会要求，有目的、有计划、有组织地对受教育者施加系统的政治、思想、道德、个性心理品质的培养(范树成，2004)。德育教育的主要目的是促使学生形成正确的世界观、人生观和价值观，使学生具有良好的心理素质，形成正确的法治观念，成长为具有社会公德的好公民。人工智能技术作为信息技术发展的最新成果，具有智能化、协同、深度学习和群智开放的特征，对学校德育教育的内容、方式和方法产生了广泛的影响。

1. 智能技术支撑德育数据收集，有助于了解德育教育现状

人工智能时代是"数据为王"的时代，智能技术可支撑教育过程中德育数据的收

集，有助于了解学习者的学习习惯、心理状态、思想动态、个性心理品质等，使德育教育以现有教育模式为基础向更高层次发展，克服德育教育效率偏低、针对性不强的缺点，提高德育教育的有效性和时效性，解决德育教育中普遍存在的问题。

2. 智能技术支撑德育教育画像，有助于形成德育教育个性化教学策略

通过分析和处理收集的数据可形成个性化的德育教育画像，了解学习者的个性化发展现状，针对学习者在德育方面存在的个体差异性，制定具有个人鲜明特色的个性化教学策略，从而对学习者存在的诸如政治、思想、道德等方面的问题进行个性化教育和辅导。

3. 智能技术支撑多方位反馈机制，有助于优化德育教育效果

反馈作为教育的重要环节一直备受学者关注，德育教育中反馈对学习者的影响很重要，以人工智能为代表的智能技术能够多方位地提供关于学习者的德育教育反馈意见，帮助德育教师优化德育教育内容，提升德育教育的价值与意义，促进学习者身心健康发展，保障学习者形成正确的人生观、价值观和道德观。

7.4.2　人工智能与智育教育

智育教育作为教育教学实施的主阵地，受到越来越多学者和一线教师的关注，人工智能对智育教育的影响主要表现在教学模式的变革上，智慧教学模式依据尊重共性发展个性、追求稳定与灵活共存、同时促进知识生成与内化、完善知识架构、以人性化教学与学习为中心等原则，采用传统教学和智慧教学相结合的教学方式，在媒体资源及人工智能技术支持下实现教师与学生的情感、认知与行为交互，完善知识模型、教学策略模型和学习者模型，实现评价的多元化和过程化。

1. 人工智能技术支撑的智能化教学设计

基于人工智能技术的智能化教学设计是智慧教学模式的核心内容，即依据智慧教学要求进行教学活动设计与过程组织，并根据预设与生成的教学目标、学习者特点、学习者认知规律、教学环境要求、教学方式构建独立与多线程共存的学习模式，最终实现对学习者的精准分析、对教学过程的合理干预、对教学内容的精准推送、对教学环境的合理构建和对教学评价的多元组合。

2. 人工智能技术支持的教学目标确定

教学目标是教学模式的核心与导向，教学过程中各项教学活动始终围绕教学目标进行，教学目标影响着教学内容的呈现、学习情境的创设、师生的互动及评价标准等要素，是对特定教学内容和学生所能达到的学习效果的预估。教师可以参照教学数据分析结果及学生特点对教学目标进行调整，以提供更加科学、系统的教学内容和更加符合学生情感需求、认知特点和行为模式的教学，同时教师需要合理应用人工智能技术创设具

有情境性的学习内容、无意识性的学习环境，注重教学活动的体验性，并克服线性教学的缺点和实现其动态性特征，促使学生建构体验与分享过程，实施以情感驱动的引人深思的教学活动。

3. 教学内容的精准确定

人工智能技术可依据教学目标的要求，结合分析学习者模型和知识模型，在保证教学内容结构完整性的基础上精准推送适合学习者学习方式的教学模块，并依据学习过程中识别的表情智能判断学习者对当前学习内容的兴趣度、情感参与程度等，教师可通过智能平台回传数据对学习内容进行微调，以实现系统化的教学内容与学习者个性化学习相结合；对于微观生成性目标，则可依据学习者模型和知识模型智能精准地推送教学内容，在宏观预设目标的基础上增强学习者选择性、教学过程的动态性和知识生成的自主建构性，以实现最大化关注学习者情感和体验需求，在情境和具身条件下完成知识的构建和生发。

4. 教学策略的创新与发展

人工智能支持的智慧教学模式在教学过程中重视教学策略的学习成分和学习者之间的交流与沟通，采用人工智能技术创造沉浸式教学情境，对学习者采用情境陶冶式、抛锚式、探究式等教学方式，使学习者在宏观预设目标下，在信息交互过程中完成"协作"和"会话"，最终实现概念的交互、重构、创造与共享；对知识进行意义建构，构造个性化学习路径，完成知识节点之间的联通，服务于个性化、探究式和交互式学习。

5. 人工智能支撑教学评价的多维发展

智能技术能够为每位学习者构建知识图谱，动态规划个性化学习路径，推送审核过的学习内容，提升个人的学习效率和学习素养，促进全局性知识框架的形成，进一步地提高学习者在了解科学技术知识、运用科学方法、认识科学本质、树立科学思想、崇尚科学精神、提高科学能力等方面的科学素养，有助于在尊重教育规律、回归教育本质的同时通过多维评价方式实现减负增效，可为国家培养德智体美劳全面发展的自主型和创新型人才提供支撑。

人工智能、大数据及互联网技术的应用是创新教育评价方法和手段的技术支撑力量，在教育教学中技术将赋予评价更多的内涵，深刻变革教育评价的现有形态，有助于形成教育评价新生态。智能技术赋能教育评价时，需要遵循教育的基本规律，应使用智能技术开创"识才—施才—发展"路径，结合教育场景、教育过程和智能技术，建立人机协同的标注与计算方式和通用的数据模型，形成有效的诊断、干预和评估机制，以实现全人评价和主体价值增值(张琪和王丹，2021)。在实际的评价过程中要想对学习者进行全面评价，就要关注学习者的各个方面，应使用各种工具、采用各种方式，在遵循学习者身心发展规律的基础上，依据立德树人的根本目的、基于多元交互的教育评价主体、实施科学多样的教育评价标准、使用多维联动的教育评价方式、展现全息直观的评价结果(彭波等，2021)，在新的教育评价理念的引领下，推动智能技术引领智能教育评价的发展。

　　建立学习者多维评价空间时要充分关注学习者学业过程性数据，以及学习者在学习过程中的学习投入、人格特质、创新能力和表达能力评测结果，充分运用人工智能技术与感知设备采集学习者学业过程性数据，同时结合观察、交谈等方式多维度、多模态地实时收集学习过程中任务、成果、行为等多元异构的海量数据；关注学习者的校内活动数据(包括学习者的图书借阅情况、阅读时间等数据，以及社会实践活动数据)，在多场景数据采集、多空间数据融合、精准分析模型构建并将学习成果可视化的基础上(国务院，2021)，收集学习者在物理场景、社会场景、认知场景、情感场景和价值空间中的动态数据，建立教育与数据的连接，构建资源匹配的个性化和精准化多维评价空间。另外，要注重学习者个人隐私保护及遵循隐私保护规范。可使用区块链技术防止学习者隐私数据被篡改、滥用，在真实数据的基础上制定相关政策和法律法规，在不同的数据应用场景下制定不同的数据应用规范以进行延伸式保护；教育工作者和管理者应重视学习者的隐私保护，在使用数据时遵循隐私保护规范，在教育教学过程中普及隐私保护知识，提高学习者个人隐私保护意识，从数据产生的源头、存储、应用和普及等各个层面进行隐私保护。

7.4.3　人工智能与体育、美育和劳动教育

　　随着人工智能、网络新媒体等技术的迅速普及，新的教育环境对教育发展提出新的要求。为顺应时代发展，落实立德树人的根本任务，培养德智体美劳全面发展的社会主义建设者和接班人，2022 年教育部发布《义务教育课程方案和课程标准(2022 年版)》，在坚持目标导向、问题导向和创新导向的基础上，对义务教育课程方案和课程标准进行了修订，完善了培养目标、优化了课程标准、细化了实施要求。新课程标准在坚持正确政治方向和价值导向的基础上，聚焦学生的核心素养，提倡在跨学科主题学习的基础上通过运用实践、项目、任务等组织教学以推进融合教育，促进学生德智体美劳全面发展。此外《中国教育现代化 2035》要求，要以"智能"为驱动力，以人才培养为核心，在提升校园智能化水平的基础上，利用人工智能、虚拟现实、大数据等新兴技术探索新型教学模式、创新教育服务业态。

1. 探索体育、美育和劳动教育的新型教学模式

　　体育、美术和劳动学科的教学多为技能类教学，其教学方式多以示范教学为主，教学过程多以训练为主，教学评价多以结果导向为主。人工智能、虚拟现实和大数据技术在体育、美术和劳动学科中的应用有助于变革人才培养模式，扩大教学对象范围，以及宣传和弘扬优秀传统文化，教师基于获取的学生数据能够制定更加个性化的符合学生发展需求的教学方案；有助于实现规模化教育与个性化培养有机结合，更加关注基于过程导向的教学评价，在教、学、实践、评价过程中全方位地进行德智体美劳融合教育。

2. 创新体育、美育和劳动教育服务业态

传统的体育、美育和劳动教育一般囿于学校围墙，教学规模难以扩大。新兴技术的运用能够打破资源供给"围墙"，推进教育体系深层次、系统性、全方位变革；有助于构建规模化和个性化的资源服务体系，推进线上与线下教育教学深度融合，实现日常教育和终身教育定制化；有助于构建终身学习服务体系，建设学习型社会，培养具有优秀专业技能、良好价值取向、较高思维品质和较好思维能力的新型人才，实现优质教育资源共享、教育公平，进而实现将我国建设为教育强国的目标。

3. 拓展体育、美育和劳动教育实践新形态

各学校可依托创新实验室、创客空间、科研院所、校企合作等，使用虚拟现实等技术将线下实践场所转移到线上；在虚拟现实、增强现实、混合现实等技术的支持下创设线上环境，使学生在线上接受体育健康教育、体育实践训练，通过观察实践践行美育教育；通过科技赋能劳动教育，创新智能教育形式，让学生认识社会现状，体验体育、美育、劳动教育实践新模式；构建具有综合性、实践性和开放性的网络研学实践新形态，让学生在合作、交流、沟通中观察思考，最终提高其综合能力和素养。

4. 促进体育、美育和劳动教育文化的发展

学校应结合家庭教育和社会文化，使用信息技术建立文化场馆，开展形式多样的主题教育；设立班级、校园、社区的体育、美育和劳动教育主题日，弘扬包括传统武术、传统技艺在内的优秀传统文化；通过组织公益劳动项目、开展劳动技能竞赛等，促进学生德智体美劳融合发展。

7.5 案 例 研 究

随着人工智能教育应用的不断普及，诸如数据泄露及隐私安全、智能工具的应用影响儿童情感发展及社会化、数据赋能与学习者个性发展异化、如何划分人工智能机器身份和权利的边界等伦理问题不断出现。下面通过举例阐述人工智能教育应用面临的伦理问题。

1. 案例 1：数据泄露及隐私安全

2019 年新冠肺炎疫情暴发，为不影响学生的学习，确保"停课不停教，停课不停学"，在疫情期间，学校开展了各种形式的线上教学。某平台作为一个基于微服务架构打造的课程学习、知识传播与管理分享平台，受到了许多在线学习者的青睐。然而，2022 年 6 月，该平台疑似泄露 1.7 亿条用户信息，引发了公众对大数据时代下用户数据无法得到有效保护的担忧。

数据收集和使用单位应按照《中华人民共和国数据安全法》的规定在收集数据时维

护数据安全，提高数据安全保障能力。企业要建立数据安全和隐私保护框架，在企业内部实施多部门联动，明确各部门的权力和职责，形成多部门、多层次相互协同的运行机制。数据收集和使用部门应接受数据安全法律教育，提高数据安全和隐私保护意识，明确数据的权利主体和义务主体的责任与义务。

2. 案例 2：智能工具的应用影响儿童情感发展及社会化

儿童作为祖国的花朵和社会的未来，其认知方式、情感依赖方式和与人沟通交流的方式决定着其未来的发展方向。儿童作为人工智能时代的"原住民"，他们接触人工智能的时间早，相应地，人工智能对他们的影响也更深。不可否认，现阶段有些家庭使用的早教机器人、智能学伴、陪伴机器人等工具，能够加速儿童学习方式的转变，激发儿童的创造力，赋能儿童成长，但是任何事物都有两面性，过多地使用人工智能会影响儿童情感发展及阻碍儿童社会化发展等，而这些问题越来越受到学者的关注。杨雪蕾等（2017）认为儿童在情感发展和社会化过程中除会受到家庭因素、学校因素和社会因素影响外，也会受到智能电子产品的影响。智能电子产品中部分内容的输出会简化社会认知过程，阻碍真实社会交往的产生，造成儿童出现社交障碍，影响儿童的社会化发展。另外，智能电子产品中的不良内容会影响儿童社会性行为和道德品质的形成，进而影响儿童正确的世界观、人生观和价值观的形成。

针对上述问题，应从家庭、学校和社会等多个方面着手解决。首先，家庭应设定合理的智能设备使用时间，父母的陪伴和情感的交流是任何智能机器都无法替代的，所以家庭中家长应关注和陪伴孩子，让孩子在成长过程中享受爱与陪伴的快乐，实现认知自我的情感发展，修正和完善儿童社会化初期的价值判断；其次，学校中教师应鼓励儿童参与社会交往活动，让儿童体验真实的社交带来的情感愉悦，更加主动地参与到真实的社会交往中，以完成儿童社会化的过程；最后，政府和社会以及企业应设置筛选机制，筛选出更加符合儿童认知和情感发展的学习内容供儿童学习，以促使儿童塑造正确的价值观。

3. 案例 3：数据赋能与学习者情感发展异化

人工智能教育应用主要通过数据赋能的方式对教学过程、教学行为、学习状态等进行数据度量，但通过单纯的数据和技术无法全面关注并模拟学生在学习过程中的情感体验等。而关注人工智能教育应用中情感维度的伦理问题至关重要，如何利用数据充分关注学生情感发展而又不越界是后续研究面临的主要困境。

数据赋能的情感计算技术能够攻克多学科交叉的情感算法的关键技术，持续为人工智能情感发展提供技术支撑。为避免富有情感的人工智能在教育中的越界问题，应制定情感计算技术的审查标准和规范，持续推进算法和实践规约体系的互动，建立跨人机的情感规约规则，建立健全法律监管体系，创设富有活力的人工智能教育情感规约环境；明确教育教学过程中教师、学生及人工智能机器的主体地位和职责，建立数据赋能的人工智能教育应用情感生态效度，最大程度防止学生情感伦理问题的发生。

4. 案例 4：人工智能机器身份与权利的边界划分

"哲学之所以要成为一门严格的科学，只因为我们必须过一种伦理意义上的严肃生活"（泰奥多德·布尔，1995）。随着人工智能的进一步发展，人工智能机器在诸多领域取代人类，这将导致越来越大的人际分异，促使原有的社会关系和人机伦理发生改变，现有的伦理关系受到极大冲击。例如，在人工智能参与文学创作、歌曲创作、教学并产生相应知识产物的过程中，如何对作者的身份进行界定，如何划分人工智能的权利边界，以及如何判定知识产权的归属等都是需要研究的伦理问题。现阶段默认人工智能写作软件的作品版权归属于人工智能的研发单位，例如，"微软小冰"的作品版权归微软（亚洲）互联网工程院所有，"九歌"的作品版权归清华大学自然语言处理与社会人文计算实验室所有。然而这又会引起对诸如人工智能作为知识的生产者是否具有主体地位，以及应如何保障人工智能健康有序地发展等问题的探讨。

参 考 文 献

阿尔文·托夫勒, 2018. 第三次浪潮[M]. 黄明坚, 译. 北京: 中信出版社.

北极星, 2020. 北极星 AI 助教[EB/OL]. [2020-12-17]. https://bdpc.51polestar.com/index.html.

陈琳, 刘雪飞, 冯熳, 等, 2018. 教育信息化转段升级: 动因、特征方向与本质内涵[J]. 电化教育研究, 39(8): 15-20, 33.

陈旸, 2014. 后斯诺登时代的欧盟数据保护行动[J]. 国际研究参考(1): 41-44, 54.

邓国民, 李梅, 2020. 教育人工智能伦理问题与伦理原则探讨[J]. 电化教育研究, 41(6): 39-45.

第十三届全国人民代表大会常务委员会, 2021. 中华人民共和国数据安全法[EB/OL]. (2021-6-10)[2021-10-23]. http://www.npc.gov.cn/ c2/c30834/202106/t20210610_311888.html.

杜静, 黄荣怀, 李政璇, 等, 2019. 智能教育时代下人工智能伦理的内涵与建构原则[J]. 电化教育研究, 40((7): 21-29.

范树成, 2004. 德育过程论[M]. 北京: 中国社会科学出版社.

顾建军, 2000. 浅析教育的双主体性特征[J]. 教育科学(1): 1-5.

国务院, 2021. 教育部等六部门印发意见部署教育新型基础设施建设[EB/OL]. [2021-7-21]. http://www.moe.gov.cn/jyb_xwfb/ gzdt_gzdt/s5987/202107/t20210721_545968.html.

何怀宏, 2018. 人物、人际与人机关系: 从伦理角度看人工智能[J]. 探索与争鸣(7): 27-34, 142.

教育部, 2020. 教育部等六部门印发意见部署教育新型基础设施建设[EB/OL]. [2020-7-8]. http://www.moe.gov.cn/jyb_xwfb/ gzdt_gzdt/s5987/202107/t20210721_545968.html.

教育部, 2021. 教育部等六部门关于推进教育新型基础设施建设构建高质量教育支撑体系的指导意见[EB/OL]. (2021-7-8) [2021-8-23]. http://www.moe.gov.cn/srcsite/A16/s3342/202107/t20210720_545783.html.

卡尔·雅斯贝斯, 1991. 什么是教育[M]. 邹进, 译. 北京: 生活·读书·新知三联书店.

柯清超, 林健, 马秀芳, 等, 2021. 教育新基建时代数字教育资源的建设方向与发展路径[J]. 电化教育研究, 42(11): 48-54.

李福华, 年浩, 张家年, 2020. 人工智能教育应用论纲[J]. 现代大学教育(1): 1-8, 110.

李志祥, 2020. 伦理学研究需要面向现实生活[N]. 光明日报, 12-21: 15.

联合国教育、科学及文化组织, 2020. 北京共识: 人工智能与教育[EB/OL]. (2019-8-28)[2020-11-20]. http://edu.cnr.cn/list/20190828/W020190828373742676391.pdf.

刘革平, 王星, 高楠, 等, 2021. 从虚拟现实到元宇宙: 在线教育的新方向[J]. 现代远程教育研究, 33(6): 12-22.

刘易斯·芒福德, 2009. 技术与文明[M]. 陈允明, 王克仁, 李华山, 译. 北京: 中国建筑工业出版社.

刘悦笛, 2019. 人工智能、情感机器与"情智悖论"[J]. 探索与争鸣(6): 76-88, 158.

罗芳, 陈敏, 2020. 医疗人工智能的伦理问题及对策研究[J]. 中国医院管理, 40(2): 69-71.

内尔·诺丁斯, 2011. 学会关心: 教育的另一种模式[M]. 2版. 于天龙, 译. 北京: 教育科学出版社.

彭波, 王伟清, 张进良, 等, 2021. 人工智能视域下教育评价改革何以可能[J]. 当代教育论坛(6): 1-15

沈苑, 汪琼, 2019. 人工智能在教育中应用的伦理考量: 从教育视角解读欧盟《可信赖的人工智能伦理准则》[J]. 北京大学教育评论, 17(4): 18-34, 184.

苏明, 陈·巴特尔, 2019. 人工智能教育伦理的多维审视: 基于马克思技术批判和人的全面发展理论[J]. 西南民族大学学报(人文社科版), 40(11): 223-228.

孙长虹, 2016. 当前我国教育伦理生态问题之探讨[J]. 教育导刊(9): 28-32.

泰奥多·德·布尔, 1995. 从现象学到解释学[M]. 李河, 赵汀阳, 译. 北京: 中国社会科学出版社.

唐汉卫, 2018. 人工智能时代教育将如何存在[J]. 教育研究, 39(11): 18-24.

田丽, 2015. 智慧校园环境下的校园一卡通建设[J]. 华东师范大学学报(自然科学版)(S1): 530-535.

汪时冲, 方海光, 张鸽, 等, 2019. 人工智能教育机器人支持下的新型"双师课堂"研究: 兼论"人机协同"教学设计与未来展望[J]. 远程教育杂志, 37(2): 25-32.

习近平, 2020. 习近平向国际人工智能与教育大会致贺信[EB/OL]. (2019-5-16) [2020-6-23]. http://www.qstheory.cn/yaowen/2019-05/16/c_1124502535.htm.

新浪科技, 2020. 人工智能为什么学会了骂人? [EB/OL]. (2018-5-26)[2020-12-28]. https://tech.sina.com.cn/roll/2018-05-26/doc-ihcaqueu2157317.shtml.

徐晔, 2018. 从"人工智能教育"走向"教育人工智能"的路径探究[J]. 中国电化教育(12): 81-87.

宣仕钱, 2006. 思想政治教育生态系统的互动与耦合[J]. 求实(5): 81-82.

杨雪蕾, 杨丹, 刘敏, 2017. 智能电子产品对学前儿童社会性发展的影响: 以六盘水市为例[J]. 科技视界(23): 21-22, 31.

于英姿, 胡凡刚, 2020. 隐忧与消解: 智能技术之于教育的伦理省思[J]. 远程教育杂志, 38(3): 55-64.

张坤颖, 李晓岩, 2019. 大数据环境下的人工智能教育应用[M]. 北京: 学苑出版社.

张攀峰, 寻素华, 吉丽晓, 2014. "智能学伴"在小学游戏化学习社区中的情感交互设计[J]. 中国电化教育(10): 123-128.

张琪, 王丹, 2021. 智能时代教育评价的意蕴、作用点与实现路径[J]. 中国远程教育(2): 9-16, 76.

郑旭东, 周子荷, 2021. 教育新基建三问: 何为基? 新在哪? 如何建? [J]. 电化教育研究, 42(11): 42-47.

CNET, 2020. Bill Gates is worried about artificial intelligence too[EB/OL]. (2015-1-28) [2020-6-23]. https://www.cnet.com/science/bill-gates-is-worried-about-artificial-intelligence-too/.

European Commission, 2020. Ethics guidelines for trustworthy AI [EB/OL]. (2019-4-8) [2020-6-24]. https://digital-strategy.ec.europa.eu/en/library/ethics-guidelines-trustworthy-ai.

Pedró F, Subosa M, Rivas A, et al., 2019. Artificial intelligence in education: challenges and opportunities for sustainable development[R]. UNESCO.

Selwyn N, 2016. Is technology good for education?[M]. Cambridge: Polity Press.

Sifakis J, 2020. 第三届世界顶尖科学家论坛[EB/OL]. (2020-10-31)[2020-12-24]. https://m.thepaper.cn/newsDetail_forward_9799618.

Statista, 2021. Digital economy compass 2020[EB/OL]. (2020-11-1) [2021-10-26]. https://www.statista.com/study/83121/digital-economy-compass.

Tuomi I, 2019. The impact of artificial intelligence on learning, teaching, and education: policies for the future[R]. European Union: 30.

UNESCO, 2020. Artificial intelligence in education: challenges and opportunities for sustainable development[EB/OL]. (2019-3-7) [2020-6-23]. https://unesdoc.unesco.org/ark:/48223/pf0000366994.

Zawacki-Richter O, Marín V I, Bond M, et al., 2019. Systematic review of research on artificial intelligence applications in higher education-where are the educators? [J]. International Journal of Educational Technology in Higher Education, 16(1): 39.

第8章　人工智能教育应用研究存在的问题与展望

以大数据、云计算、移动互联网等技术为代表的信息技术的诞生和发展，推动了人工智能技术迅速发展，同时也促进了人工智能教育应用研究的发展。但是，在人工智能应用与研究过程中还存在一些本质认知、理念态度、实践领域和应用边界等方面的问题。在梳理人工智能教育应用现状和发展情况后，本章将重点分析人工智能教育应用和研究中的"新区""误区""盲区"和"禁区"及其出现的原因，并在阐明人工智能与教育的关系、融合模式的基础上，讨论人工智能教育应用的实施策略，为具有增能、使能和赋能作用的人工智能技术与教育的融合提供理论支撑，其对于利用人工智能实现教育过程最优化具有一定的理论参考意义。

8.1　人工智能教育应用的主要技术

8.1.1　人工智能主要技术发展趋势

1. 2020 年人工智能技术发展情况

人工智能的发展非常迅速，Gartner 公司每年发布的技术成熟度曲线便能反映出来，图 8-1 是 2020 年发布的新兴技术成熟度曲线。从图 8-1 中可以看出，在 2020 年的成熟度曲线中，人工智能技术的覆盖范围扩大，且又增加了几类，包括负责任的人工智能、人工智能增强开发、嵌入式人工智能。

在图 8-1 中首次出现的人工智能技术包括健康护照、人工智能增强设计、嵌入式人工智能、人工智能增强开发、自监督学习。①健康护照是一种移动应用程序，可显示一个人的感染风险等级以及是否可以进入建筑物、超市、饭店、公共场所和使用交通工具。中国和印度这两个早期采用者证明，结合使用健康护照和筛查手段，可以有效地阻止新冠肺炎的传播，同时让人们能够自由出入公共场所和使用交通工具。②人工智能增强设计具有能改变数字化和智能联网产品的设计、生产和销售方式的潜力。③嵌入式人工智能具有能提升当前和下一代传感器的准确性、洞察力和智能的潜力。④人工智能增强开发，其目的是缩短应用程序和 DevOps 团队的研发周期，以便更快、更一致地创建高质量的软件。⑤自监督学习是一种被定位为能够帮助组织采用监督机器学习技术的赋能技术。

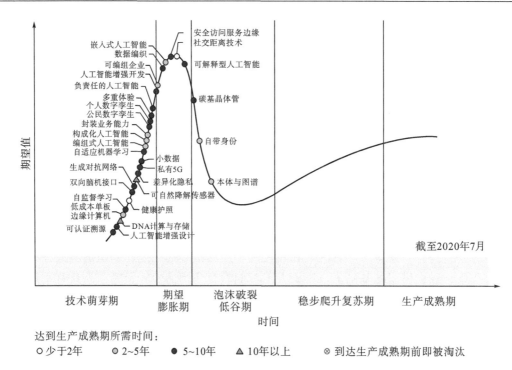

图 8-1　2020 年 Gartner 发布的新兴技术成熟度曲线

2. 2021 年人工智能技术发展情况

图 8-2 是 Gartner 公司在 2021 年发布的人工智能技术成熟度曲线（Gartner Corp，2021）。

Gartner 认为以下四个方面正在推动人工智能创新：①负责任的人工智能。负责任的人工智能有助于实现公平、获得信任，以及在确保监管合规的同时应对人工智能的概率性质。②小而宽的数据。数据是实施人工智能的基础，小而宽的数据有助于实现更强大的分析功能和人工智能，以及更丰富、更完整的情境感知，减少企业、机构对大数据的依赖。③人工智能平台操作化。运用人工智能促进业务转型的紧迫性和关键性正在推动人工智能平台操作化，这意味着人工智能项目将从概念转向生产，由此可以依靠人工智能解决方案来解决企业范围内的问题。④资源高效利用。鉴于人工智能的部署所涉及的数据、模型和计算资源的复杂性与规模，人工智能的创新需要高效利用资源。

2021 年 10 月 19 日，Gartner 发布 2022 年顶级战略技术，顶级战略技术涉及生成式人工智能、数据编织、分布式企业、云原生平台、自治系统、决策智能、组装式应用程序、超级自动化、隐私增强计算、网络安全网格、人工智能工程化、全面体验 12 项技术，如表 8-1 所示。其中，超级自动化已经连续 3 年入选技术趋势报告，成为入选次数最多的技术之一，充分说明超级自动化在全球数字化转型浪潮中继续担任重要角色。超级自动化是一个技术合集，主要包括 RPA、低代码开发平台、流程挖掘、AI 等技术。此外，Gartner 将这 12 项战略技术分为三大主题，分别为工程信任、重塑变革和加速增长。

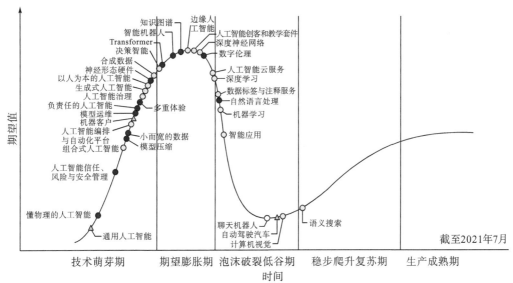

图 8-2 2021 年 Gartner 发布的人工智能技术成熟度曲线

表 8-1 Gartner 发布的 2022 年顶级战略技术

序号	技术名称	序号	技术名称
1	生成式人工智能	7	组装式应用程序
2	数据编织	8	超级自动化
3	分布式企业	9	隐私增强计算
4	云原生平台	10	网络安全网格
5	自治系统	11	人工智能工程化
6	决策智能	12	全面体验

3. 2022 年人工智能技术发展情况

2022 年 Gartner 发布的人工智能技术成熟度曲线确定了 25 种必须了解的新兴技术，其中值得企业架构和技术创新领导者关注的有拓展沉浸式体验、加速人工智能的自动化、优化技术专家交付，如图 8-3 所示。

拓展沉浸式体验可以为个人提供更多对身份和数据的控制权，并可将体验范围拓展至可与数字货币集成的虚拟场所和生态体系。沉浸式体验中的关键技术包括客户数字孪生、去中心化身份、数字人类、内部人才市场、元宇宙等。加速人工智能的自动化意味着加速建立专门的人工智能模型，将人工智能应用到模型的开发和训练上，并将其部署到产品、服务以及解决方案中。其结果是预测和决策会更准确，以及获得预期效益的速度会更快等。加速人工智能的自动化涉及的关键技术包括因果推理人工智能、基础模型、生成式人工智能等。优化技术专家交付专注于建立数字业务的关键要素：产品、服务或解决方案开发者社区（如 Fusion Team），以及他们使用的平台。云数据生态系统（cloud data ecosystems）是优化技术专家交付的典范，提供了一个统一的数据管理环境。优化技术专家交付的其他关键技术还包括增强云财务管理、云的可持续性、计算型存储等。

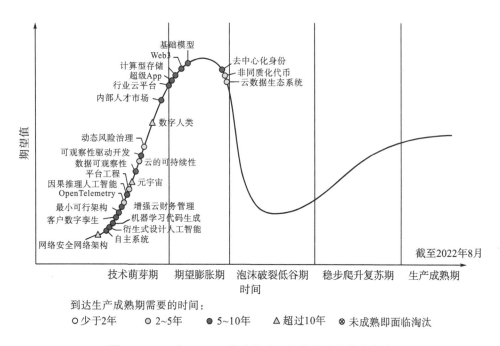

图 8-3   2022 年 Gartner 发布的人工智能技术成熟度曲线

8.1.2   人工智能教育应用中主要技术的发展趋势

Gartner 公司提出了影响 K12 教育的五大战略技术，而人工智能技术和系统是教育中战略技术的重要组成部分。表 8-2 是 2020 年和 2021 年的五大战略技术。表 8-3 是 Gartner 发布的 2022 年顶级战略技术。Gartner 预计这 12 种技术将在未来的 3～5 年成为数字业务和创新力量的倍增器。

表 8-2   Gartner 发布的影响 K12 教育的五大战略技术

排名	2020 年	2021 年
1	基于技能的课程	混合世界
2	AI	现在的影响力
3	适应性学习	学习洞察力
4	K12 电子竞技	协作和最终用户技术
5	沉浸式技术（增强现实/虚拟现实）	适应性学习

表 8-3 Gartner 发布的 2022 年顶级战略技术

排名	技术名称	排名	技术名称
1	数据结构	7	超自动化
2	网络安全网络	8	人工智能工程
3	增强隐私的计算	9	分布式企业
4	云原生平台	10	总体体验
5	可组合应用程序	11	自动系统
6	决策智能	12	生成式人工智能

在表 8-3 中，除了决策智能、人工智能工程以及生成式人工智能外，其他新兴信息技术与人工智能技术并不直接相关。这说明人工智能技术作为一类增能、使能和赋能技术，除了特定系统(如智能教学系统)是以人工智能技术为主体外，其他情况下主要是通过将人工智能技术嵌入或者融入各类教学、学习、管理和决策工具或系统、平台中来发挥其相应的功能，如数字化评价、适应性学习、数据管理系统、虚拟现实等。在教育领域里，人工智能技术较多，如语音识别、视觉计算、可穿戴设备、情感计算、机器学习、智能挖掘等。这些人工智能技术在教育中的应用形态主要涉及两个方面：主体性与辅助性。主体性是指相关工具或系统以人工智能为主体，如智能教学系统、智能问答系统、智能评价系统等；辅助性是指人工智能以相应的功能模块或结构嵌入教学、学习和管理系统中，如自适应学习系统、数字化评价系统、教学游戏、智能教育决策支持系统等。

8.1.3 未来的主要发展方向

尽管大数据技术、人工智能技术、互联网技术等信息技术的发展超乎人们的想象，且在相关领域取得了一系列突破，在不同行业中获得深度融合，但是并不意味着人工智能技术已经成熟，正如谭铁牛院士在中国科学院第十九次院士大会上发表的主题报告《人工智能：天使还是魔鬼》所指出的那样："人工智能的春天刚刚到来"。人工智能取得的进步和发展趋势主要表现在以下几个方面。

(1)专用人工智能取得突破性进展。面向特定领域的人工智能(即专用人工智能)由于应用背景和需求明确、领域知识积累深厚、建模计算简单可行，取得了人工智能领域的单点突破，在基于局部智能水平的单项测试中能超越人类智能。

(2)从专用智能发展到通用智能。实现从专用智能到通用智能的跨越式发展，既是人工智能发展的必然趋势，也是研究与应用领域面临的挑战。

(3)从机器智能发展到人机混合智能。机器智能和人类智能各有所长，因此需要取长补短，融合多种智能模式的智能技术将在未来拥有广阔的应用前景。"人+机器"将是人工智能的主流发展方向，"人机共存"将是人类社会的新常态。

(4)学科交叉将成为人工智能创新源泉。应用统计学、数学建模、计算机科学、网络技术、云计算、大数据、神经科学、认知科学等的交叉融合，是人工智能发展的主要知识动力。

（5）有关人工智能的法律法规将更为健全。在人工智能应用普及的过程中，各国将更加重视伦理、法律边界，通过立法确定人工智能的使用范围。

（6）人工智能教育将成为新的教育热点和人才集聚点。显然，人工智能将需要更多的人才支持和智力支持，而人才培养和科学研究离不开教育。

8.2 人工智能教育应用存在的问题及溯源

人工智能技术在不断地进步和发展，但远未成熟。因此，我们需要清醒地认识到在人工智能教育应用中还存在各种问题，如狭隘或碎片化问题、对于人工智能教育应用过分乐观或悲观、人工智能的应用缺乏普适性或全面性、缺失人工智能伦理等。

8.2.1 人工智能教育应用中的"新区"亟待拓展

这里的"新区"特指人工智能教育应用的新技术、新领域、新功能、新模式、新场景等，主要涉及两个层面：①创新的人工智能技术在教育领域中得到引进与应用；②人工智能技术在教育领域的不同层面进一步地拓展和延伸，以突破现有人工智能教育应用范畴。

2017年7月新媒体联盟发布的《2017地平线报告：基础教育版（大纲）》对未来4～5年人工智能在教育领域中的应用趋势作出了预测：在人工智能领域，计算机科学将创建与人类功能更为相近的智能机器，并且随着底层技术的不断发展，人工智能可以更直观地回应学生并与他们进行交互，从而改善在线学习、自适应学习软件和模拟过程（The New Media Consortium，2017）。但目前人工智能教育研究与应用还存在一些问题，其主要表现在：首先，对人工智能的研究多定位于教学、学习或管理层面的某个特定方面，如适应性及个性化学习系统和综合性智能教学系统（贾积有，2010），而忽视了学习者整体素质（正确理解并合理应用人工智能）的提升和发展；其次，人工智能教育应用情境常设定为学校教育环境中的某项活动，如人工智能辅助教学系统、智能代理系统、智能答疑系统、智能化教育决策支持系统等（徐鹏和王以宁，2009），从本质上讲并未跳脱出此前的研究范畴；最后，现有人工智能教育应用领域相对狭窄，只聚焦于学校教育应用，而忽视了人工智能在企业培训、家庭教育、继续教育等领域中功能的发挥。总的来说，人工智能在教育领域中的应用范围相对狭窄，未形成系统化的应用体系，亟待拓展人工智能教育应用的"新区"。

8.2.2 人工智能教育应用中的"误区"仍需澄清

这里的"误区"是指人工智能在教育领域中的研究、开发和应用存在认识和理解片面或错误、过于乐观或悲观等问题，主要表现在以下几个方面。

（1）智能与智慧的区别与联系。从本质上来看，智能是人类赋予硬件或软件的模拟人行为的一种能力(如知觉能力、语言理解能力、思维能力等)(三宅芳雄，1998)，可视为由人将某项智能内化于物(设备或系统)。而智慧的含义是利用知识经验做出好的决策和判断的能力(Cambridge Dictionary，2017)，不言而喻，智慧的主体是人。祝智庭和贺斌(2012)认为智慧是一种高阶思维能力和复杂问题解决能力，智慧的精神内核是伦理道德和价值认同，智慧强调文化、认知、体验、行为的圆融统整。在教育领域，人工智能教育与智慧教育常被等同起来，但是人工智能和人类的智慧具有本质性差异，因而"智慧教育是以培养人的智慧为目的的教育"和"运用智能信息技术的教育是智慧教育"这两种提法都有诸多值得商榷的地方(李子运，2016)。总的来说，人工智能辅助于教育(学)应用、教育场景建构、教育重组或者教育重构属于人工智能教育应用。

(2)人工智能教育应用中的乐观主义与悲观主义。乐观主义者认为，人工智能将替代教师、管理者、学伴以及传统的教育环境、教育工具，并实现对学习者的分析以及个性化的教学、答疑、评价和管理，因此，人工智能在教育中普及之后，将不再需要教师。而悲观主义者认为，人工智能教育应用与教育技术领域中的其他应用一样，仍是机器、程序或智能代理，只改变了学习路径、学习步距、学习环境、学习绩效，并不会改变教育结构、教育模式，以及学习者学习的过程、本质和目标。其实，这两种观点均存在偏颇之处。首先，人工智能技术的发展才刚刚起步，目前仍处于弱人工智能(单一领域、单一任务)阶段，远未达到强人工智能(通用领域、多任务)水平，人工智能还需要在多个方面取得突破才能贴近实际。其次，人类自身对大脑的结构、功能等知之甚少，无法建构具有人脑思维机能的人工智能系统。最后，教育的本质不仅是信息、知识的获取和技能的习得，更在于人的世界观、人生观和价值观的培养。知识的传授与技能的习得可以通过人工智能教育应用实现和优化，而世界观、人生观和价值观的培养则离不开教师的教育，另外创造力、创新精神的培养也离不开教师。总之，人工智能教育过程不能没有教师的参与和引导。

8.2.3　人工智能教育应用中的"盲区"有待探索

这里的"盲区"包括以下两个方面。

(1)人工智能在教育中能够发挥积极作用但又被忽视的地方。目前，主流的教育技术研究和实践主要集中在普通教育及成人教育(培训)领域，而特殊教育渐渐成为教育技术研究和实践的"盲区"，残疾人群(包括失能的老年人群)在教育技术研究和实践中是被边缘化的群体(张家年等，2006)。同样地，在人工智能教育应用领域，特殊教育也是一块有待于研究和应用的"洼地"，即"盲区"。在现有的人工智能教育研究或应用中，研究者更多关注的是如何利用人工智能技术的优势提高普通教育领域中教学、管理、个性化学习的效果、效率和效益，实现教育自动化、网络化、智能化、个性化，却忽视了残疾人群的教育需求。对于残疾人群来说，由于种种原因，他们在语言理解、社交等方面更需要人工智能技术的辅助和支持，因此，人工智能教育应用不应忽视特殊教育领域。

(2)在教育理论创新层面存在"盲区"，主要是指人工智能教育应用的理论创新滞后于技术创新，人工智能教育实践缺乏理论指导。计算机技术的发展遵循摩尔定律，而技术发展与社会发展之间存在结构性冲突，遵循颠覆性定律——技术在以指数变化(发展)，而社会、经济和法律体系却在以增量变化(张家年和谢阳群，2013)。人工智能教育应用也存在这样的问题，人工智能技术的发展很快，然而教育理论创新的速度没有跟上技术发展的步伐，理论的缺失将在实践指导上给人工智能教育应用带来一定的盲目性。

8.2.4 人工智能教育应用中的"禁区"必须令止

这里的"禁区"是指人工智能教育应用既不能做出有违信息伦理或信息法律的行为，也不能做出有违教育伦理或教育规律的行为。人工智能教育应用涉及两个层面：①人工智能教育应用的基础是人工智能技术；②人工智能教育应用的根本目标是教育人。因此，人工智能教育应用存在两个层次的"禁区"。

(1)人工智能技术的"禁区"。人工智能技术的发展，特别是在深度学习领域取得的成就得益于大数据的诞生和计算能力的提升，人工智能技术离不开大数据的支撑。人工智能技术能够通过智能数据挖掘、深度学习、个体分析与评价等工具或方法，触及个体的隐私、性格取向、个性偏好、能力与智力等。可以看出人工智能教育应用存在泄露相关隐私信息的可能，导致特定个体遭受相应的伤害。另外，人工智能技术在人机交互过程中，可能会存在道德、伦理或法律方面的问题。例如，微软公司在2016年3月推出人工智能聊天机器人"Tay"，并将其放到推特等社交网络上，其设计目的是与18~24岁的年轻人进行互动。然而在恶意网友的影响下，Tay发表了反对女性主义、宣扬种族主义等不正确的言论，导致微软在事发后立即让Tay下线并删除所有不当发言(cnBeta，2017)。因此，在人工智能教育应用中，应当禁止人工智能教育应用出现类似的场景。

(2)教育层面的"禁区"。应用人工智能技术的目的是促进学习(提升学习的效果、效率和效益)，但前提是平等、公平和公正地使用人工智能技术。在不同文化、制度、价值取向等交织下的社会情境中，人工智能技术存在违背教育规律和教育伦理的可能，从而成为过度教育、强迫教育或填鸭式教育的手段，沦为不良教育的帮凶。因此，人工智能教育应用应回到"人的教育"上来，而不是以技术为本体，应明确界定技术使用的"禁区"，而不是无节制地使用技术。

8.3 人工智能教育应用之思考

前面阐述了人工智能教育应用中存在的主要问题，即"新区""误区""盲区"和"禁区"。接下来本节将从三个方面来思考：①产生这些问题的根本原因。从微观层面来看，原因复杂，但从顶层视角观之，不能准确定位人工智能与教育间的主从关系是产生这些问题的根本原因。②人工智能教育取得成功的关键是什么，即人工智能技术如何实现教育的目标和价值，这需要给出相应的融合模式。③在人工智能教育实践层面，应从哪些方面着手以避免或解决上述问题，这需要有具体的实施策略。

8.3.1　人工智能与教育的关系

从本质上来看，人工智能教育应用之所以存在问题是由于未能正确认识和对待人工智能与教育之间的关系。应从辩证、系统和具有前瞻性的多维视角认识和理解人工智能与教育之间的关系，见图 8-4。人工智能教育应用生态系统结构相当于金字塔结构，分为两层：底层的人工智能生态系统和上层的教育生态系统。能力基础、支撑技术、数据来源是人工智能生态系统的基础，在教育场景中应用人工智能技术或系统是支撑教育生态系统的基础。而教育生态系统则相当于人工智能教育应用的上层建筑，在人工智能增能、使能或赋能的基础上，实现教育目标——学习者得到发展、培养创新与创造能力。

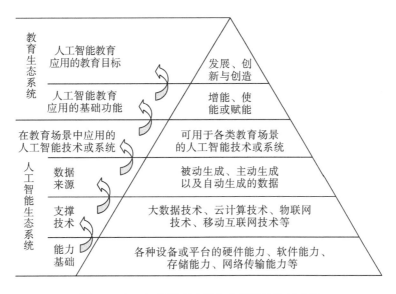

图 8-4　人工智能教育应用生态系统结构示意图

从技术上来看，人工智能技术并不是独立于某一学科的技术，而是建立在相关设备或系统、支撑技术和数据基础上的应用型技术。人工智能技术具有增能、使能和赋能的功能，可解决相关领域中的问题，提升学习效果、效率和效益。因此，无论人工智能发展和应用的程度如何，它始终是手段，而不是目的，否则本末倒置，会出现相应问题。

从功能上来看，人工智能技术与教育领域中的其他技术相比较而言，本质上并没有差异，落脚点也为教育，目的是促进教育最优化，实现教育目标。教育目标和价值的实现主导着人工智能教育场景、内容、方式等，而教育工作者的教学智慧是人工智能教育能否取得成功的关键。教育技术发展史告诉我们，技术从来不会替代教师，人工智能亦如此，否则教育会偏离相应轨道，产生各种问题。

8.3.2　人工智能技术与教育的融合模式

根据人工智能技术在教育领域的应用方式，可将人工智能技术与教育的融合分为三种模式：人工智能主体性融入模式、人工智能功能性嵌入模式、人工智能作为辅助技术的模式。它们共同的目标是通过人工智能与教育的融合，实现增能、赋能和使能功能，最终实现教育最优化。

(1)人工智能主体性融入模式。即人工智能技术在教育过程(教学、学习、管理或决策过程)中发挥主体性作用，可以替代教师、学习者、学伴、管理者或决策者做知识性、程序性、事务性工作，如智能授导系统(ITS)、智能问答系统、智能学习游戏、智能教务管理系统、智能决策支持系统(intelligent decision supporting system，IDSS)等。它们共同的特点是人工智能技术是整个系统或应用的核心模块，目的是将教师、管理者、决策者解放出来，把更多的时间、精力和智慧投入个性化教学、创造力的培养、创新精神的培育之中。

(2)人工智能功能性嵌入模式。该模式将人工智能视为某一支持性、支撑性、辅助性功能模块嵌入教育过程当中，如学习内容推荐、学习分析、学习评价、学习优化、(大)数据挖掘等在教学、学习、管理过程中都由人工智能技术实现。适应性学习、个性化学习、个别化学习、深度学习、教育游戏等教学模式也都嵌入了人工智能技术，目的是帮助教师、学习者、管理者优化教学、学习和管理过程。

(3)人工智能作为辅助技术的模式。即人工智能作为辅助技术，并不直接提升教学、学习绩效，而是帮助残疾人群缩小与身心正常人群在身心功能上的差距(孙祯祥，2011)，促进教育实现公平。例如，智能语音识别技术可帮助盲人实现与外界的交互；可穿戴设备可帮助残疾人群恢复正常身心功能，麻省理工学院媒体实验室开发了一款戴在手指上的设备 FingerReader，见图 8-5。使用者开启 FingerReader 后，只需沿着屏幕或纸上的文字移动指尖，FingerReader 就可以实时地朗读文本。其他的辅助技术设备如智能机械手、智能假肢、智能轮椅等均可帮助残疾人群具备正常的行为功能。

图 8-5　FingerReader 使用示意图

8.3.3　人工智能教育应用的实施策略

（1）推动观念的转变、理念的变革和理论的创新。随着技术发展日新月异，人工智能教育应用周期变得越来越短，教育工作者需要对人工智能的本质、应用方式、应用场景等有正确的认识和理解，并在个性化学习、适应性学习、深度学习等理论研究层面进行深入探索，为人工智能教育应用提供更加合适的理论框架，减少技术应用的"误区"和"盲区"，通过理论研究的创新，开拓人工智能教育应用新领域、新模式、新场景等。

（2）提升教育工作者、学习者在人工智能应用方面的信息素养。为了合理、正确、高效地应用人工智能，应积极拓展人工智能教育应用的"新区"，减少或避免产生"盲区""误区"和"禁区"，提升使用者的信息素养。首先，对于各类智能教学、管理、决策系统，教育工作者需要知晓、理解、应用、管理人工智能相关应用，甚至设计、开发与教育相关的人工智能应用。而提升在职教师在人工智能教育应用方面的知识水平和能力，是提升在职教师信息素养的重要策略。其次，学习者应根据各自的个性化学习需求，熟悉、掌握人工智能技术（或系统）的应用。

（3）强化师范生在人工智能教育应用方面的知识与能力。应在师范专业开设的《现代教育技术》和《计算机文化基础》课程中，增加大数据、云计算、人工智能、物联网等基础性知识和技术系统的应用知识，以提高未来教师的人工智能教育应用能力。

（4）制定教育大数据应用标准，明晰人工智能教育应用伦理边界。教育大数据涉及教育者、学习者、管理者各个层面的隐私数据，若数据泄露，则人工智能教育应用可能会偏离教育的方向，产生伦理问题，甚至法律问题。Google（谷歌）、Facebook（脸书）、Amazon（亚马逊）、IBM 以及 Microsoft（微软）已正式宣布成立人工智能合作组织（Partnership on AI，2017），并成立了人工智能伦理咨询委员会，以探讨人工智能应用和研究的伦理边界，保证人工智能的应用符合人类社会的共同利益。

（5）鼓励和支持特殊教育领域使用人工智能。据中国残疾人联合会（2021）统计，截至2010 年底，我国残疾人总人数为 8502 万人，他们在接受普通教育、继续教育、相关培训等方面亟须人工智能技术的辅助，但这是当前人工智能教育应用很少涉及的，因此在特殊教育领域需要人工智能技术来帮助学习者实现正常学习。

8.4　人工智能教育应用未来的发展

人工智能在教育中的应用特征为推动人工智能与教育的融合创新发展指明了方向（梁迎丽和刘陈，2018）。在当前国家大力发展人工智能政策的引领下，不仅要从本质上认识人工智能的核心要素与驱动力，把握其典型应用特征，还要顺应其发展趋势。以数据驱动引领教育信息化发展方向，以深化应用推动教育教学模式变革，以融合创新优化教育服务供给方式，将是人工智能教育应用未来的发展趋势，也是人工智能时代教育发展的鲜明任务和重要机遇。

（1）以数据驱动引领教育信息化发展方向。人工智能技术在教育领域的深入应用，推动着信息技术与教育的融合创新发展。纵观人工智能在教育领域的应用发展历程，从早期基于规则的知识表示与推理，到今天基于深度学习的自然语言处理、语音识别与图像识别，"智能"已经由早期的专家赋予演变为机器主动学习获取。除了算法模型显著改进，用于模型训练的数据也为人工智能的发展添加了十足的动力。数据已经成为产业界争夺的焦点，而数据驱动的智能决策与服务成为学术界研究的热点。在教育领域，数据可以解释教育现象，也可以揭示教育规律，并能够预测教育未来的发展趋势。教育数据革命已经到来，数据驱动的人工智能将引领教育信息化发展的新方向。

（2）以深化应用推动教育教学模式变革。人工智能在教育领域能否取得成就，技术引领是关键。不难看出，人工智能在教育领域的应用具有较强的场景性，也就是说，这种应用是针对教育实践活动中的具体问题展开的，具有明确的目标导向。这种由应用驱动的人工智能技术与教育的融合发展，是该技术在教育领域中深入应用的一种表现。人工智能技术在教育领域的深入应用，创设了强感知、高交互、泛在的学习环境，为学生的知识建构活动提供了良好条件，为创新型教学模式的诞生和运用提供了空间。

（3）以融合创新优化教育服务供给方式。人工智能在教育领域中的应用实现了跨学科、跨领域和跨媒体的融合创新。人工智能与神经科学、认知科学、心理学、数学等相关基础学科的交叉融合，推动了人工智能技术的发展和应用。同时，人工智能本身的发展离不开人工智能教育和培训。人工智能与教育相辅相成，互相促进。而人工智能技术与教学内容、教学媒体和知识传播路径的多层次融合，突破了传统教育方式的限制，能够提供跨学科、跨媒体、跨时空的智能教育服务，是建设"人人皆学、处处能学、时时可学"的学习型社会的有效途径。

参 考 文 献

百度百科, 2017. 阿尔法围棋[EB/OL]. [2017-7-18]. https://baike.baidu.com/item/阿尔法围棋.

蔡自兴, 徐光佑, 2004. 人工智能及其应用[M]. 3 版. 北京: 清华大学出版社.

《单片机与嵌入式系统应用》编辑部, 2016. 揭开神秘面纱, "人工智能"是如何为我们服务的?[J]. 单片机与嵌入式系统应用, 16(6): 1-2.

国务院, 2017. 关于印发新一代人工智能发展规划的通知[DB/OL]. [2017-7-20]. https://www.gov.cn/zhengce/zhengceku/2017-07/20/content_5211996.htm.

黄荣怀, 刘德建, 徐晶晶, 等, 2017. 教育机器人的发展现状与趋势[J]. 现代教育技术, 27(1): 13-20.

贾积有, 2010. 国外人工智能教育应用最新热点问题探讨[J]. 中国电化教育(7): 113-118.

柯清超, 2013. 大数据与智慧教育[J]. 中国教育信息化(24): 8-11.

李勇帆, 李里程, 2013. 情感计算在网络远程教育系统中的应用: 功能、研究现状及关键问题[J]. 现代远程教育研究(2): 100-106.

李子运, 2016. 关于"智慧教育"的追问与理性思考[J]. 电化教育研究, 37(8): 5-10.

梁迎丽, 刘陈, 2018. 人工智能教育应用的现状分析、典型特征与发展趋势[J]. 中国电化教育(3): 24-30.

孟海华, 2018. 2018 年前沿技术预测[J]. 科技中国(3): 7.

孟海华, 沈应龙, 2016. 《Gartner 2016 年度新兴技术成熟度曲线》全解读[EB/OL]. [2016-8-17]. https://www.sohu.com/a/110980940_465915.

牟智佳, 2017. "人工智能+"时代的个性化学习理论重思与开解[J]. 远程教育杂志, 35(3): 22-30.

三宅芳雄, 钟启泉, 1998. 智能研究的方法论: 寻求"智能"的一般理论(上)[J]. 全球教育展望(5): 4, 9-13.

孙祯祥, 2011. 无障碍网络环境构建的理论与实践[M]. 北京: 科学出版社.

谭铁牛, 2018. 人工智能的历程、现状及未来发展趋势[EB/OL]. [2018-6-25]. http://m.elecfans.com/article/700120.html.

徐鹏, 王以宁, 2009. 国内人工智能教育应用研究现状与反思[J]. 现代远距离教育(5): 3-5.

亚当斯贝克尔·S, 卡明斯·M, 戴维斯·A, 等, 2017. 新媒体联盟地平线报告: 2017 高等教育版[R]. 殷丙山, 高茜, 任直, 等, 译. 开放学习研究(2): 1-21.

新华网, 2016. 从微软聊天机器人"学坏"说起[EB/OL]. [2016-4-2]. http://xinhuanet.com/world/2016/04/02/c_128859572.htm.

杨翠蓉, 陈卫东, 韦洪涛, 2016. 智能导学系统人机互动的跨学科研究与设计[J]. 现代远程教育研究(6): 103-111.

余明华, 冯翔, 祝智庭, 2017. 人工智能视域下机器学习的教育应用与创新探索[J]. 远程教育杂志, 35(3): 11-21.

张家年, 谢阳群, 2013. 刍议信息技术作用效应及其应对策略[J]. 情报理论与实践, 36(6): 32-36.

张家年, 朱晓菊, 程君青, 2006. 教育技术应用和研究的盲区: 残疾人群的教育[J]. 现代教育技术, 16(4): 13-15, 41.

中国残疾人联合会, 2021. 2010 年末全国残疾人总数及各类、不同残疾等级人数[EB/OL]. [2021-2-20]. https://www.cdpf.org.cn/zwgk/zccx/cjrgk/15e9ac67d7124f3fb4a23b7e2ac739aa.htm.

祝智庭, 贺斌, 2012. 智慧教育: 教育信息化的新境界[J]. 电化教育研究, 33(12): 5-13.

Cambridge Dictionary, 2017. Meaning of "wisdom" in the English dictionary[EB/OL]. [2017-5-23]. http://dictionary.cambridge.org/dictionary/english/wisdom.

Consumer News and Business Channel (CNBC), 2017. Bill Gates: try a career in artificial intelligence, energy or bioscience to make an impact[EB/OL]. [2017-6-26]. http://www.cnbc.com/2017/05/21/bill-gates-artificial-intelligence-energy-bioscience-best-jobs.html.

Gartner, 2016. Gartner's 2016 hype cycle for emerging technologies identifies three key trends that organizations must track to gain competitive advantage[EB/OL][2016-8-16]. https://www.gartner.com/en/newsroom/press-releases/2016-08-16-gartners-2016-hype-cycle-for-emerging-technologies-identifies-three-key-trends-that-organizations-must-track-to-gain-competitive-advantage.

Gartner Corp, 2020. Top 5 trends impacting K-12 education in 2020[EB/OL]. [2020-6-28]. https://www.gartner.com/en/documents/3980250.

Gartner Corp, 2021. Top 5 trends impacting K-12 education in 2021[EB/OL]. [2021-6-28]. https://www.gartner.com/en/doc/736049-top-5-trends-impacting-k-12-education-in-2021.

Gartner Corp, 2022. The Gartner top 12 strategic technology trends for 2022[EB/OL]. [2022-6-28]. https://www.gartner.com/enwebinar/430302/1035265.

González-Calero J A, Arnau D, Puig L, et al., 2014. Intensive scaffolding in an intelligent tutoring system for the learning of algebraic word problem solving[J]. British Journal of Educational Technology, 46(6): 1189-1200.

Minsky M, Singh P, Sloman A, 2004. The St. Thomas common sense symposium: designing architectures for human-level intelligence[J]. AI Magazine, 25(2): 113-124.

Shilkrot R, Huber J, Liu C, et al., 2014. FingerReader: a wearable device to support text-reading on the go[EB/OL]. [2014-4-26]. https://www.media.mit.edu/publications/fingerreader-a-wearable-device-to-support-text-reading-on-the-go/.

IBM, 2016. Industry Leaders Establish Partnership on AI Best Practices[EB/OL]. [2016-9-28]. https://uk.newsroom.ibm.com/2016-Sep-28-Industry-Leaders-Establish-Partnership-on-AI-Best-Practices.

The New Media Consortium, 2017. NMC/CoSN horizon report: 2017 K-12 edition [DB/OL]. [2017-7-12]. https://www.nmc.org/publication/nmccosn-horizon-report-2017-k-12-edition.

WHO, UNICEF, 2022. Global report on assistive technology[EB/OL]. [2022-5-15]. https://iris.who.int/bitstream/handle/10665/354357/9789240049451-eng.pdf?sequence=1.